삶을 위한 혁명

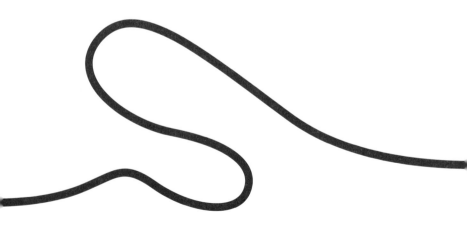

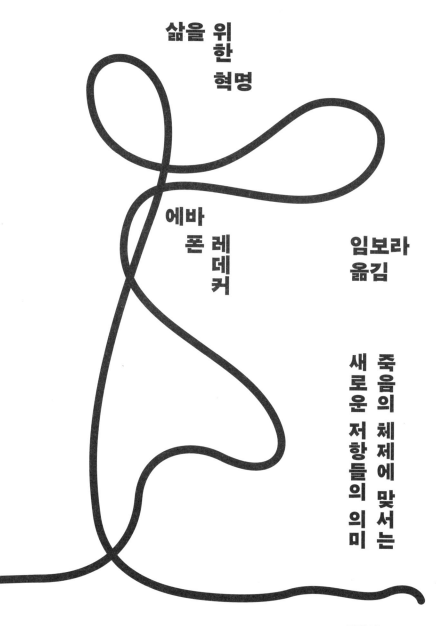

삶을 위한 혁명

에바 폰 레데커

임보라 옮김

죽음의 체제에 맞서는 새로운 저항들의 의미

민음사

차례

들어가며   9

1장   **(재산을)**   19
지배하다

슈투텐베르크   20
땅과 사람, 사람 없는 땅   24
사물지배   29
환상소유   34
사막화   41

2장   **(물건을)**   45
상품화하다

뼈 제분기   46
장거리 무역, 공장, 포장   53
물질의 지배   58
자기 상품화   62
폐기   69

3장 (노동을) **71**
소진하다

포장도로 아래의 손　72
무감각한 몸과 사용 가능한 시간　76
실제적 사물지배　84
개인의 책임　93
번아웃과 오뚝이 괴물　97

4장 (생명을) **101**
파괴하다

죽은 듯 드러눕기　102
다가오는 재앙　112
세계의 상실　119
시간의 상실　124
다정한 서술자　133

5장 **혁명** **139**

오, 포르투나!　140
정치와 그 영향 범위　144
대형 햄스터 쳇바퀴　149
챙기거나 방해하거나?　156
삶을 위한 혁명　162

6장 **(삶을)** 173
구하다

활기차고 자유로운 삶 175
바다에서의 사물지배 185
삶이란 무엇인가? 바이러스 공포 대 버섯균 194
비구제 체제 200
숨을 쉴 수 있다는 것 207

7장 **(노동을)** 211
재생하다

우리는 살아 있기를 원한다! 212
유동적인 파업력 220
연대적인 관계 방식 229
고립된 삶 242
서로를 세상으로 데려오기 249

8장 **(상품을)** 256
공유하다

땅에 남겨 두기 258
점거하기와 뿌리내리기 265
기부 271
익명의 사랑 278
주어진 것 283

9장 (재산을) 돌보다

287

물은 생명이다   289

세계 보존   294

현 위치   299

모든 것은 공공의 것이다   306

현재성   311

나가며   315

감사의 말   321

참고 문헌   322

일러두기

1 단행본은 『 』로, 논문, 기사, 영화 등 개별 작품은 「 」로, 잡지 등 연속간행물은《 》로 표시했다.

2 외래어 표기는 국립국어원의 외래어 표기법을 따랐으며 일부 관례로 굳어진 것은 예외로 두었다.

돌보라, 이 세계를 떠날 때
좋은 사람으로 떠날 것만이 아니라
좋은 세계를 떠나도록 하라

— 베르톨트 브레히트,
『도살장의 성 요하나』

이것은 삶에 관한 책이다. 때때로 춤이며 이야기, 수확, 사유와 행위인 삶. 그리고 당연한 상관관계로 우리 삶의 근본에 관한 책이다. 바다, 구름, 땅, 숨, 숨 쉬는 공기. 궁극적인 삶, 그러니까 우리의 특별한 관점으로 본 삶에 관한 책이다. 즉 자본주의 지배로부터의 해방에 관한 책이다.

해방은 고귀한 요구가 아니라 절박한 과제다. 왜냐하면 자본주의는 삶을 파괴하기 때문이다. 자본주의로부터의 해방은 다양한 곳에서 이미 일어나고 있기에 단순한 요구가 아니다. 우리는 삶을 위한 혁명을 경험한다. 10여 년 전부터 새로운 형식의 투쟁이 출현 중이다. 100여 년 전의 사회적 혁명의 재개도, 50년 넘게 지속되고 있는 시민권 운동의 연장도 아니다. 새로운 형식의 저항은 위협받는 절박한 삶을 위한 활동과 연대적으로 조직된 생활에서 시작된 혁명이다. 혁명은 경찰 폭력에 대항하는 반인종차별주의 활동에 존재하고, 여성 살인에 대항하는 페미니즘 운동에, 죽은 지구의 소름 끼치는 이미지를 의식하게 한 기후변화에 대응하는 움직임 속에 존재한다. 이 모든 움직임은 반자본주의적이라고 여겨지지만, 임금노동에 대항하는 노동자들의 봉기로 이어지는 것이 아니라, 삶의 파괴에 대항해 살아 있는 사람들이 들고일어나는 투쟁으로 이어진다.

세계적인 팬데믹 속에서 이러한 투쟁은 더욱 구체적이며 상존하는 것이 된다. 투쟁은 또한 더욱 필사적이게 될 것이다. 임금노동의 전 영역은 삶의 파괴로 드러날 것이다.

임금노동에서는 실상 기계와 다름없는 움직임으로, 한기에 부어오른 손목에 의해 도축된 돼지가 절단된다. 그 무겁고 굳은 덩어리들은 기계 칼로 해체되고 컨베이어 벨트 위에 던져진다. 고깃덩어리들은 기계에 의해 플라스틱으로 압축 포장되고, 지방과 내장까지 소시지나 고양이 사료로 만들기 위해 분쇄된다. 때때로 노동 현장에서 칼날이 축축하고 미끄러운 손가락으로 미끄러지거나 연골에서 튕겨 나온다. 노동자들이 스스로를 절단한다. 그러나 병원에 자주 가는 사람은 해고당한다. 노동 계약의 가장 중요한 부분은 하청업체를 통해 이루어지는데 자영업으로 위장하거나 수습 기간을 둔다. 마찬가지로 최초로 코로나바이러스에 감염된 사람들은 질병 은폐를 지시받는다. 7000명의 4분의 1에

달하는 노동 종사자들이 병에 걸렸을 때 독일 주장관은 기업을 대변히는 진술을 맡았다. 동유럽 직원들은 추측하건대 고향을 방문했을 때 전염된 것으로 보인다는 진술이었다. 과연. 서유럽 경제의 내부 상태는 결국 모두 정상적이라는 것이다.

이런 착취와 야만성, 모략의 조합이 모든 기업에 존재하는 것은 아니다. 같은 회사 내에서도 회사 대변자는 더 유리한 조건에서 일한다. 그러나 만일 이와 같은 야만적인 고용관계를 위반의 개혁과 처벌을 통해 더욱 억제할 수 있더라도, 그 혹독한 논리는 나아가 자본주의 기능 방식의 핵심으로 특징지어진다. 모두에게 그런 것은 아니더라도, 그것이 우리가 살아가는 일반적인 방식이다. 그렇게 우리는 식량을 생산하고, 그렇게 우리는 부를 축적한다. 만일 모든 도축장이 문을 닫는다고 하더라도 말이다. 거의 모든 상품의 기반이었던 화석연료의 연소는 지난 200여 년간 이 세상을 멈추지 않는 온실로 변화시켰다. 이 온실은 도축장이다. 매일 130종의 동물과 식물이 멸종한다. 지구에 생존하는 야생동물의 총 질량은, 다시 말해 모든 동물의 무게는 지난 50년간 82퍼센트 줄었다. 부유한 선진국에서 일상의 재생산은 소시지 제조업체의 어떤 도축 시설보다 빠르게 해체를 진행한다. 이러한 상황 속에서 우리는 우리 삶의 토대를 망가뜨릴 뿐만 아니라 자신의 육체를 덩어리로 절단하고 있다. 그렇다면 어떻게, 왜, 자본주의가, 우리가 자본주의 안에서 이러한 끔찍한 관계를 만들고 있는 것일까?

자본이라는 개념은 어떤 특정한 소유물을 의미한다. 생산수단의 사적 소유자가 이윤을 얻기 위해 하는 투자. 공장을 가진 사람들은 돼지와 노동시간을 구매하고, 소시지를 생산 원가보다 비싼 값으로 되판다. 개념사적으로 자본이란 누군가가 무역회사에 기여한 자산의 몫을 가리킨다. 17세기 이래 한 회사의 전체 밑천이 '자본'으로 통합되었다. 자본은 경영되는 것이다.

어근을 통해 예전에 통용된 의미 또한 알 수 있다. 캐피탈리즘(capitalism)에서 Caput은 라틴어로 '머리'를 의미하며 소, 소유물을 의미하기도 한다. 대가리 수로 셈한 가축은 고정된 통화가 있기 전의 농경사회에서부터 자산을 평가하는 가장 좋은 단위였기 때문이다. 이 개념은 근대 노예제에서 정의하는 '물건'이 된다. 근대 노예제는 법적으로 보장되고 경제적으로 양도 가능한, 유괴된 흑인 재산을 바탕으로 삼는 백인 지배 시스템이다. 이 책에서 그리는 자본주의의 초상은 사유재산의 분배만이 아니라 사유재산의 형태를 전면에 내세운다. 자본은 재산이 특별한 형태를 가질 경우에만 재산을 늘릴 수 있다. 이는 파괴적인 세계관을 요구한다. 소유주에게 처분권을 주는 근대의 사유재산이 초래하는 파괴성은 다양한 사회적 지배관계 안으로 침투한다. 그러므로 자본주의를 사유재산의 정착 원리로 분석하는 것은 두개골, 머리 또는 물건에 주목해서 그 의미를 밝히는 것을 말한다. 자본을 안다는 것은 단지 이자율에 관한 정보를 듣는 것만이 아니라, 죽은 머리에 새겨진 정보를 해독하는 것이다.

『블랙 마르크스주의』에서 아프리카계 미국인 사상가 세드릭 로빈슨은 프랑크푸르트학파처럼 자본주의를 단일화하는 근대화 기계로 이해하기보다는, 분열 도구로 이해할 것을 제안한다. 자본주의는 점점 더 인종차별주의적인 시장을 향하는 구별로 세계를 덮는다. 사람들은 동유럽 노동자들에게 더럽고 감염 위험이 높은 노동을 전가할 구실을 찾는다. 로빈슨은 이러한 분열이 자본주의의 유럽적인 배경의 특징인 봉건적인 계층구조의 연장이라고 설명한다. 그런데 자본주의는 완전히 독특한 방식으로 분열한다. 자본주의는 계급을 새롭고 다르게 다루며, 마찬가지로 자본주의가 새롭고 다르게 다루는 사유재산에 따라 모델화한다.

근대의 사유재산은 처분권과 침해 허가라는 세계관을 실현시킨다. 이러한 세계관을 이해하기 위해 나는 사물지배라는 개념을 사용할 것이다. 도축장에서 일하는 사람이 동물을 해체할 때 우리는 사물지배가 작동하는 것을 본다. 그리고 재력가들이 도살장 노동으로부터 적당히 떨어져 앉아 있는 동안에, 전염의 위험이 떠넘겨지는 동안에 일하는 사람의 삶이 무가치하게 취급될 때 우리는 사물지배가 작동하는 것을 본다.

세계관으로부터, 많은 일상적인 관행과 실행들로부터 자아상과 우월감의 요구가 만들어진다. 근대적 정체성은 노예제, 강제 노동, 가부장제 결혼의 섹슈얼리티와 돌봄노동 등 인간에 대한 소유권을 창출하는 제도 속에서 등장했다. 이러한 사물지배에 기반한 정체성은 처분권을 보증하는 제도들이 사라진 뒤에도 오래 살아남는다. 이전의 지배자들은 그들이 지배하는 사지가 절단된 다음에는 더욱 잔혹하게 행동한다. 그들은 허구의 소유권을 계속해서 옹호한다. 이는 앞서 프랑크푸르트학파가 '권위적인 인격'이라고 설명했던, 그리고 내가 환상소유자라고 명명하는 것이다. 지배자들이 과거와 현재에 가지고 있는 환상소유는 피억압자들이 사물화되는 환상소유에 대응한다. 노예 소유가 금지되고 난 이후에도 흑인의 삶은 가치 없게 여겨지고, 가부장적 결혼제도가 폐지되고 난 이후에도 여성성은 착취 대상으로 여겨진다. 노동법과 사회보장제도에도 불구하고 여성은 일할 수 있는 능력을 착취당하는 것이다. 이 모든 것이 환상소유이며 이 모든 천연자원들, 도축을 위한 동물들 위에 자본주의가 세워진다.

자본주의는 로빈슨이 분열 도구로 설명했던 것처럼 두 갈래로 분할한다. 자본주의의 원칙을 규정하는 첫 번째 단계는 사유재산으로부터 설정되는데, 처분 가능하게 찍어 내 가공한 사물을 사물지배자와 구분한다. 두 번째 단계는 사물지배의 사물을 나누는데, 상품화의 가능성이 상품과 폐기물 사이, 가치 있는 것과 무가치한 것 사이 분리선을 긋는다. 흔히 시장에서 승인되는 이러한 분리를 시행하는 것은 임금노동이다. 찌꺼기와 뼈대는 쓰레기로, 핏물은 하수도로, 살은 통조림으로. 상품으로서의 임금노동은 이 분리에 감사한다. 여기에서 이용 가능한 노동력이 저기에서는 자유시간이거나 취업할 수 없는 인력이다. 여기에서 칼을 잡을 수 있는 손이 저기에서는 병가를 내거나 부상당한 토막이다. 또한 비건 슈니첼을 생산하는 재택근무가 이러한 절단을 시행한다. 콩 단일 재배가 남반구 저개발국 점유를 가속화한다. 창의성과 꾸물거리기의 차이는 상품화에 따라 결정된다. 우리는 이런 야만적인 체제를 재생산한다. 우리를 통해 우리를 지배하는 체제다. 한쪽에서는 더 많이, 다른 한쪽에서는 그보다 더 많이, 그럼에도 불구하고 양쪽의 상호 작용 속에서 다시 한번 더.

이 서문보다 조금은 덜 잔혹한 본문에서 나는 출구를 탐색한다. 자본주의에 의해 파괴되는 삶에 관해서만 다룰 수는 없다. 책은 사이 공간에서 이미 시작된 혁명에 관한 것이어야 한다. 삶속의 혁명이자 다른 삶을 위한 혁명이다. 이것은 "시대가 그들의 투쟁과 희망을 이해하려는 시도"로 나타난다.(이렇게 카를 마르크스는 비판철학의 과제를 규정했다.) '삶을 위한 혁명'이라는 제목 아래 나는 정치 집단의 미완결 대열을 소집하고, 자본주의적인 사물지배에 대항하는 사례를 살펴본다. 나는 집단들이 투쟁하는 형식을 악습과 분열에 대한 저항이자 또 다른 질서의 선취로 해석한다.

'미래를 위한 금요일'과 '멸종저항 운동'의 행위자들이 생생하게 묘사하는 재앙 속에서 하나의 입장이 두드러지게 나타난다. 자기의 사유재산을 제외하면 지구에 대해 무디게도 무관심한 태도의 근대 사물지배자들을 부수는 입장이다. 우리는 다르게 살 수 있다. 우리는 일상생활의 행위 속에서 다른 선례를 재생산할 수 있다. 파괴에는 다른 가능성이 없지 않다. 경시된 삶의 가치에 대한 무조건적인 버팀이자, 경찰을 비롯한 독성 산업과 군사화된 국경 시스템 같은 모든 인종차별적인 체제의 폭력에 능동적으로 대항한 '흑인의 목숨은 소중하다(Black Lives Matter)'는 근본적으로 새로운 정치적 지평을 열었다. 우리는 삶을 파괴하는 것이 아니라 구할 수 있다. '한 여자도 잃을 수 없다(Ni una menos)'라는 모토 아래 전혀 줄어들 기미가 보이지 않는 파트너 또는 전 파트너에 의한 여성살인에 대항해 투쟁한 라틴아메리카의 페미니스트들은 '여성*파업'의 과정에서 우리가 다른 방식으로 움직일 수 있다는 것을 보여 주었다. 이윤의 구호 대신에, 환상소유가 우리와 자연을 창조했다는 구호 대신에, 인간의 활동은 재생될 수 있다. 부양하고 돌보고 리듬에 맞춰 움직이면서 말이다. 독일의 무차별적 화석연료 사용을 겨냥해 의도적인 공격을 가한 '엔데 겔렌데(Ende Gelände)'의 활동가들은 우리가 어떻게 생산하고 자원을 이용해야 하는지가 사회적인 문제로 대두되어야 한다고 촉구한다. 우리는 인간의 소유물이라고 지정한 것들을 고갈시키기보다 나누어야 한다. 혹은 지구에 그대로 둘 수 있다. 엔데 켈렌데가 속한 기후변화에 대응하는 국제적인 운동의 토대는 지역에 저항 집단을 형성시킨다. 그러한 투쟁의 한 예로 수 부족의 영역과 지하수 유역을 통해 석유를 나르는 다코타 액세스 파이프라인 봉쇄 운동을 들 수 있다. '물은 생명이다 (Mni wiconi)'라는 라코타 부족의 모토 아래 근대 재산권이 아니라 토지와 삶의 토대에 대한 보호 의무를 요구하는 투쟁이다. 우리는 우리에게 주어진 것을 정복하지 않고 가꿀 수 있다.

자본주의적 사물지배의 세계는 도살장이다. 그러나 "확실한 것은 확실하지 않듯, 그대로인 건 그대로가 아닐 것이다." 브레히트는 이렇게 모순에 대해서 보다 구체적으로 변증법적 재구성을 하려는 충동을 요약한다. 여기에서 다른 현재로 가기 위해 우리에게는 아무런 갑작스러운 시작도 필요하지 않다. 왜냐하면 그대로인 건 그대로일 수 없기 때문이다. 우리는 다양한 측면과 장소로부터, 파괴적이지 않은 다른 세계관을 받아들이기 위해 스스로 시작점을 찾을 수 있으며 창조할 수 있다. 우리는 삶을 파괴하는 것이 아니라 구할 수 있고, 노동을 소진하기보다는 재생할 수 있다. 물건을 써 버리기보다는 나눌 수 있으며 재산을 지배하기보다는 돌볼 수 있다. 우리가 이렇게 시작하고 계속하는 모든 곳에서 삶을 위한 혁명은 자란다.

1

(재산을) 지배하다

자연을 머릿속으로 그려 볼 때나 실제로 시골로 차를 몰고 나갈 때 우리가 녹음 속에서 경험하는 것은 구획된 자연 경관이다. 밭과 풀은 울타리나 담장을 경계로 서로 떨어져 있고, 가장자리와 도랑이 숲의 명확한 윤곽을 이룬다. 사유재산이 세계에 명백하게 고착되었다.

장자크 루소는 『인간 불평등 기원론』에서 울타리가 자연스럽게 존재하고 있다는 사실을 두고 불평했다. 1755년 루소는 이렇게 썼다. "한 토막의 땅을 경계 지음으로써 사유화하고, '이것은 내 땅이다'라고 말할 생각을 한 최초의 인간"을 막았더라면, 인류는 큰 시련을 면했을지 모른다. 루소는 수많은 비판이론가들처럼 유럽 사회가 이른바 계몽사상에도 불구하고 왜 재앙을

야기하는지를 이해하려고 했다. 소유욕과 경계가 그에게 중요한 요소로 보였다. 그는 그 시대의 소유 관념을 사유재산과 동일시하는 오류를 범했다. 이는 모든 울타리를 사회 계급과 동일시했다는 뜻이다. 그러나 둘은 동일하지 않다. 문명화에 대한 루소의 비판은 상당히 개략적이다. 따라서 인간이 위태롭게 만드는 경계의 자연을 이해하며 관찰하는 것은 의미 있는 일이다.

슈투텐베르크

나는 한동안 부계 조상의 소유였던 한 재산의 경계 두르기에 관한 이야기를 들으며 자랐다. 이것은 슈투텐베르크의 이야기다.

15세기 독일 기사단에 점령된 에름란트가 폴란드-리투아니아 왕실에 항복했을 때 한 기사가 하루 동안 말을 타고 돌 수 있는 만큼의 영토를 왕으로부터 하사받았다. 아침부터 기사는 낮은 언덕에서 최고 속력으로 말을 몰았고 저녁이 되어서 출발 지점으로 되돌아왔다. 바로 그의 말이 발아래 쓰러져 죽은 곳이었다. 그래서 이곳의 지명은 슈투텐베르크다.(독일어에서 Stute는 암말을 뜻한다.)

이 이야기는 비슷한 유형으로 수많은 지역에서 통용된다. 언젠가 어딘가에서 실제로 일어난 일인지 확인할 방법은 없다. 나를 늘 혼란스럽게 했던 것은 이 이야기가 늘 승리의 어조로 회자된다는 것이다. 왜 그 남자에게 좋은 것을 줘야 하는 걸까? 어떻게 미래의 늪지의 땅이 주인의 최고의 암말보다 더 가치 있을 수 있는 건가? 왜 이 이야기는 인간이 말을 타고 길을 잃거나 말에서 떨어지는 이야기일 수는 없나?

이런 식의 전설은 근대 사유재산의 특성에 접근하기에 좋다. 첫 번째 특성은 말로 한 바퀴 돈 범위가 둘러막혀야 한다는 점이다. 사물의 분명한 한계를 통제할 수 있기 때문이다. 인간은 무엇이 거기에 속하는지 그렇지 않은지를 판단할 수 있어야 한다. 이를테면 토지나 자연 자원 같은 많은 사물들은 명백하게 고정된 형식을 지니고 있지 않다. 다시 말해 인간은 말 한 필이나 사과 한 알이 누군가의 소유로 존재한다는 사실을 즉시 인식하지 못한다. 마찬가지로 자연적인 경계, 강이나 산맥도 소유물로 밝혀져야 한다. 실제로 말의 경우 규정 요구가 존재한다. 말을 거래할 때 고삐는 함께 팔되 안장은 제외하는 식이다. 말은 사람이 고삐 없이 붙잡고 있기가 불가능하기 때문에 고정된 사유재산이 아니라 움직이는 소유물이라 간주된다. 오늘날 어떤 지대가 경작지로 구획되었다고 간주된다면, 덤불 울타리나 둑 안에서 수백 년간 사유물로 관리되고 있었다는 뜻이다. 이런 형태의 사유지가 성립하려면 우선 자연을 획득해야만 한다. 이 형태는 자연에서부터 여기 존재하는 것이 아니라, 전설에서 묘사된 말타기 일주라는 순간들의 범주로부터 만들어진 것이다. 지도제작술과 행정의 발달은 결국 통합된 경계 표시를 무시하도록 했다. 단순한 울타리가 아니라 토지대장이 실제 땅을 등기부에 나누어 표기함으로써 상속이 신속하고 명확하게 진행될 수 있었다.

선을 그어 영역을 표기하는 행위는 이전의 것을 파기한다. 하루 동안의 동그라미 표시는 지도의 추상적인 면을 지니고 있다. 이런 영토의 할당은 마치 이전에는 거기에 아무것도 없었다는 듯이 여기는 이상한 독재를 발생시킨다. 소유권을 날인하는 것은 땅과의 관계도, 그 특별한 성질에 대한 이해도 아니라 그저 사실상의 폭력 자체다. 아직 손이 닿지 않은 땅에 무언가를 해야만 한다는 환상은 획득한 구역을 지배하기 위한 폭력이 계속해서 허용되고 있음을 은폐한다. 실제로 마주리아 퇴적지는 사람이 살지 않는 곳이 아니었다. 그곳에는 발트 프로이센인들이 거주하고 있었다. 지도 위 흰 점들은 늘 정복자의 제한된 시야에만 존재했다. 단순히 새로이 측량함으로써, 다시 말해 새로운 구역을 결정함으로써 이전의 권리들은 모조리 없어졌다. 이렇게 형성된 사유재산은 새로운 역사, 환희에 찬 강탈의 역사를 지시한다. 이 역사 속에서 모든 것은 몰락할 것이다. 강제적 영토 취득의 신화 속에서는 어떤 생동하는 관계도, 또한 과거의 어떤 흔적도 자리할 곳이 없기 때문이다.

소유자는 사유재산의 역사 속에서 단지 외부적이다. 재산의 한계는 소유자의 경계이기도 하다. 아마도 이런 의미에서 매개물은 희생되어야만 했을 것이다. 임밀은 결국 소유물인 한편, 다른 한편으로는 소유자의 연장된 몸이다. 암말의 노동력 때문에 기사는 영토의 지배자로 격상될 수 있었다. 암말의 노동력은 그 땅을 나타낸다. 암말은 동트기 전부터 풀을 뜯고 목을 축였어야 했을 것이다. 그 말을 해치우는 것, 바닥에 내치는 것은 지배자와 지배당하는 자 사이의 변화를 은폐한다. 땅을 하사받은 기사는 그 땅을 결코 혼자 획득하지 않았다는 계류상태의 흔적을 말과 함께 매장해 버린다. 바로 그렇게 완전한 동그라미를 그린 기사의 순전한 의지가 죽은 땅에 주권을 행사할 수 있었다.

근대 사유재산의 특징적인 면은 제한 없는 이용이라는 형식으로 독점된 사물과의 관계이다. 근대 사유재산은 소유주에게 지배하고 사용할 권한에 더해 악용하고 파괴할 권한을 준다. 이러한 관점은 슈투트베르크의 옛날이야기에서 부차적인 줄거리로만 남아 있다. 말타기 순회 이후 이야기는 주권과 함께 사라졌다. 부동산 자체, 전용되고 있는 토지를 이후에 소유자가 온전히 처분할 수 없었기 때문이다. 그 자신과 그의 장손의 후손들이 왕을 대신해 관리하는 땅에는 여전히 전근대의 울타리가 존재한다. 영토로서 그것은 파괴되거나 팔릴 수 없다. 근대 사유재산의 운명을 나타내는 죽음에 이른 암말은 그와는 다른 것을 의미한다. 이는 부의 극대화에 관한 문제가 아니다. 땅이 더 많은 노력을 기울일 만큼 실제로 충분히 수익성이 있지는 않았기에 오히려 귀족의 권력에 관한 문제였다. 기사는 말이 자기 것이라고 해서 쉽게 희생시킬 수 없었다. 나중에야 기사는 새로운 상황에서 새롭게 획득한 미덕을 보여 준다. 그것을 미덕이라고 부르고 싶다면 말이다.

땅과 사람, 사람 없는 땅

우리에게 완전히 당연시되는 사유재산의 형태는 역사적으로 전무후무한 것이다. 이 형식에 따르면 '이것은 내 것이다'는 내가 원하는 바를 그것으로 할 수 있다는 의미다. 서양 근대가 찾아낸 소유 형태는 '절대적 사물지배'다. 절대적 사물지배는 한계 없이 사용할 수 있다는 생각을 바탕으로 식민주의와 자본주의적 세계화를 통해 세계 구석구석을 정복해 나갔다. 사물지배의 원리는 가장 대담한 아이디어 안으로 스며든 것처럼 일상적인 세계관에도 스며들었다. 우리가 사유재산과 더 이상 직접적으로 관련짓지 않는 지점까지도.

사유재산에 대한 이해가 근대화된 끝에 우리에게 당연한 절대적 사물지배로서의 사유재산이 성립했다. 18세기 초 루소와 동시대인인 영국 법률가 윌리엄 블랙스톤은 이 새로운 형태의 소유권이 "사람이 사물에 대해 주장하고 행사하는 유일하고 독재적인 지배권"이라고 단호하게 정의했다. 프랑스 혁명 이후 재산 소유자의 주권이 역사상 처음으로 나폴레옹 법전에 명시화되었다. 사유재산을 소유한 자는 사용권과 양도권 외에도 사유재산을 남용할 수 있는 권리인 이우스 아부텐디(ius abutendi)까지 가지고 있었다.

마찬가지로 오늘날 우리는 사유재산을 민법에 명시되어 있듯 '완전한 재산권'으로 이해한다. 이는 자산가가 자유롭게 소유물을 이용할 수 있도록 정당화한다. 모든 제한은 추후에 공식화되어야 한다. 이것은 사유재산의 이해나 사물 자체에 대해서가 아니라, 자산가의 이득에 관한 제약이 있을 경우의 이야기다.

사유재산의 이해가 이러한 방식으로 절대적인 사물지배가 되기 위해서는 먼저 봉건적 통치구조로부터 해방되어야 한다. 봉건제는 강제 노동, 방위 의무와 다양한 관습법에 기초한다. 영토와 인민에 대한 지배는 언제나 하나였다. 반면 근대에 두 가지 지배 형태는 분리되었다. 지배와 소유가 의미상 분리됨으로써, 지배를 뜻하는 라틴어 임페리움(imperium)은 인민에 대한 지배만을 의미하게 되었다. 자유롭고, 최소한 잠재적으로는 동의 가능한 지배. 소유 관계를 뜻하는 도미니움(dominium)은 사물에 한정되는 동시에 강화되었다.

지배와 소유의 분리는 소속 신분이 재산에 대한 권리증을 요구하게 했다. 모든 남성 시민은 재산을 취득할 수 있다면 그것을 소유할 권리가 있었다. 이 취득물은 노동에 연관되었다. 또한 사유재산과 노동의 연관성은 새로운 방식으로 정당화되었다. '자신이 획득한 것에 대한 권리를 갖는다'라는 100년도 전에 존 로크가 제시한 개념은 견과류 채집이나 직접 경작한 땅에서의 수확과 같은 행위에서 여전히 타당하다.

실제로 사유재산의 취득 과정의 일부는 정복을 통해 계속되었다. 17세기는 네덜란드가 식민주의의 전성기로 들어서는 시점이었다. 영국은 인도에 전초 기지를 짓고, 카리브해 섬들을 점령하고, 프랑스와 치열한 경쟁 속에서 그 지역을 식민화했다. 이때 '새로운' 세계에 사는 사람들이 자연과 하는 상호 작용은 '노동이 아닌 것'으로 격하되었다. 땅은 그렇게 '주인 없는' 것으로 규정되었다. 물론 현명한 비평가들은 당시 북아메리카의 사냥 부족이 대초원을 소유해서는 안 되고 영국 왕이 셔우드 숲을 소유해야 하는 이유가 분명하지 않다는 것을 이미 알아차렸다. 영국 왕은 단지 말을 타고 간간히 사슴을 쓰러뜨리며 그곳을 지났을 뿐이다.

그러나 왕의 권위만으로 세습적인 지위를 정당화하기는 곧 역부족이 될 것이었다. 토머스 홉스와 존 로크가 제시한 새로운 계약 이론에 따라 근대 군주의 지배는 단지 계승을 통해서만이 아니라, 사유재산의 보증인으로서 스스로를 정당화해야만 했다.

유럽 남성들 사이에서 사유재산 원칙에 대한 동의는 새로운 평등성을 만들어 냈다. 새로운 평등성에는 농노 신분의 폐지와 거래를 통한 대규모 경작지의 양도 가능성이 반영되었다. 무엇보다도 평등성은 이전에는 생각할 수 없었던 극단적인 자유에 대한 약속을 만들어 냈다. 인간은 원하는 대로 자신이 소유한 전 재산을 서로 관리하고 처리할 수 있다는 것이다.

한편 17세기 서유럽의 여성들은 자신의 이름으로 소유물을 관리하는 일이 아주 드물 정도로 법적 지위가 악화되었다. 결혼한 여성의 자산은 커버처(coverture)라고 일컬어지는 혼인법에 따라 예외 없이 남편에게 넘어갔다. 이곳에서도 정복이 일어났다. 단지 심장부에 국한되지 않는 전체적인 정복이었다.

근대의 사유재산은 그렇게 잘게 부서진 봉건주의적 원칙으로부터 형성되었다. 동시에 근대의 사유재산은 새로운 자본주의 체계에 궤도를 만들었다. 사유재산 형식의 변화와 함께, 다시 말해 소유의 의미가 무엇인지에 대한 물음과 함께 누구에게 무엇이 속해 있는가 하는 소유관계의 위치이동에 대한 물음이 동반되었다. 이러한 위치이동은 이미 토지를 소유하고 있는 사람들을 위한 것이 아니었다. 영주들은 토지를 새롭고 극단적인 방식으로 점유했다. 그들은 더 이상 관습법의 유지와 노예 관리 의무를 갖지 않았다. 근대 초기의 인클로저 운동은 특히 영국과 독일 남부에서 다시 한 번 토지와 사람들을 갈라 쳤다. 들판과 공유지에 울타리를 치고 농민들을 몰아냈다. 그리고 유익한 농업이나 사육을 통한 자급자족과는 다른 목적으로 땅을 사용했다. 카를 마르크스는 스코틀랜드의 산악지대에서 일어난 이러한 최후의 점거 사례를 자본주의의 전제 조건으로 파악했다. "이른바 시초 축적"으로 부가 집중되고 농업자본의 초기 형태가 구성된 한편, 성장하는 수공업과 공장제를 위해 노동자, 뿌리 뽑힌 무산 계급을 이용할 수 있게 되었다.

이러한 발전의 결과로 역설적인 해방의 상이 떠올랐다. 풀려난 일꾼들은 이제 스스로 자산가가 될 수 있는 권리를 갖게 되었는데, 실제로는 생계 수단을 잃어버렸다. 자유인으로서 그들은 자기 자신의 주인으로 간주되었다. 사실상 구미가 당기지 않는 무산가가 된 상황에서 자신의 노동력을 새롭게 생긴 공장들, 공업장에 팔게 되었다. 공유지 경제와 봉건적이면서 공동체적인 부양 청구권에 익숙했던 그들은 일자리를 찾는 대신 자급할 수 있는 대안 형식을 찾았다. 왜 방랑하거나 길거리에서 행운을 찾으려 하지 않겠는가? 광활한 자연과 풍요를 만끽하는 편이 낫지 않은가? 법적인 박해에도 불구하고 대부분의 사람들은 임금노동보다 떠도는 생활을 선호했다. 그리고 울타리와 담장, 이전에 소유했던 경작지와 공용지를 공격하기 위해 거듭 동맹했다. 종종 여성들이 이를 주도하기도 했다. 가혹한 처벌과 함께 중단된 이 방랑과 떠돌이 생활은 일종의 본격적인 집단 운동이었다. 붙잡힌 사람들은 마치 동물이나 노예에게 행해졌던 것처럼 낙인이 찍혔다.

만일 사물지배 아래에서 사유화된 토지 위에 실제로 가상의 사유재산 건물이 건설되지 않았더라면, 그러한 질서는 다시는 회복되지 못했을 것이다. 사회질서를 위해서는 약탈당한 사유재산가를 위한 보상으로서의 재신이 필요하다. 이렇게 시배와 소유, 임페리움과 도미니움의 깔끔한 분리를 통해 새로운 지배 형식인 사람들 사이의 사물지배가 확립되었다.

사 물 지 배

인간이 절대적으로 모든 것을 행할 수 있는 무언가가 존재해야만 한다. 이 새롭고 과격한 소유의 자유에 대한 확언은 근대 초기 대다수의 인민에게는 대단히 공허하게 들렸을 것이다. 왜냐하면 그들은 아무것도 가지지 않았기 때문이다. 농노 해방은 고된 부역에 마침표를 찍었을지 모르지만, 갑자기 초원과 숲을 무제한으로 소유한 영주들 때문에 땅을 잃은 사람들은 실로 새로운 자유를 확보할 대상이 없었다. 방랑자를 박해하는 과정에서 발이 향하는 곳으로 갈 수 있는 즉각적인 자유를 잃었기 때문에 더욱 그랬다.

그렇다면 무능력한 사람들이 이득을 차지할 방법이 있었는가? 왜 그들은 모든 울타리를 뽑아내는 행위를 지속하지 않았는가? 16세기 농민전쟁의 과정에서처럼 순전히 무력을 통한 진압이 있었고, 떠돌이와 폭도 중 일부가 스스로 자산가가 되어 나머지를 진압하기도 했다. 그들이 자산가의 위치로 올라섰다는 것은 물질적 재산을 손에 넣었다는 의미보다는 사유재산 형태의 사회적 지배력을 가졌다는 의미에 훨씬 더 가깝다. 사유재산의 소유형식을 본보기 삼은 사회적 관계들의 사물화는 최소한 백인 그리고 남성 무산가들을 사물지배자로 변모시켰다. 그들의 '허구적인' 사유재산은 고착화된 지배로 이해될 수 있다. 노예제와 가부장적인 혼인이라는 근대적 사회 제도의 처분권으로 구성되는 지배. 무산가들은 힘없는 자들을 대가로 보상받았다고 말할 수 있다.

왜 다른 것이 아닌 피부를 소유하는 것이 매력적인 자유로 보였을까? 이런 의문은 공유지에 바탕을 둔 농노제가 아니라 근대의 노예제와 대조할 때 돌연 해결된다.

노예제가 처음부터 인종차별주의적 경계를 따라 구상된 것은 아니다. 17세기에 카리브섬의 식민지들과 미국의 남부지방에 백색 인종인 부채 노예가 존재했다. 그중에는 여성들도 다수 포함되어 있었다. 버지니아주에서 일어난 베이컨의 반란에서는 1676명의 영국인 그리고 아프리카 출신의 강제노역자들이 함께 농장주에 대항해서 싸웠다. 한 세대 후 버지니아 노예법은 무산가들의 결집을 저지하고 예속된 흑인의 상품화를 성문화하는 목적을 지닌 입법으로 백인 우월주의의 기초를 마련했다. 그 후로 다른 인종 간의 혼인은 허가되지 않았다. 노예화된 사람들을 구타하는 것도 법률적으로 아무런 문제가 없었으며 노예 신분은 다음 세대에 세습되었다. 백인으로 존재하는 것은 무산가 자신에게 우월함을 보증했다. 자유인 흑인 고용주가 백인을 고용하는 것은 더 이상 허가되지 않았고, 백인은 어떤 경우에도 더 이상 노예화될 수 없었기 때문이다. 흑색 아니면 흰색이라는 겉으로 가장 두드러지게 보이는 요소와 혈통에 따른 인간 분류는 명시적인 사유재산 표시를 위해 도입되었다. 피부색은 플랜테이션의 경제 법규에서, 노예무역의 국제적인 체계에서 상표로 통용되었다. 다시 말해 누가 자산가이며, 누가 사유재산으로 여겨지는지를 증명하는 것이었다. 중간 형태는 미국에 존재하지 않았다. 노예화된 인구수를 늘리고 플랜테이션 농장주의 사생아들을 상속에서 배제시키기 위해 모든 혼혈 어린이를 흑인으로 쳤다. 식민주의와 노예무역의 역사에서 흑인이라는 분류는 잠재적인 사용 가능성, 노동, 이동성을 표시했다.

노예제는 해외 노동자들의 운명을 결정했을 뿐 아니라 노예제에 대해 알고 있었던 유럽 출신의 노동자들 또한 스펙트럼 반대편에서 그들 자신의 처지를 살아내도록 했다. 백인 사물지배의 범위 내에서 비로소 노동자들은 노동력과 평생의 시간을 자기의 소유라는 귀찮은 자유로부터 빼내서 임금노동에 쓰게 되었다. 이렇게 견고해진 대비 속에서 무일푼의 자기 소유자들에게 자기 사용의 외적 범위는 없었다. 결국에는 자신의 노동력을 즉시 공장주에게, 선장에게, 주인에게 다시 양도해야만 했다. 이러한 가부장적인 사물지배는 유럽에서 무산자들 가운데 일부에게, 그리고 식민지에서 유산자와 백인 이주민에게 사유재산의 자의적인 자유를 즐길 수 있도록 했다.

성별 관계는 폭력과 함께 개정되었다. 유물론적 페미니스트 실비아 페데리치는 숨 막히는 마녀사냥의 재구성을 통해 200년 된 여성혐오 테러 집단이 근대 초기의 사유재산 관계 변형에 어떻게 기여했는지를 보여 주었다. 페데리치는 여성들 사이에서 통용된 출산, 피임과 낙태 관련 지식을 악마화하는 과정이 공유지로 구획된 삶의 토대가 몰수되는 것의 연장선상이라고 본다. 여성의 순종과 가부장적 영향을 넘어선 연대, 성적 전환, 성적 무절제와 불임에 대한 역사적 투쟁은 교회와 국가의 공권력을 통한 여성의 자기소유권 박탈에 대한 저항으로 해독한다. 종교재판과 심화되는 가부장적 혼인법은 이전에 존재했던 재산의 양도만이 아니라 전근대적 성적 관계가 새로운 형태로 변화함을 의미한다. 성적 관계는 권리를 지닌 자산가와 이용 가능한 자원 사이의 관계가 된 것이다.

후견된 혼인은 모든 남편에게 담 쳐진 삶의 한 부분으로 향하는 통로를 허락한다. 아내의 재산에 대한 권리, 아내가 임금노동을 할지에 대한 결정권, 성적 점유, 자손의 처분과 아내의 모든 부양 능력이 남편에게 귀속된다. 이러한 갖가지 양태들은 인간이 행할 수 있는 모든 생생한 돌봄 재생력인 '재생산 능력'으로 요약된다. 인간 활동 전체를 '여성성'이 움직이는 일이 일반화된 것은 근대적 영역 분할에 기인한다. 시민적인 이상향인 노동계급에서 어렵게 실행되어야만 했던 집안 살림과 바깥에서의 임금노동의 분할. 이를 통해 결국 노동자에게는 아이를 형제자매의 보살핌 아래 돈벌이 없이 집에 두는 것보다, 공장에 데려와 달래야 한다는 것이 너무도 자명하게 된 것이다. 공간적인 분할은 시민적인 도덕과 성이 작용하는 방식과 마찬가지로 재생능력을 점차 인간 활동의 임무 범위가 아니라 성별화된 육체의 속성으로 명시한 것이다.

그것은 여성을 쓸모 있고 적절하며 혼인의 개별화 안에서 그때마다 남성 의지의 영향 아래 사는 존재로 만들어 내는 사물지배의 원칙이었다. 여성이 그들의 남편에 속해야 하는 동시에 배타적인 처분권에 관한 지속적인 의심을 감내해야 한다는 요구가 지금까지 여성 대상의 폭력이 구조화되는 불편한 계기를 주었다. 결국 마녀들은 페데리치가 이따금 언급하는 것처럼 공유지의 방어자로서가 아니라 교활한 남자들, 그야말로 악마들의 사유재산으로서 안타깝게도 불에 탔던 것이다.

사회적인 사물지배는 살아 있는 상대를 서로 이용할 수 있는 재산처럼 처분하는 것을 말한다. 이를 위해서는 피부색이나 성별에 따른 구별이 분리되어서 외부의 폭력에 노출되어야 한다. 현대의 소유권 형태에 따르면, 이런 식으로 설명되고 나면 모든 것은 마치 원래 그랬다는 듯이 완전하고 무조건적으로 가정된다. 그곳에 양도되는 것은 항상 그곳에 있지 않았다. 그곳에 그러한 형태로 존재했던 적이 없다. 표시를 통해 만들어진 것이다. 우리의 몸은 400만 년간의 진화의 결과이지만, 동시에 인간의 지배관계가 빚어낸 부조물이기도 하다. 이른바 고착된 성벽들이 여기에도 있다.

환 상 소 유

근대 사유재산이라는 약속은 미묘한 권력을 만들어 냈다. 그 미묘한 권력을 확인하는 일은 단지 무절제 속에서만 가능하다. 자유재량권은 완전히 소진했을 때에야 모습을 드러낸다. 그렇게 사물지배자는 어떤 실재하는 것이 죽게 되었을 때에야 비로소 그것이 자신에게 귀속되었음을 알게 된다. 표트르 도스토옙스키는 소설『죄와 벌』의 한 암울한 장면에서 이러한 이야기가 어떻게 펼쳐지는지를 분명하게 보여 주었다.

"비켜!" 미콜카는 미친 사람처럼 소리치면서 장대를 버리고 다시 마차에 몸을 굽혀 철 지렛대를 꺼낸다. "주의해!" 그는 소리를 지르며 온 힘을 다해 장대를 불쌍한 말 위로 내리친다. 강한 충격 소리가 둔하게 울려 퍼지며 말이 흔들리고 넘어진다. 말은 몸을 구부리고 다시 당기려 하지만 쇠막대기는 또다시 그의 등을 세게 치고 네다리가 동시에 잘린 듯 땅바닥에 쓰러지는데…… 미콜카는 옆에 서서 쓸데없이 지렛대로 동물의 등을 때린다. 암말은 머리를 앞으로 푹 숙이며 한 번 더 허술하게 숨을 쉬고 죽는다. 군중 속에서 "이제 끝났어!"라고 비명을 지른다. "그래 왜 도망치지 않았어!"

"그건 내 재산이야!" 미콜카가 손에 든 지렛대와 함께 비명을 질러댄다. 그의 눈은 핏발이 서 있었다. 그는 때릴 사람이 하나도 남아 있지 않은 것을 안타까워하는 듯 그 자리에 서 있다.

인종차별주의적 사물지배와 때때로 가부장이 자신의 지배 하에 있는 사람들을 동물처럼 취급하는 것은 자연으로 가까이 다가가는 접근이나 동물적인 충동과는 전혀 상관이 없다. 그것은 동물에 대해서도 역사적으로 형성된 사유재산이라는 분할된 형식에 근거한다. 도스토옙스키의 굉장한 장면은 의심의 여지 없이 사유재산에서 비롯된 폭력의 극단적인 지점을 두드러지게 보여 준다. 그러나 이 극단적인 지점이란 근대 사회 내부에 견고하게 정착되어 있다. 미콜카는 권리와 법의 틀 안에서 행위하며, 더욱이 우리가 근대의 자율적 소유자라고 지시하는 특권을 이용한다. 우리는 미콜카의 무절제를 괄호 안에 넣어 볼 수 있다. 소유자의 숨 막히는 자유가 그에게 재량권을 부여했다는 사실이 그가 독단을 행해야 한다는 것을 의미하지 않는다. 대부분의 사람들은 섬세한 감정을 갖고 있다. 소유자는 대부분 더욱 섬세하게 셈한 만큼 정확히 자신의 사유재산을 소유하고자 한다. 그러나 모든 것은 파괴의 정당화가 정의되는 세계에서 사라지지 않는다. 명확한 것은 사유자산가로서 인간은 그의 사유재산을 지키고자 한다는 것이다. 그러나 어떤 형식으로? 절름발이 말은 미콜카에게 더 이상 쓸모가 없다.

　근대사에서 확산된 인간 지배와 사물 소유 사이의 모든 지배 영역을 억제하는 한 가지 방법은 법적인 것이다. 해방을 향한 지난 200여 년간의 수많은 노력은 모든 인간의 완전하고 훼손되지 않은 자기 소유를 합법적인 층위에서 보호하는 데에 전력을 다했다. 그것이 진보라고 기록되었다. 세부에서는 느리더라도 진전은 있다. 혼인 관계 안에서 일어나는 강간이 1996년에야 최초로 금지되었다. 완전한 낙태권은 여성들에게 주어지지 않은 채였다. 사회적 이동은 이곳저곳에서 계속해서 제한돼 있었다. 그럼에도 자유 민주주의에서 성공적이었던 것은 타인에 대한 법적으로 보장된 소유권을 폐지하고, 동물보호규정을 통해 다른 종에 대한 법적으로 보장된 사유재산권을 제한하는 것이었다.

　그러한 자산 박탈로 사물지배를 향한 야심이 자동으로 제거되는 것은 아니다. 완전히 계몽된 땅이 승리의 재앙으로 환히 빛난다는 테오도어 아도르노와 막스 호르크하이머의 격언이 여기에 적용될 수 있겠다. 새롭게 성취해 낸 자기소유는 다른 사람들에게 절단으로, 그들의 의지 바깥 영역의 상실로 보이기 때문이다. 극복한 힘의 유령 같은 그림자가 남아 있다. 사물지배 대신에 환상소유가 확산되었다. 움직일 수 있는 사지가 있었던 텅 빈 자리에서 느껴지는 고통처럼, 맹목적인 지배 요구가 지속되고 있다. 맹목적인 지배 요구가 환상소유를 만든다.

환상소유는 근대 정체성을 이루는 본질적인 구성요소나. 그것은 한편으로는 특정한 다른 하나를 사용할 요구로 구성되며, 다른 한편으로는 특정한 방식으로 이용 가능하게 보이도록 하는 것으로 구성된다. 환상소유를 가질 수도 있으며 또는 스스로 그것이 될 수도 있다. 환상소유는 합법적인 해방에 따라 제도상으로 변경된 사유재산에 의거하는 것이므로, 완전한 실재소유가 아니다.

점유는 절대적인 처분권인 소유와 달리 재화를 직접 처분하는 사람에게 귀속되는 파생된 소유권이다. 예를 들어 임대료나 집세를 사용을 보증받게 되는 경우다. 근대의 정체성들은 분명히 사물지배의 임차권 세습이다. 우리는 그러한 모범과 계급들을 내면화했다. 우리는 사물지배의 욕망을 제한할 수 있다. 우리는 새로운 그리고 해방적인 자기소유의 경계를 확립할 수 있다. 그러나 우리 대부분은 누가 의심스럽게 가져갔는지 혹은 누가 취해졌는지 구분할 수 있는 극도로 좋은 직감을 가지고 있다. 이렇게 환상소유가 사물지배를 일시적으로 재가동시킴으로써 환상소유는 흥분과 욕망의 환을 유지한다.

지난 수십 년 동안 신장된 여성 평등권에서 주목할 만한 현상은 실제로 전 세계가 파란색과 분홍색으로 분할되었다는 점이다. 이것은 남성과 여성을 나누는 표시의 의미가 커졌다는 이야기이기도 하다. 여성들은 결코 다른 사람의 마음에 들도록 애쓸 필요가 없다. 특히 자본주의의 경쟁에 쫓기는 상태에서 여성들은 절대 속지 않도록 훈련을 받게 된다. 그러나 여성들은 세계를 분홍빛 아름다움으로 장식하고, 나아가 타인을 위해 세계를 정돈하는 역할을 해야 한다. 여성들은 폭행에 대한 두려움이 없는 상태가 무엇인지는 알지 못한다. 여성들은 환상소유가 어떤 의미인지는 분명하게 알고 있다.

인종차별적 환상소유는 나와 같은 유럽의 백인들이 사실상 전 세계를 여행할 수 있는 자유와 개인의 지위를 보장하는 공공사회기반시설을 신뢰할 수 있을 때, 다른 사람들이 지중해에서 익사하고 망명기관에 사물처럼 수용된다는 말이다. 그들은 그들에게 규정되지 않은이동성을 범했다. 그리고 이동성이 보장되는 곳에서는 가용성이 감소하지 않는다. 이민자들은 잠재적인 침입자로 발견될 것이다. 물론 여긴 너희 나라가 아니지. 이민자들의 모든 삶의 표현은 정주자들의 환상소유를 공격하는 것으로 받아들여질 수 있다.

동시에 흑인인 독일인, 이슬람이거나 혹은 스스로 이슬람인이라고 생각하는 독일인, 다른 피부색의 사람들은 공공장소에서, 교육시설에서, 그리고 경찰로부터 백인과는 다른 대우를 받는다. 그리고 이러한 인종차별을 겪은 모든 사람들이 증언할 수 있고 많은 백인 독일인들이 늘 세상에 이야기하고자 했던 이 '다름'은 단순한 경시나 서열화가 아니다. 어떤 한 인간을 인종차별주의적으로 본다는 것은 그를 어느 날 쓸모 있는 재산이 될 잠재적인 사물 또는 도둑으로 보는 것이다. 이 사람이 체류하는 곳, 그가 행하며 요구하는 것은 갑자기 상대 백인들의 관심사로 돌변한다. 백인의 환상소유는 이렇게 드러난다. 오늘날 역사적으로 가장 극단적인 사물화와 범죄화의 형식들이 나타나고 있기 때문에, 백인들은 역사적인 트라우마를 너무도 사실적으로 지니고 있는 자신들의 맞은편을 향해 계속해서 섬뜩한 독선을 행하는 것이다. 등급화된 인종차별적 인식에는 헤아릴 수 없이 많은 변형들이 존재한다. '용납할 수 없는' '진짜 인종차별적인 것'을 만들어 놓고, 자신이 용인 가능한 것을 정당한 것이라고 제시한다. 누군가에게 출신을 묻는 건 그저 궁금해서일 뿐, 그 사람을 그곳으로 돌려보내고 싶어서는 아니다. 이덴티테레(Die Identitäre)라는 극우 청소년 단체는 자기들이 인종차별적이라 말하지 않는다. 그들은 흑인이나 이슬람, 터키인, 아랍이나 아시아인들이 다른 곳에 살았다면 전혀 반대하지 않았을 것이라고 주장한다. 대량학살에 정통한 이 나라에 여전히 말살정책이 존재하고 있다. '최후의 해결책' 앞에서는 각자의 인종차별주의가 상대화되는 것이다.

폭력은 정당하게 제재되었을 때 계속해서 발생한다. 맹목적이고 즉흥적인 무절제로 발생한다기보다는 오히려 명백하게 가부장적이고 인종차별주의적 행위의 본보기를 따른다. 독일에서는 사흘에 한 명 꼴로 여성이 자신의 파트너나 전 파트너에게 살해당하고 있다. 2017년에는 보호기관을 찾은 난민들은 칼과 막대기, 총기 등으로 하루 평균 326회 공격을 당했고, 망치로 얼굴을 가격당한 사례도 있었다. 미콜카는 인사를 했지만, 그는 그에게 이 사회가 허용하는 관습을 이용했을 뿐이다. 무덤과 자유로운 사용에 대한 요구들이 여전히 환상소유로 뿌리내려 있다. 우리는 표시를 두고 재 보지 않고는 어떤 사람을 누구라고 떠올리기 힘들다. 성별, 피부색, 지위. 어떤 이들은 취해지고, 어떤 이들은 취한다. 미콜카 같은 인물이 몽둥이를 손에 들었다는 잔혹한 수단만을 문제 삼으며 역사적으로 예견된 상흔의 방향을 인식하지 못하는 것은 진료실에서 자신의 환상소유를 인정하지 않는 것이다.

그사이 자신들의 토막난 청구권을 직접적인 방어하는 상황이 점차 증가하고 있다. 몇몇 집단에서는 빼앗긴 재산에 대한 보복과 자신들의 환상소유를 수호하려는 파괴욕이 놀랄 정도로 수용되는 모습을 볼 수 있다. 환호가 길 가장자리뿐만 아니라 대학 강단과 문화부에서도 들려온다.

"모든 게 조금씩 도를 넘고 있어!"(설마. 아직 제대로 시작하지도 않았다.)

"말해도 되는 것이 무엇인지 전혀 알지 못하네!"(오히려 더 좋다. 우리는 더 나은 말을 궁리해 볼 수 있다.)

"이건 사람들을 미치게 만들어!"(우리 모두 그들이다. 그리고 우리는 이미 전부터 미쳐 있었다.)

모두가 알고 있다. 우리 '사람들'을 독려할 수 있을 듯한 시대에 뒤처진 환상소유 이외에는 아무것도 존재하지 않는다. 신자유주의 개혁 이래로 모든 이들을 겨누고 있는 법의 횡포는 미콜카의 가학성에 필적한다. 이러한 법의 횡포는 노동시장에 전부 유효하게 이용되지 않는다는, 그리고 일반적으로 그 활동이 통제하에 있지 않다는 의혹을 산다. 네오나치로부터 죽을 때까지 구타당해 우리들의 연석 위에서 노숙자들은 죽는다. "그래, 그러게 왜 도망가지 않은 거야?" 이 또한 징후인 것 같다. 그리고 모든 작고 번거로운 일들, 실업 상태에서 이동권의 상실, 최저생계비를 축소시켜도 된다는 인준, 거의 무의미한 조치와 업무에 대한 무리한 요구, 결국은 늘 그랬던 것처럼 자신의 상황을 책임져야 한다는 지시. 이런 것들은 노동력의 생산 목적을 위한 것이 아니라 사물지배의 예시다. 사물지배가 폭로하는 비밀은 자기소유가 불쾌한 능력을 구성한다는 사실이다. 자기소유는 부당한 요구이지, 자유가 아니다. 인간은 이 자산을 환상소유로 다른 자산에 장식할 수 있다. 그러나 이 파괴가 멈출 것이라 바랄 수도 있다.

사 막 화

근대 사유재산이 우리에게 제공하는 것에 대해 철학자 다니엘 로익은 그의 선구적인 비평문에서 사유재산을 "장군의 언덕 인식 방식"이라고 묘사한다.

우리는 우리의 재산을 마음대로 할 수 있는 권리를 갖고 있으며 그러므로 우리는 계속해서 통치한다. 사물지배가 최고 통치자의 자세라면, 그렇다면 항상 살아 있는 원료를 중시할 것이다. 군대는 명령받지만, 그들은 살아 있는 사람으로 이루어져 있다. 오래전부터 통치자의 언덕에서, 식민지의 민족 말살과 20세기의 전체주의 전쟁이라는 달라진 맥락에서 명령받고 있는 우리는 인간이 순전히 편성된 집단으로, 전혀 중요하지 않고 단지 쓸모 있는 도구로서 실질적인 사유재산으로 간주되는 것을 목격한다. 한나 아렌트가 공식화했듯, 쇼아(Shoah, 히브리어로 '절멸'을 뜻하는 말로 홀로코스트를 가리킨다.)는 시체 생산 공장을 능가한다. 근대의 자산가는 이상한 통치자였을 것이다. 죽은 영혼을 번번이 지배한다고 생각하는 그런 이상한 통치자 말이다. 이제는 영혼이 아니라 사물이겠지만.

'우리는 방어력을 갖춰야 한다'는 비욘 회케의 주장을 떠올리게 하는 신우파의 국방에 관한 수사는 불안정한 인격들이 남성성을 보장하는 데 도움이 된다. 이러한 수사는 이미 사라진 지 오래된 전사의 이상과 관련이 있다. 아마도 환상소유는 전쟁 시 국가의 사물지배 아래 병역 의무가 있는 자로서, 절단된 빈자리의 파시즘적인 충전물이다. 닥쳐올 모든 전쟁이 우리를 바꿔버릴지 모른다는 이면에 사실 죽은 사물이고자 하는 비밀스러운 바람이 숨겨져 있을 것이다. 어쨌든 이것은 사물지배의 주권도 용의 짐을 덜기 위한 한 방법이다. 이러한 절망으로부터 희미한 바람이 살찐다. 이러한 절망은 완전히 말도 안 되는 것이 아니다. 사물지배의 노예가 된 세계에서도, 어디에서도 삶을 인식할수 없는 곳에서도, 어떤 의무도 없다. 이곳에는 단지 다른 사유자산가가 두려워할 사유자산가의 죽은 물건의 고독이 존재할 뿐이다.

77억 인구가 사는 세계에서 우리가 홀로 남겨진 감정을 느껴야만 한다니 뭔가 잘못된 것처럼 보인다. 그러나 고독은 타인의 존재에 대한 물음이라기보다 그들과의 관계에 관한 물음이다. 소수의 사람들 속에서도 답답할 수 있는 것처럼, 많은 사람들 가운데서 고독할 수 있다. "인간이 타락하고, 예속되고, 버려지고, 경멸받는 존재가 되는 모든 조건을 철폐하는 것"이라는 우리 임무에 대한 마르크스의 공식에서, 고독은 혁명이 아직 성공하지 못했다는 신호 중 하나로 나타난다. 비니 아담차크가 말했듯 인간으로서 우리는 아직 올바른 '관계방식'을 찾지 못했다. 한나 아렌트가 고독에 부여한 의미에서 정치 그 자체는 위태로워진다. 아렌트의 분석에 따르면 세계 없는 대중사회로 돌아가는 원인으로 보이는 현대인의 고독은 전체주의의 온상이다. "현대인들을 그토록 쉽게 전체주의 운동으로 몰아넣고 그들을 전체주의 통치에 따르도록 준비시키는 것은 모든 곳에서 점점 더 고독이 늘어나고 있다는 점을 말해 준다." 버려진 사람들로서, 그들은 접촉의 제한 없이도 이미 고립되어 세상의 모든 공동의 설계로부터 단절되어 있으며, 아렌트가 정의한 인간 본성 즉 새로운 것을 시작할 수 있는 능력을 상실하게 된다. 사유 재산의 계보학적 관점에서 고독은 그 자체로 사물지배의 결과다. 세상을 공허한 것으로 대하고, 상대방을 죽은 것으로 대할 수 있는지에 따라 자신의 힘을 측정한 결과. 전체주의는 인간의 자발성을 모두 제거함으로써 이러한 망상을 현실로 만들려는 정치적 질서다. 모든 사람은 사물이다. 아렌트는 이 위협을 넓게 펼쳐진 사막에 비유한다. "마치 사막 자체를 움직이게 하고 모래 폭풍을 사람이 거주하는 땅의 모든 부분으로 퍼지게 하는 수단을 찾는 것처럼 말이다."

이는 다른 목록이 비자발적으로 호출된다는 의미이다. 아렌트에게 은유로 남아 있는 진행 중인 사막화가 실제로 우리를 따라잡았다. 실로 지구온난화는 사물지배 재앙의 생태학적 버전이라고 부를 수 있다. 파시즘과 같은 적극적인 사물지배 정책이 아닌 자원을 활용한 소극적인 사물지배 정책이다. 우리는 오랫동안 지구, 동식물, 대기를 죽은 물질로 다뤄 왔기 때문에 많은 종들, 심지어 인간도 이제 죽을 운명에 처한 이 행성에서 살아가고 있다. 자본주의적 삶의 방식에 이 피해의 책임이 있다. 그러나 파괴를 추구하는 전략을 세운 지휘관은 어디에도 없다. 지휘관의 언덕은 비어 있고 그 아래는 죽은 말이 묻혀 있다.

2

(물건을) 상품화하다

물건을 상품화하는 것은 재산을 지배하는 것처럼 쉽게 드러나지 않는다. 그 과정을 명료하게 인식하기는 쉽지 않다. 그것은 모든 풍경을 재편성하지만, 그 지대로부터는 아무것도 추측되지 않는다. 마치 인간이 그 중심에 서 있는 폭풍처럼 보인다. 상품은 항상 한정적이며, 유통할 수 있고, 파괴될 수도 있는 근대적 사유재산이다. 먼저 물건으로서의 특징은 시간의 논리 안에 얽혀 있다는 데에서 비롯된다. 모든 상품은 미래에 거는 판돈이다. 이윤을 창출하게 될 것이고, 투자한 것보다 많이 거두어들일 것. 동시에 이 미래 도박은 미래에 반해 작용한다. 경제사학자 칼 폴라니는 자본주의의 발생을 인간을 "형상 없는 대중"으로 갈아 버리는 "악마의 맷돌"이라고 묘사했다. 여기에는 앞 장에서 언급됐던 주민을 쫓아내는 울타리와, 새로 발견된 경제적 요소로 상품 형태로의 전환된 토지와 노동력이라는 두 가지 메커니즘이 작동하고 있다. 이는 투기된 미래로부터 불어오는 역풍에 휘말리게 된다.

뼈   제 분 기

1865년『자본』1권의 최종 편집에 매진하면서 카를 마르크스는 일을 할 때면 늘 그랬듯 넘쳐 나는 메모들을 펼쳐 놓고 있었다. 최근 편집된 노트에는 독일 농화학자 유스투스 리비히의 주저에서 발췌한 난해한 문장이 있다.

영국은 모든 나라의 풍요로운 조건을 강탈하고 있으며, 이미 라이프치히, 워털루, 크리미아의 전쟁터에서 뼈를 캐고 있고, 시칠리아의 지하 묘지에 쌓인 여러 세대의 뼈를 흡혈귀처럼 다 써 버렸다. 그것은 유럽의 목, 즉 세계에서 생명의 피를 빨아들이는 것이라고 할 수 있다.

이 구절은 국수주의적이고 우월주의적 환상처럼 들린다. 마르크스는 왜 한 독일 교수가 자신이 망명한 국가인 영국을 흡혈귀라 힐뜯는 대목을 관심 있게 봤던 것일까? 비옥함이 뼈와 어떤 연관성이 있다는 걸까? 대답은 우리를 곧장 자본주의적 가치화의 핵심으로 안내한다.

17세기 중반부터 영국과 엘베강 동쪽 지역에서 수확량이 급증하면서 이른바 농업혁명이 전개되었다. 이것은 무엇보다도 울타리를 통해 가능해진 집중적인 재배법 덕분이다. 전통적인 휴경지를 두는 삼포식 경작이 대체되었다. 뿌리가 땅 깊이 자라는 무와 감자 같은 새로운 작물들은 영양분을 보다 쉽게 얻을 수 있었다. 농업 혁신으로 촉진된 인구 증가는 산업 혁명과 함께 특히 프로이센에서 군사력 증강의 조건을 마련했다.

그러나 19세기 초 토양은 이미 큰 부담으로 인해 고갈될 지경임이 명백하게 드러났다. 도시화로 인해 영양 성분 결핍은 더욱 악화되었다. 식량을 소비하는 사람들은 대부분 도시에 거주했다. 이들이 배출하는 음식물 쓰레기나 영양이 풍부한 대변은 경작지로 돌아가지 않았다. 20세기 발전의 암울한 절정은 수 리터의 식수를 허비하면서 경작을 위한 가장 좋은 거름을 유해한 특수 폐기물로 바꿔 버리는 수세식 변소를 지은 것이다. 리비히는 유기물 순환의 온전한 유지를 위해서는 영양 성분의 손실에 대응해야 한다고 선동했다. 1865년, 마르크스의 노트에 등장한 바로 그해에 리비히는 도시 하수 사용에 관해 크게 주목받은 공개 서한을 작성했다. 사람과 동물의 배설물은 수거되어 땅으로 돌아가 다시 땅의 일부를 이루도록 해야 한다는 제안이었다. 이는 1879년 아우구스트 베벨이 사회민주주의 강령의 일환으로 자명하게 여겼던 요구였다. 독일사회민주당(SPD) 지도자 베벨은 거름과 퇴비 순환이 단기적인 사회주의 인프라 구조정책이라 여겼다. 장기적으로는 해방된 사회가 지방 분권화 속에서 도시의 문화적 삶의 모든 이점을 누릴 수 있는 전원생활을 실현할 것이라 기대했다.

이렇듯 농업에서 완전히 지속 가능한 해결책을 사용하기에는 상황이 어려웠다. 지략이 있는 경영자들은 워털루와 아우스터리츠, 라이프치히 주변의 나폴레옹 전쟁의 전장을 파내는 회사를 세웠다. 회사들은 그곳에 대량으로 묻혀 있던 말과 사람의 뼈를 비료로 팔았다. 수확량 감소로 인한 공황에 의해 사업은 번창했다. 신뢰할 수 있는 유일한 수치에 따르면 1823~1837년 동안 영국으로 수입된 양은 1만 4400파운드에서 25만 4600파운드로 증가했다. 식량 생산에서 비료가 특히 효과적으로 작용할 수 있도록 한 실제 화학적 토대가 이해된 것은 1840년대 이후에 와서다. 이것이 마르크스가 큰 관심을 가졌던 리비히의 선구적인 업적이다. 리비히는 토양이 특정 상한선 안의 사람들만을 위해 식량을 공급할 수 있다는 단순한 입장을 반박했다. 비옥함의 정도 자체는 가변적이라는 것이 밝혀졌다. 이것이 지구가 내리는 처방이다.

지금은 필수 영양소의 요소가 무엇인지 아는 것은 모든 농부들의 기본 소양이 되었다. 아버지가 우리의 작은 농장에서 견습생들에게 필수 영양소를 어떻게 가르쳤는지 아직 기억이 난다. 우리는 점심식사 시간에 둘러앉았다. 어머니는 곧 다시 가게에 벨이 울려 잠시만 머무르셨다. 견습생들은 토양학 시험을 치르기 위해 연습을 했다. 아버지가 "엔(N), 피(P), 엘(L)"이라고 열거했다. 나는 아직도 화학 원소가 무엇인지 완전하게 이해하지는 못하지만(1869년에야 비로소 주기율표가 완전히 완성되었으니 마르크스와 리비히도 나와 비슷한 상황이 아니었을까 한다.) 견습생들을 따라 열정적으로 합창했다. 엔은 질소, 피는 인, 케이는 칼륨. 세 가지 모두 중요하지만, 내 여동생이 농업 연구를 통해 확인했듯, 인이 본질적인 구성 요소다. 인은 잎, 뿌리, 골격 구조를 만드는 데 필수적이다. 더군다나 우리에게 알려진 모든 생명체의 정보를 보유하고 있는 DNA는 인을 근간으로 한다. 다른 에너지원으로 대체 가능한 석유와는 달리 인은 틀림없이 우리 삶에서 대체 불가능한 원소다.

인은 질소와 다르게 인위적으로 합성될 수 없다. 인을 임의로 사용할 수 있게 만들기 위해서는 원소를 분해해야 한다. 혁명후 전쟁이 남긴 유해가 최초의 보고를 제공했다. 라인란트와 영국의 도버해협 연안의 전장과 경작지 사이에 뼈를 가는 공장이 들어섰다. 1840년대부터 뼛가루 다음으로는 태평양과 대서양의 석회암 섬에 쌓인 조분석인 구아노가 뒤따랐다. 오늘날 천연 지하자원인 인은 모로코의 절망적인 노동 환경 속에서 채굴된다. 남태평양의 섬나라 나우루처럼 인광석이 더는 채굴되지 않는 곳에는 유독성의 달 같은 풍경만이 남는다.

한곳에서 성장이 단기적으로 증가하면 미래의 어느 시점에서는 돌이킬 수 없는 손실을 낳는다는 사실이 농업경제의 과잉 착취에 대한 리비히의 비판에서 핵심이었다. 마르크스가 인용한 구절에서 리비히는 마치 영국이 계획경제인 양 묘사한 것을 비판한다. 그는 한 국가에서 재생 불가능한 자원이 낭비되며, 토양이 황폐해지는 것을 지속적으로 구제하지도 못하는 상황에 분개했다. 뼈가 사용된 것은 농사를 돕고, 장기적으로 시민들의 생계를 보장하기 위함이 전혀 아니었다. 뼈를 통해 이득을 볼 수 있다는 확신 때문에 사용된 것이다. 이득에 대한 이러한 전망에서 죽은 사람들을 차츰차츰 무덤에서 파내도록 부추기는 소용돌이가 인다. 마치 폭풍이 급속한 압력의 평형을 통해 형성되듯, 착취의 광포는 값싼 생산 가능성 또는 약탈 가능성과 비싼 판매 전망 사이의 괴리로부터 발생한다. 이러한 흐름의 차이는 공간적으로(여기에서는 왈롱 평원과 요크셔 평야 사이를 말한다.)만이 아니라 시간적으로도 관여한다. 왈롱에 투자가 이루어진다면 그 수익은 미래에 존재한다.

전쟁터의 토양 그리고 시중에서 구매할 수 있는 밀가루에서 제분이 이루어진다. 더 넓은 의미로는 생산된다고 말해야 할 것이다. 상품화는 마치 먹이를 줘야 하는 거대한 제분기 같다. 그것은 완전히 다른 성질의 것들을 집어삼킨다. 이야기가 있는 것, 완전한 독자적 순환과 맥락의 일부였던 것들을. 시체 덩어리는 뼈 제분기로 전송되고 변형된다. 이 경우 생산 수단으로서 분쇄기 그리고 노동이 필요하다. 누군가는 이 덩어리를 쏟아부어야 하며 또 다른 끝에서는 자루에 담아내야 한다. 제분기는 모든 것을 균일하며 운반할 수 있는 가루로 바꾼다. 판매할 수 있다는 한 가지 특질만을 갖게 된다는 의미에서 변형이 일어나는 것이다. 상품은 배송되고 궁극적으로 모든 가치의 척도인 돈으로 교환된다. 회사 측에서는 항상 동일한 결과, 즉 수익을 창출해야 하기 때문이다. 이렇게 폭풍이 일기 시작한다. 인간의 뼈대를 춤추게 하는 이 폭풍은 지표면을 가로지르는 것이 아니라 시간을 거슬러서 분다. 미래에서 오는 모래폭풍이다. 이 제분소에서 흑자 발생이 지속될 것이라고 제대로 예측한 사람이 승자다. 자본은 마치 가루 먼지가 방앗간의 깔때기 위에 가라앉으면서 점차 불어나듯이 커진다. 워털루에서 이집트 파라오의 무덤으로, 거기에서 태평양 한가운데의 바위로, 결국에는 모로코 인 광산으로. 고동치는 그다음 혈관을 찾아 깔때기는 더 많은 것을 담으며 빨아들이는 반경을 넓혀 나간다.

근대 사유재산에 속한 물건은 일종의 죽음을 맞는다. 물건은 절대적인 사물지배 아래 개별적인 객체로 고정된다. 이미 죽은 사물은 완전히 사용 가능한 상태로 자본주의적 상품화를 통해 다시 관에서 꺼내질 수 있다. 상품 형태는 사물에 새로운 삶을 부여한다. 사물을 다시 살게 하는 묘약은 교환이다. 수익성이 보장된 사물은 계속해서 상품으로 유통된다. 이윤이 감소할 위험이 있는 곳에는 극단적인 재생요법을 써야 한다. 뼛가루는 닭과 돼지의 먹이로 팔린다.(소 해면상 뇌증(BSE) 스캔들 이후로 초식동물인 소에게는 뼛가루를 먹이로 주지 않는다.) 제품은 다시

한 번 잘게 부숴지며, 다른 용도로 이용된다. 그렇게 스스로 재탄생한다. 그렇지 않으면 그것들은 대부분 추악하며 유독한 잔해로 다시 자연으로 돌아가기 때문이다. 한편 집중된 이윤 즉 자본은 벌써 새로운 상품을 찾아내고 만들어 낸다. 수천 수백만 년에 걸쳐 형성된 것이 순식간에 깨어난다. 첫 번째로 구아노, 다음으로 인산염이 함유된 토양 등등. 인이 깃들었다는 것은 생명이 존재한다는 것이다. 자본으로부터 새롭게 생명이 불어넣어진 상품도 다르지 않다. 모든 것이 도플갱어다. 상품으로서 만족할 줄 모르고 동일한 것을 원하기 때문에 무척 친숙하게 느껴진다. 모두가 실제 비용보다 더 많은 수입을 가져와서 생산이 정당화되기를 바란다.

리비히의 문장이 마르크스의 주저의 맥락에 따라 읽히면서 바로 명료해지듯이, 세계의 목을 뜯고 있는 흡혈귀는 유일한 국가가 아니며 유일한 국가경제였던 적도 없다. 삶의 기반을 빨아먹는 원리는 자본주의적 착취 그 자체다. 자본주의적 착취는 그 스스로 자신의 토대를 사용할 때조차 삶이 아닌 이윤을 목표로 삼는다. 마르크스는 이러한 착취가 그 스스로를 종식시키는 모순을 낳는다는 것을 보여 주기 위해 평생 동안 노력했다.『공산당 선언』에서 노동계급을 묘사한 것처럼, 자본주의는 자신의 무덤을 스스로 파고 있다. 무덤을 파는 사람들은 그저 그곳에서 일이 완수되기까지 돕기만 하면 된다. 이런 도박은 아직 종결되지 않았다. 아마도 자본주의적 착취는 그 자체에 반하여 작동하지는 않을 것이다. 그러나 자본주의적 착취는 의심의 여지 없이 삶에 반하여 작용한다. 만일 이 점이 완전히 입증된다면, 그때는 이미 누군가가 승리하기에는 너무 늦은 시점이겠다.

장 거 리 무 역, 공 장, 포 장

자본주의는 스스로를 '자유로운 시장 경제'라고 광고한다. 여기에서 자유주의적 이해를 바탕으로 자본주의가 칭하는 '자유'의 맥락은 국가가 사유재산 주위에 울타리를 쳐서 나 그리고 내가 가진 것들은 내가 원하는 대로 할 수 있다는 식의 개인적 결정의 자유를 보장한다는 것이다. '시장경제'는 자본주의가 단순히 원시적인 교환 활동의 확장인 듯한 인상을 준다. 시장은 거의 모든 시대에 대부분 금이나 화폐 또는 조개껍데기와 같은 일반적인 등가물과 함께 존재해 왔다. 그리고 자본주의는 이제 우리에게 구매력 있는 사람이 원하는 모든 것을 제공하는 감탄할 만큼 풍요로운 시장을 선사한다.

나의 가족은 부모님의 사업을 궁극적으로 경제적 삶의 기반이 될 수 있게 만들어 준 농장 직판점의 기원에 관해 종종 이야기한다. 과일 수확이 유난히 좋았던 어느 여름, 어머니는 잼을 우리가 먹을 수 있는 양보다 훨씬 더 많이 만들어서 유리병에 담아 잔돈 단지와 함께 길거리에 두었다. 이로부터 우리는 보행자 구역에 딸기 가판을 두었고, 그렇게 어느 날 굉장히 다양한 종류의 유기농 식품들을 갖춘 식품점으로 성장하게 된 것이다. 그러나 단지 이뿐만은 아니다. 전통사회 시장의 특징이기도 한 과잉 생산물을 시기에 따라 간헐적으로 시장에 내놓는 일만으로는 불모지에 임대한 농장을 계속 유지할 수 없었을 것이다. 부가적으로 상점을 확장하기 위한 소액의 대출과(할머니가 벽지 사업으로 저축해 둔 덕분에 그 돈을 대출금으로 사용할 수 있었다.) 지점을 확장해 도매상이 되는 것, 어머니의 부단한 회계상의 규율이 필요했다.

하나의 사회 형태로서 자본주의는 지역의 전통 시장으로부터 자라난 것이 아니다. 자본주의는 독특한 역사적 상황에서 기원한다. 자본주의는 특별한 사유재산 관계를 필요로 한다. 경제적으로 수익성이 좋은 상품과 생산 시설이 사유지 안에 집결되어 있는 것이 요구되는 한편, 자급자족이 불가능한 상태에 놓인 임금노동자 또한 필요하다.

착취의 회오리를 몰아치게 하는 이윤은 지역 시장의 확장이 아니라 장거리 무역에서 발생한다. 자본주의를 북돋았던 것은 비료, 철도 부품, 공장에서 생산된 직물 등과 같은 새로운 제품 라인과 수입품이었다. 구아노 외에도 담배, 설탕, 럼, 커피, 면화가 공급자들에게 많은 부를 안겨 주었다. 이러한 상품은 라틴 아메리카, 카리브해와 미국의 식민지 지배자들의 농장에서 수입되었고, 생산은 전적으로 노예제에 의존했다. 따라서 검은 피부색으로 묘사되는 환상소유로서의 이 사람들은 1807년 대서양 횡단 노예무역이 금지되기 전까지 가장 수익성이 좋은 식민지 상품 중 하나였다. 사유재산과 상품형식이 맞물려 작용하는 가장 악랄한 방식은 노예제를 통해 드러난다. 탈출에 성공한 경우가 아니라면, 노예 신분으로 일해야 했던 사람들은 잔인한 매질로 농장에서의 노동을 강요당했다. 이윤에 대한 이해관계는 사물지배의 범주를 완전히 이용하려는 특유의 자극을 불러일으켰다. 검은 피부의 사람들은 상품으로서 경제적 투기의 대상이 되었다. 종 호 학살 사건에서 그랬듯이 도항이 어렵거나 판매 수익이 줄어들 것으로 예측될 경우, 검은 피부의 사람들은 그들의 주인이 보험금을 받을 수 있도록 배 밖으로 던져졌다.

반면 보험 제도는 폴라니가 말한 돈의 시장화의 한 부분을 형성한다. 폴라니에 따르면 돈은 교환의 매개일 뿐 아니라, 예술이 신자유주의의 핵심 사업이 된 사례에서 볼 수 있듯, 일정하게 제정적 청구 절차를 통해 거래가 가능한 '제품'을 만드는 역할을 한다.

토지와 노동의 시장화와 함께 신용 가용성은 지면의 용도 변경이나 장거리 무역을 통해 얻은 자본에게 공장 집중화와 상품화된 제품생산을 확장할 수 있는 조건을 제공한다. 미래의 소득을 얻으려는 경기에서는 결국 투자금을 가장 많이 갖고 있는 자가 가장 큰 경쟁력을 갖는다. 미래에 베팅할 수도 있고, 판돈을 키우기 위해 또는 중장비 자금조달을 위해 미래를 담보로 돈을 빌릴 수도 있다. 이런 방식으로 착취의 깔때기 자본은 소득이 실제로 발생해서 수중에 들어오기도 전에 성장한다. 그리고 지속적으로 스스로를 확장하는 현상으로서의 자본이 자본주의를 고유하게 만든다. 자본주의에서 구매 가능한 제품들은 이윤 추구와 수익 재투자의 끊임없는 패턴에 따라 생성된다. 이것은 이용 가능하게 만들어진 동력으로부터 공급되며, 판매 수익으로부터 작동되는 소용돌이다.

물론 제품 생산에 직접적으로 필요한 원자재보다 항상 더 많은 것이 대지로부터 이 폭풍의 소용돌이 속으로 빨려들어 간다. 결국 무언가는 바퀴를 굴려야 한다. 공장에는 에너지가 필요하다. 스웨덴의 경제 인류학자인 안드레아스 말름이 인상적으로 재구성한 것처럼, 19~20세기를 통틀어 공장에서 쓰인 에너지란 화석 연료를 가리킨다. 석탄, 석유, 가스 세 가지의 뼈 분쇄기는 최초의 수공업장과 마찬가지로 수력으로 작동되었다. 19세기 중반에 이 공장은 돌아가지 않았다. 왜 공장의 모든 기계의 동력이 순식간에 증기로, 즉 석탄과 석유로 바뀌게 된 것인지는 경제사적 기록에서 오랫동안 수수께끼로 남아 있다. 물은 훨씬 저렴했을 뿐더러 공급의 한계점에 아직 도달하지 않았다. 하지만 다른 어려움이 있었다. 적어도 19세기의 견해에 따르면 흐르는 물을 사유재산화하기는 힘들었다. 반면 값비싼 석유와 석탄 채굴은 명확한 배분이 가능했고, 계산 가능한 단위를 만들었다. 상품은 이동 가능했다. 상품 생산은 영리화될 수 있었고, 이용 방식은 생산지에 맞춰 조정될 수 있었다. 이는 공장 자체에 유동성을 부여했다. 공장은 이제 강과 폭포가 흐르는 경로에 제약받지 않고 도심에 정착할 수 있었고, 생산량을 무제한으로 증가시킬 수 있었다. 그때부터 상품은 이산화탄소 배기가스의 연기 구름 속에서 생산되었다. 상품과는 동시에 그러나 분리되어 생산되었으며 이용 가치가 없는 것들도 생산된 것이다. 대기 중에 방출되어 맴돌고 있는 바로 그것 말이다.

이뿐 아니라 1960년대 이래로 대부분의 경우 상품은 생산 과정에서 소각된 것과 같은 재료로 포장됐다. 플라스틱 포장이 없는 소비재는 찾아보기 힘들다. 이 껍질은 포장이자 광고로 존재한다. 디지털화 과정에서 상품에 부착된 정보는 몇 배로 늘어난다. 온라인에서 유통되는 제품들은 방대한 양의 데이터를 끌어들인다. 누가 언제 무엇을 어디에서 구매하며, 상품을 구매한 전후에 무엇을 클릭했는지, 이 사람은 누구이며, 그의 이메일에는 어떤 키워드가 숨어 있는지 등의 데이터 소용돌이가 형성된다. 역설적이게도 우리의 구매를 둘러싼 데이터 클라우드 안에서 소비자인 우리는 상품이 되고 있다. 이 데이터는 누구를 어떤 상품의 마케팅 대상으로 만드는 것이 좋을지를 예측할 수 있게 만들기 때문에 기업들에게 굉장히 매력인 상품이다. 물리적으로 몸을 지배하지 않았기에 노예제는 아니라고 하더라도, 사람들은 프로필에 활용되는 일부 활동 그리고 삶을 표현하는 방식을 매개로 상품화된다. 세계에서 시가총액이 가장 높은 다섯 기업 중

넷은 구글(알파벳), 마이크로소프트, 애플, 아마존과 같은 대형 기술 기업이다. 우리는 이 기업들의 제품 중 하나다. 그런데 이들도 자원 중립적이지 않다. 서버는 막대한 양의 전기를 소비하며, 하드웨어는 플라스틱, 금속과 희귀한 광물로 구성되어 있다.

패턴은 본질적으로 동일하다. 자본은 다음 삶을 이익으로 소유하기 위해 모든 것을 빨아들이는 거대한 깔때기다. 잉여가치, 즉 자본에게 이윤이 축적되는 것은 어떤 의미에서는 그 과정을 내부에서 본 관점에 불과하다는 것을 우리는 알 수 있다. 거시적 관점에서 보면 생산은 이윤을 지향하지만, 이윤을 남기는 상품보다는 그 과정에서 생성되는 부수적인 물질들이 훨씬 더 많다. 이산화탄소, 생산 폐기물, 포장재(그리고 길지 않은 시간 동안 몇 번 사용하면 더 이상 제 기능을 못하는 상품 자체)는 버려지고, 방치되며, 폐기된다. 상품화가 실제로 의미하는 것은 물건을 상품과 폐기물로 분리하는 것이다. 그러나 잉여가치와 달리 상품으로부터 분리된 것은 원점으로 돌아가지 않는다. 돌고래의 배는 자본의 깔때기가 아니라 플라스틱 쓰레기로 가득 차 있다. 자유 시장 경제에는 시장의 광기를 제한할 수 있는 바람막이 울타리가 없다.

물 질 의 지 배

폐기된 잔여로부터 상품을 분리하는 것이 생산이다. 상품으로부터 분리된 잔여물, 배기가스, 포장재는 버려지며 주인 없이 남겨진다. 사물지배가 근대적 사유재산의 맥락에서 사물에 대한 인간의 전례 없는 지배를 가능하게 했던 곳에 이제 다른 논리가 자리한다. 상품으로 유망한 것과 그렇지 못한 것의 분리.

그런데 유망한 상품 생산을 목표로 하면서 동시에 무가치한 것 또한 생산하는 업주들도 상품의 위치를 구분 지을 수 있는 주인은 아니다. 실제로 가치 있는 것과 가치 없는 것 사이의 구분은 시장에 나오기 전까지 유보된다. 어떤 것이 수익을 창출할 수 있는지 미리 알 수 없으며, 다른 사람이 좀 더 값싸게 생산하거나 혹은 더욱 그럴듯한 광고를 내지 않는다는 보장도 없다. 모든 부산물이 분리된 후에도 무가치함은 마치 다모클레스의 검처럼 상품 자체에 남아 있다. 자본가는 미래에 투기하지만, 상품으로 생산한 상품이 결국에는 무효가 될 수 있다. 저렴한 데다가 더 많은 질소 함량으로 우수한 비료인 구아노가 갑자기 시장에 나오면 뼛가루는 가치를 잃는다.

가치 있는 것과 무가치한 것의 구분이 우리 손에 달려 있지 않다는 사실은 사물마다 각기 다른 가치를 지니고 있다는 것을 일깨운다. 이 효과는 마르크스의 묘사에 따르면 '상품의 물신성'이다.

물신의 본질은 우리가 사물에 사실은 그것이 지니고 있지 않은 힘을 부여하는 것이다. 상품의 가치는 그것의 변하지 않는 속성인 듯 보인다. 그리고 일상에서 그것은 우리에게 그렇게 나타나야만 한다. 개인 농장을 운영하는 농부가 비료 판매업자에게 가는 경우 뼛가루는 분명 가치 있는 것으로 존재한다. 그리고 생산자는 실제로 가격을 정할 수 있지만 그(녀)역시 사물지배에, 사물의 강제에 종속되어 있다. 상품이 상품에 책정된 가치에 미치지 못할 경우 그들의 사업은 비용을 충당하지 못하거나 고객은 분개하며 다른 곳에서 구매할 것이다. 이는 파산과 경영난으로 이어진다. 구매자는 지불해야 하고 생산자는 경쟁해야 한다. 여기에서 사물은 선택의 여지를 남기지 않는다. 이렇게 사물을 통해 자본주의적 착취가 이루어진다.

상품의 가치를 결정하는 것은 어떤 측면에서는 사물 자체에 남아 있다. 사물관계의 총체성, 그러니까 한 사물이 다른 사물과 관련해 얼마나 가치 있는지는 단일 항목에 대한 신뢰할 수 있는 가격이 얼마인지를 결정한다. 상품의 가치는 그러므로 전체적인 사회적 맥락을 반영한다. 상품의 가치는 이 사회에서 이윤을 바라며 닥치는 대로 생산된 모든 것과 함께 상대적으로 측정된다. 우리의 모든 소비 결정도 그 결과에 영향을 주지만, 한 개인이 직접적 할 수 있는 것은 없다.

가치 있는 것을 무가치한 것에서 떼어 냄으로써 우리의 상품화를 구축한 지배는 주체가 누구인지 드러나지 않으며 간접적이다. 그것은 인간적인 의존관계가 아닌 '물질의' 지배다. 우리는 가치를 사물의 자연적 속성으로 이해하기 때문에 지배의 속성을 간파하기 어려운 것이다. 우리가 지배받고 있다는 사실을 우리는 전혀 모른다. 혹은 모호하게 감지하더라도 무엇으로부터 지배받고 있는지 모른다. 모든 음모론, 특히 현대의 반유대주의는 이러한 불투명성을 먹고산다.

물질의 지배의 본질은 자본주의적 가치 평가에 근거하는 사물에 대한 우리의 무능이다. 그러나 물질의 지배에 대한 포괄적인 상은 가치만이 아니라 그와 동시에 무가치하게 버려지는 것도 드러내야만 한다. 물신숭배의 반대편에 존재하는 것은 공간 공포, 그러니까 공허함에 격렬한 현기증을 일으키는 공포다. 우리는 상품의 가치화에서 폐기물로 생성된 것은 존재하지 않는 것으로 본다. 가치를 매길 수 있는 요소가 없으므로 아예 고려하지 않기도 한다. 모두가 가치 없음의 심연을 피한다. 그러나 가치 없음의 심연은 우리의 미래와 닿아 있다. 상품 가치가 없다고 해서 영향력이나 고유한 속성이 없는 것은 아니기 때문이다.

지구 생명체의 관점에서 볼 때 물질의 지배, 즉 이윤의 압도적 지배는 무엇보다도 자본주의적 상품화가 완전히 맹목적인 방식으로 자연을 재구성하는 것이다. 물질의 지배는 자체적인 가치 부여를 제외하고는 모든 것을 불필요한 것으로 취급한다. 제품 생산 직무는 항목별로 특정한 상품을 골라내는 것이다. 직무의 전체 환경은 불필요하며 중요하지 않은 것으로 간주되며 그럼에도 근본적으로 탈바꿈된다. 제거되는 곳에는 파괴가 있고,

추출된 것은 원래대로 복구되지 않는다. 생산된 곳에는 유해한 폐기물이 생성된다. 따라서 인의 채굴은 동시에 달 표면 같은 지형을 만드는 일이고, 인이 채굴되면 미래에는 더 이상 경작할 수 없는 땅이 증가할 것이다. 그러나 상품화의 이러한 모습은 마치 일어나지도 않는 일처럼 비밀리에 발생한다. 자본주의의 실로 엄청난 생산성에 대한 열광은 원치 않게 생겨난 쓸모없는 물질들을 어떻게 틈틈이 제거하는지에 대한 의문으로부터 쉽게 주의를 돌린다. 규제는 항상 너무 늦게 이루어진다. 산업 시대가 지구를 온실가스로 뒤덮을 거라고 누군가는 생각했을까? 마르크스도 거기까지는 몰랐을 것이다. 땅에서 무작위로 뼈를 파내는 골분소 하나하나의 불경스러움은 자본이 지금까지 자본주의적 축적 과정에서 쌓은 잔해 더미에 비하면 완전히 무해한 것이다.

상품화의 폭풍은 폭풍 피해나 난파선에는 관심이 없다. 단지 투자와 수익 사이의 평형만을 고려할 뿐이다. 미래에서 되돌아오는 폭풍은 미래에 흔적을 남겨 두었다. 이러한 미래에서 성장하는 사람은 누구나 그 영향 아래 무력하다. 이 지배가 말 그대로 사물로부터 유래하는 물질적인 지배인 것처럼 말이다.

자 기 상 품 화

냉전 시대 체제가 경쟁하는 잠시 동안 자본주의는 대량소비 안에서 포식하는 산업 국가의 중산층이 스스로 지배층이라 느끼게 했다. 그들은 경제적 이득의 일부를 나누지 않았는가? 노동자들은 그들의 조부모가 꿈도 꿀 수 없었던 것들을 누릴 만한 여유가 있지 않았나? 그러는 사이에 자본주의는 낡았으며 진정 사회주의적인 대안을 상대로 인기를 얻기 위해 환심을 살 필요도 없었다. 당연히 자본주의는 판로를 확보하기 위해 계속해서 소비를 살펴야 했다. 세분화된 맞춤 광고를 내보냈고, 또 1년 후면 재빨리 소모되는 브랜드 상품과 공장 시스템을 만들어 냈다. 한편 가치 창출은 부분적으로 생산된 상품의 구입에 의존하는 것으로부터 분리된다. 개인정보는 정보 플랫폼이 뒤에서 사고파는 동안 무료로 사용할 수 있다. 금융 시장 투기는 복권 판매점의 상위 형태을 주가와 환율 변동의 장 위에서 운영한다. 성장은 무엇보다도 비상식적인 사치품 분야에 존재한다.

소비는 빈번히 인간을 부채의 늪으로 꾀는 역할을 충실히 해낸다. 견고한 부의 환상소유의 의미가 아니라, 미래에 돈을 거는 채무자라는 의미에서 그들은 회사의 사장이나 간부 같은 위치에 서게 된다. 내기에서 그들은 당연히 지기만 할 뿐이다. 단순한 사람들은 미래에 필요한 이윤을 남길 수 있는 어떤 자본도 소유할 수 없을뿐더러, 긴급구제자금이 어딘가에서 내려올 것이기 때문이다.

절망적인 것은 빚에서 조금씩 해방될수록 우리는 우리 자신의 소유주인 동시에 이러한 소유주로서의 자신이 자본이라는 신자유주의의 상투어가 은폐된다는 점이다. 각자는 자신을 제공하는 소규모 회사다. 또한 자신의 소멸은 사물지배를 통해 상품으로서 다음 삶을 이어 가도록 강제화된 재산의 한 양태이다. 그래서 우리는 우리 스스로를 써버리는 것이다. 이것이 의미하는 바는 반드시 경쟁할 줄 알아야 한다는 것이다. 《뉴요커》에 기고하는 에세이스트 지아 톨렌티노는 자기 상품화의 이상적인 인물상을 아주 비싼 샐러드 체인점의 효율적인 고객의 형상으로 묘사한다.

이 이상적인 샐러드 소비자는 자기 효율적이다. 그는 12달러하는 샐러드를 10분 만에 먹어야 한다. 먹는 시간 이외에도 직장에서 일을 하기 위한 시간이 필요하기 때문이다. 그가 한결같이 12달러 하는 샐러드를 사 먹을 수 있는 것은 이 직업 덕분이다. 그의 몸은 그 12달러 샐러드를 필요로 한다. 왜냐하면 그필요를 충족시키는 직업과 결부되어 있는 일반적 기능 장애에대항하여 비타민벽을 형성시키기 위한 가장 믿을 만하며 편리한 방법이기 때문이다.

대부분의 사람들에게는 12달러 양상추 샐러드 루틴에 적응하기가 힘들다는 점에서 앞뒤로 줄 서 있는 다른 사람들, 예를들어 직장 동료들 그리고 일시적인 지인들과 우리를 비교하는것이 우리의 확신을 돕는다. 이로부터 파생된 인간관계의 법칙은 프랑스 작가 버지니 데팡트가 다음과 같이 요약한 대인관계 법칙으로 이어진다. "당신의 이웃을 제거하라!" 운동 경기와 달리 자본주의 경쟁에서는 경쟁자가 게임에서 완전히 탈락할 때만 안전하다. 소셜 미디어는 자신의 가치에 대한 모호한 설명을 셀 수 있는 좋아요 수로 대체함으로써 우리를 수용한다. 과대망상이나 자기 의심에 의해 결과가 왜곡되지 않고 흑백으로 표시된다. 가치를 잃을 때마다 불타오르는 긴장감보다 사회의 하부 엔진실에서 사건을 일으키는 순수한 두려움을 간과하지 않는 것이 중요하다. 착취 사회의 경쟁에서 패배했을 때는 선량한 패자의 침착함으로는 극복할 수 없다. 다음번에는 모두가 다시 첫 번째 레벨부터 시작한다는 사실을 알기에 평온한 마음으로 집에 돌아갈 수 없다. 그래픽이 거칠지만 '게임 오버'의 자비가 무한히 제공되는 비디오 게임과 방식이 같다. 다른 사람들은 선두를 유지한다. 트렌디한 샐러드를 감당할 수 있는지만이 아니라 집이 있는지 여부는 시장 가치, 자신과 부동산의 가치에 따라 갈린다.

사회적으로 탐나는 영역의 순위가 높아질수록 제거의 원칙에 따라 더 공개적으로 권력의 지위가 부여된다. 그리고 가학적인 캐스팅 쇼가 끊임없이 TV에 나오고 모든 러브 스토리가 경쟁자를 제거하는 내용이기 때문에 아무도 잘 알아차리지 못한다. 이 틀에서 스캔들은 더 이상 충격을 주지 않고 모든 수단이 정당하다는 것을 미리 알았다는 씁쓸한 만족감을 키운다. 여기에서도 하나의 제품이 가능한 다른 모든 매장량을 소진한다. 간접적으로 악용되지 않는 영역은 없다. 불공정 경쟁이 일상화된다. 이는 종종 차별을 비판하려는 시도를 더욱 크게 위축시킨다. 이는 보편적 평등권에 대한 요구가 아니라 보편적 경쟁 게임에서의 움직임으로 인식된다. 그리고 경쟁에서는 배기가스 스캔들에서 폭스바겐이 그랬던 것처럼 항상 공개적인 부정행위를 예상해야 한다. 괴롭힘을 상상만 하는 것이 아니라고 확신하는가? 다시 말해 나를 이용하려는 것이 아니라고 확신할 수 있을까? 모든 풍요로움이 지구를 계속 황폐화시키고 있는데 왜 인간의 본성을 배제해야 할까? 이미 19세기 말 한나 아렌트는 부르주아 계급이 그들만의 수단으로 쓰는 범죄를 선량한 사회가 찬양한다고 진단했다. 유권자들에게 가장 큰 호감을 얻는 사기꾼은 부끄러운 듯 어설프게 거짓 행동한다는 것이다. 모든 수단을 동원하라. 그렇지 않으면 결국 당신 자신도 제거되고 말 것이다.

이 게임의 조건은 더 부드러운 다른 관계를 향한 희망을 근절하는 것이다. 희망을 상기시키는 사람들의 존재는 감수성 없는 사람들에게는 완전히 이질적일 수 있다. 희망은 운영될 수 없기 때문에 파괴되어야 하며, 더 이상의 실망을 감당할 수 없을 것이다. 그렇기 때문에 선한 사람들과 '눈송이'가 모두를 흥분시키는 것이다. 나는 미국 우익들이 퍼레이드할 때 입는 티셔츠에 쓰여 있는 이 문구를 정말 좋아하는데, 체념한 긍정과 공격적인 반응이 균형을 맞추고 있기 때문이다.

안녕 눈송이/ 현실 세계에는/ 참가상은 없어/ 모두가 승자는 아니야 /아무도 너에게 빚진 게 없어 /소리 지른다고 옳아지는 게 아니야 /가끔은 진짜로 지기도 해 /운다고 문제가 해결되진 않아/ 이 세상에 공짜는 없어/ 그리고 넌 특별하지 않아

사실이다. 하지만 옳지는 않다. 이런 체계 속에서 사랑과 돌봄에 의존할 수 없다는 슬픔을 묻어 두는 남성적 강인함은 그렇게 더 큰 슬픔을 대물림하는 도구상자를 만든다. 우파 정치의 약속은 자신의 이익을 위해 체계적인 폭력을 확대하는 것이다. 자신의 미래 가치에 베팅하는 대신 다른 사람의 미래가 무가치하다는 데에도 베팅할 수 있다. 그리고 인종차별적 선동의 아드레날린 솟구침이나 약한 사람들을 향한 일상적인 가해 속에서 자신의 무가치함을 드러내는 것만이 우월감이 될 수 있다. 여전히 공짜로 얻는 것은 없지만, 기록되지 않은 눈물은 적어도 약자를 괴롭히는 동안 징징거리는 멍청이들 앞에서는 결국 특별한 무언가가 되는 느낌을 준다.

그리고 이 괴롭힘은 정복하는 환상소유와는 달리 멸종을 직접 목표로 한다. 타자를 혐오의 대상으로 삼으면서 자신의 멸시를 피할 수 있다. 아도르노와 호르크하이머는 반유대주의에 대한 성찰에서 물질의 지배와 근대의 말살에의 의지 사이의 연관성을 특히 인상적인 방식으로 해석했다. 착취에 사로잡힌 사람들은 지배를 중단하겠다는 약속을 견딜 수 없을 것이라는 생

각은 『계몽의 변증법』의 다음 구절에서 볼 수 있다.

여전히 가능성으로서, 관념으로서, 그들은 그 행복에 대한 생각을 끊임없이 새롭게 억압해야 하며, 시간이 지날수록 더욱 격렬하게 그것을 부정한다. 근본적인 실패 속에서 그것이 실현되는 것처럼 보일 때마다 그들은 자신의 갈망에 대한 억압을 반복해야 한다. 그러한 반복의 계기가 되는 것은 아하스베르와 미뇽, 약속의 땅을 떠올리게 하는 이질적인 것, 섹스를 떠올리게 하는 아름다움, 난잡함을 떠올리게 하는 혐오스러운 것으로 배척된 동물, 문명의 고통스러운 과정을 완전히 완성하지 못한 문명인의 파괴 욕망을 불러일으킨다. 자연을 광적으로 통제하는 사람들에게 고문은 무력한 행복의 모습을 도발적으로 반영한다. 힘없는 행복에 대한 생각은 애초에 행복이 될 것이기 때문에 견딜 수 없다.

'아하스베르와 미뇽', 이주민과 퀴어 또는 트랜스젠더는 오늘날 현대 반유대주의에서 가장 과격한 형태로 집중된 말살에의 의지의 영향을 받기도 한다. 아도르노와 호르크하이머는 희생자의 선택에 대한 더 깊은 성찰을 통해 상품 물신이라는 모티프와 연결된다. 우리가 가치를 전체 사회적 맥락의 영향이 아니라 상품의 물질적 속성으로 간주하기 때문에 사물지배가 우리에게 인식되지 않는다면, 이러한 지배에 대한 증오심은 대리인에게만 발산될 수 있다. 착취의 속성을 부여할 수 있는 사람들, 즉 이해할 수 없고 떠돌며 토대가 없는 것처럼 보이는 집단이 발견될 때마다 단순한 편견으로는 설명하기 어려운 증오와 제거를 원하는 분노가 표출된다. 여기에서도 성별과 이주에 대한 불안감이 유대인에 대한 왜곡된 이미지와 함께 패턴에 들어맞는다. 자기 자본화에 실패할지 모른다는 공간 공포는 마치 가치평가의 끊임없는 위험, 즉 무가치한 존재로 분리될 위험에 대해 개인적으로 복수하듯이 전달된다.

폐 기

공 하나만으로도 다양한 방식으로 곡예를 선보이는, 자유로이 공중을 오가는 곡예사와 같은 자본주의의 형상은 굉장히 기분 좋게 한다. 도취와 달래지지 않는 욕망 그리고 불면의 밤으로 기획된 자본주의가 지속되도록 두어서는 안 된다. 자본주의는 모든 인형을 춤추게 하지 않는다. 그것은 자신에게도 예외를 두지 않는다. 자본주의가 과거의 유골을 들춰낼 경우도 마찬가지다. 마치 회전목마처럼 반짝이는 것은 단지 거대한 쓰레기, 권태와 죽은 몸의 토막들로 이루어진 산더미의 무너질 듯한 꼭대기일 뿐이다.

생동하는 자연의 주기 안에서 모든 부분들은 움직임을 지속하며, 새롭게 재생산적 순환에 편입된다. 자본주의는 이를 통해 단지 부분적으로 뭔가를 뽑아낸다. 그때 전체적인 맥락은 고려하지 않는다. 자본주의의 목표는 결국 어떤 다른 것이다. 더욱 즉각적이며 경쟁으로 돌진해 나가는 이윤이다. 확성기 표시가 있는 어디에나 대량의 폐기물이 남아 있다. 논란의 중심이 된 값어치 있는 쓰레기는 수많은 붕괴, 잔해, 무용함이 어떻게 생산되고 있는지는 은폐한다. 사람들의 능력과 정보는 더 이상 사고파는 데 이용할 수 없다. 폐허다. 가동이 멈춘 빈 공장과 버려진 광산의 굴, 오염되어 더는 쓸 수 없어진 농지는 폐허다. 수은에 오염된 지하수, 기름으로 오염된 땅, 노후한 원자로는 폐허다. 붙박이장, 철 지난 옷, 오래된 아이폰의 폐허다. 남은 음식물, 침전물의 폐허다.

생물학자 베른트 하인리히는 친환경적인 영양소 주기에 대한 연구에서 이렇게 정리했다. "우리는 먼지에서 생겨나지 않았다. 그리고 우리는 먼지로 돌아가지 않는다. 우리는 삶으로부터 왔다. 우리는 다른 삶으로 가는 과도기에 있다. 우리는 비길 곳 없이 특별한 동물과 식물로부터 생성되었으며 그들에게 돌아간다." 이 순환 속에서 자본주의는 하나의 삶의 형식으로 자리 잡았다. 모든 것이 먼지로 부서져 사그라지고, 지구를 폐허 더미로 남기고 마는 삶의 형식 말이다.

3

(노동을)
소진하다

소유하고 있는 것으로부터 가치를 창출해 내기 위해서는, 다시 말해 사유재산을 상품화하기 위해서는 에너지가 필요하다. 흐르는 물이나 증기, 기름, 가스, 석탄, 전기 등 무언가가 제분소를 구동시켜야 한다. 게다가 쓸 만한 것은 땅으로부터 취해서 가공과 포장을 거쳐 판매되어야 한다. 상품은 근본적으로 예속된 것의 단순한 부활이 아니다. 가치에 대한 전망이 가치에 생명을 부여하는 것이 아니다. 적어도 전망만으로는 불가능하다. 의도적인 행위가 함께 이루어져야 한다. 노동이 지배를 경제로 바꾸는 연결고리다.

포 장 도 로 아 래 의 손

가끔 낯선 도시의 골목길을 걸을 때면 길을 잃었다는 확신이 엄습하곤 한다. 무대 공포증으로 강의실 근처를 서성이다가 문득 세상은 우리를 위해 만들어진 것이 아니라는 확신이 들었다. 여기, 내 주위와 호텔, 중앙역 사이도. 건물 외벽은 무표정하며 회사 간판은 빛바랬다. 모든 출입구에 철제 그물이 있다. 밀폐된 사무실 건물이 방향과 날씨를 감각할 수 없도록 시야를 차단한다. 시선을 아래로 떨구며 강의를 시작하는 말을 혼자 중얼거린다. 사방이 원근감 없는 직선, 시멘트 벽, 콘크리트와 아스팔트에 연석이다. 보잘것없는 나무 주변의 땅은 벌거벗겨졌다. 누군가가 개똥을 담은 비닐봉투를 두고 갔다. 발에 느껴지는 것은 걸어가는 길의 표면이 아니라 스스로의 피로다.

"포석 아래는 해변이다." 이 자주 쓰이는 구호는 1968년 5월에 무정부주의자 피에르조제프 프루동에게서 따온 것으로, 혁명과 자유를 향한 한 세대의 희망을 표현했다. 정말 그런가? 나는 내 삶에서 거의 매일 바다를 그리워하지 않을 수가 없다. 그러나 해수면이 상승하고 있는 지금 이 시점에서 우리는 프랑크푸르트로 뻗은 해변을 더는 기대할 수 없다. 독성 폐기물이 가득 찬 석호 가장자리 해변은 도대체 뭐라고 설명될 수 있을까? 영원한 해변 휴양이라는 유토피아는 실제의 재앙에 맞서 지속되기란 힘들다.

과도하게 비싼 도심과 도시 외곽의 산업 지역과 상점 구역의 고정된 구조, 경직성은 반감을 불러일으킨다. 우리는 이 모든 것을 사용할 수 없고, 어떤 것도 일구어 낼 수 없다. 스프레이로 하는 단순한 칠하기 또한 불법이다. 포석 아래에는 모래가, 그리고 그 아래에는 진흙층이 쌓여 있다. 해변은 없다. 이 모래와 진흙을 개어 퇴비를 넣으면 비옥한 토양이 될 것이다. 포석 아래 땅. 그러나 이 또한 한계가 있는 비전이다. 우선 세상이 사라지기를 바라야 하는 유토피아는 잘못된 것이다.

어느 시점에서 나는 나의 굳어진 절망을 떨쳐 버리도록 위안을 주는 생각에 익숙해졌다. 포석, 금속 대문, 플라스틱 창문을 본다. 그리고 이 모든 것들을 인간이 만들었다는 사실을 떠올린다. 물론 석회 공장, 크레인, 컴퓨터가 동원된다. 하지만 그 중심에는 언제나 손이 있다. 인간의 손이 있다. 어떤 손은 고무망치로 포석을 두드려 가며 포장도로를 깔고 있었고, 또 다른 손은 트럭 운전대 위, 공장, 회계 부서에 있었다. 문신이 있는 손, 매니큐어를 바른 손, 금반지가 끼워진 손. 마인 항에서 지게차로 컨테이너 판을 운반하는 손, 공급업체에서 일하는 손이다. 인산염 광산에서 일하는 손, 작업복을 세탁하는 손, 접시를 내놓는 손, 손을 잡는 손들. 그 손들이 훨씬 아름답고, 더 적극적으로 재활용되며, 공유될 수 있는 것들을 만들 수 없었다는 사실이 매우 불편하다. 자기 이름 대신에 브랜드명을 회사 간판 위에 새겨야 했다는 사실, 많은 손들이 염소 세정제 또는 석회 먼지 또는 손목 터널 증후군에 시달린다는 사실이 불편하다. 하지만 인간 노동의 산물이면서 그 모든 시간, 노력, 숙고의 저장소로인 녹슨 차고 문과 삭막한 길모퉁이는 또한 나를 경외심으로 가득 채운다. 손은 오래전부터 다른 일에 몰두하고 있으며, 어떤 손은 늙고 주름졌으며, 다른 손들은 지하에 묻혀 있다. 거리의 포석 하나하나는 인간 구성원들로 이루어진 네트워크를 가리킨다. 그것은 전 세계에 걸쳐 있으며 과거로 훨씬 거슬러 올라간다. 나는 심호흡을 하고 텅 빈 거리에서 허탈하게 웃는다. 이 세상이 어떻게 잘못 돌아가고 있는지는 상관없다. 우리가 세상을 이렇게 만들어 버렸다. 우리는 계속해서 이렇게 만들어 나갈 수 있다. 그러나 우리는 세상을 계속해서, 그 어느 때보다 많은 손으로, 다르게 만들어 나갈 수도 있다.

카를 마르크스는 인간이 자신의 환경과 생활에 필요한 물품들을 계획적으로 생산해 낼 수 있다는 사실이 우리 인간 존재의 본질이라고 보았다. 인간은 스스로 생산하는 동물이다. 그러나 근대 노동에 대한 경의에는 비판도 따랐다. 소외는 이에 대한 비판을 담은 개념이다. 사물은 손에서 만들어졌고, 늘 손에서 빼앗기기 때문이다. 임금노동을 통해 인간의 손은 작업대의 주인에게 상품을 남긴다. 임금노동이 이루어지는 동안 인간의 손은 자신의 활동성을 더 이상 통제하지 못한다. 생산하는 과정과 방식은 개인의 이성이나 본능으로 제어할 수 없다. 무엇보다도 손과 손이 서로 맞물리지 않는다. 상품은 다른 사람에게 맡기거나 공유하기 위해 만들어지는 것이 아니다. 구매자의 요구도, 생산사의 비전도 아닌 이윤을 예측하는 회사의 투기가 상황을 통제하는 것이다. 보이지 않는 실들이 모든 인간의 손을 노동력 착취에 연결시킨다. 이것은 생동하는 상호 작용이 아니라 섬세하게 분절된 마리오네트의 움직임이다.

이와는 대조적으로 마르크스는 인간 생산의 고유성에서 큰 잠재력을 발견한다. 인간은 서로가 서로를 위해 생산할 수 있다. 그렇다면 인간은 사물로부터 잠재력을 보게 될 것이다. 손들은 결코 무관심한 사물 뒤로 사라지지 않는다. 어떤 손도 기여하지 못할 것이 없다. 손이 빈 채로 머무는 일은 없을 것이다. 상품화의 독재가 드리운 실들은 끊어질 것이다. 마르크스에 따르면 이것이 인간의 자유를 실현하는 것이다.

하지만 계획적인 창조에 초점을 맞추면서 마르크스는 때때로 우리 손에 있는 세계를 물질화하는 경향이 있다. 전체의 생동성은 시야에서 사라지고 사물지배의 소유권 주장은 드러나지 않는다. 그럼에도 인간의 상상력은 우리가 서로를 알고 서로를 위해 일하게 할 뿐만 아니라, 생산을 멈추고 지식을 수집해서 우리가 세상을 재건하는 동안 이곳에 어떤 세상을 만들고 있는지 스스로 질문할 수 있게 한다. 이는 록다운으로 인해 일시적인 감속을 겪은 사람들을 고립된 채 관조하는 일이 아니라, 체제에 관여하는 경험을 바탕으로 삼아 대화하는 일이 되어야 한다. 우리는 상대방에게 필요한 것이 무엇인지 분명히 알 수가 있고, 우리의 사용과 상품이 세상에 어떤 영향을 미치는지 또한 탐구할 수 있다. 이윤 지향은 세상을 살리거나 죽이는지에는 관심이 없다. 단지 상품 이외에는 아무것도 신경 쓰지 않는다. 마찬가지로 사유재산의 고정화 또한 마치 울타리가 시야를 가리듯 세상을 바로 보는 눈을 잃게 했다. 그러나 소외되지 않은 작업에서 우리는 손 아래 생동하는 전체를 감각할 것이다. 또한 우리 손은 자유의 세계를 구성하는 마디로 이해될 수 있다. 소외는 더 이상 세상에서 우리 손을 인식할 수 없다는 것만이 아니라, 우리 손안에 세상이 없다는 것을 의미하기 때문이다.

무 감 각 한   몸 과   사 용   가 능 한   시 간

임금을 위해 노동을 하면서 우리의 파는 노동력은 우리의 손안에 존재하지 않는다. 우리는 당연히 손을 팔지는 않는다. 이른바 수공업도 온전히 손이 홀로 하는 일은 아니다. 우리는 노동할 때, 심지어 성 노동의 경우에도 몸을 팔지는 않는다. 우리는 시간을 판다. 그리고 그 시간 속에 존재하는 활동을 판다.

자신의 활동을 상품으로 제공하기 위해서는 먼저 어떤 방식으로든 자신의 시간을 소유해야 한다. 16세기 초부터 영국에서는 농지의 제한을 통해 '자유로운' 일용직 노동자와 계급이 생겨났다. 프랑스에서는 1789년 8월 4일 밤 혁명적 국민의회에 의해 농노제가 폐지되었다. 프로이센의 농민 해방은 1815년 나폴레옹 전쟁 이후 이루어졌는데, 실제로는 대부분이 부채 노예로 전환되었다는 의미였다. 해방을 위해서는 주인에게 일종의 보상금을 지불해야 했기 때문이다.

그런데 자기가 자신을 소유한다고 간주하는 법적 사실 자체는 자신의 노동력을 소유한다는 의미에서의 기초적인 자산을 창출하지는 못한다. 이러한 기초 자산은 국가 행정, 물질적 강제 그리고 자기 교육의 상호 작용을 통해 창출된다. 근대 초에 도입된 사유재산의 고정화와 개인의 합리화라는 두 가지 발전은 노동력의 영역을 범주화했다. 18세기부터 이러한 발전은 생산을 위해 노동하는 신체를 체계적으로 단련하면서 정점을 맞이한다. 부르주아 사회는 노동자들이 들인 시간을 기반으로 발전해 나갔다고 볼 수 있다. 그러는 동안 우리 모두는 하루하루 이 궤도를 따라 살아간다.

자신의 노동력을 허구적으로 소유하고 있다는 점이 근대의 사물지배를 설명하는 독특한 특징이다. 그것은 단순한 소유 박탈 과정을 통해 완성되지 않는다. 결국 노동력은 자본가에게 완전한 사유재산으로 속하는 것이 아니라 항상 계약에 의해 부여된 재산으로 존재한다. 그럼에도 불구하고 노동자에게 계약을 체결할 수 있도록 하는 자기소유권은 항상 어느 정도는 키메라로 머물러 있다. 자기소유권은 단 한 순간, 고용계약이 체결되는 순간에만 완벽히 보장될 뿐이다. 즉 소유권을 이전하는 순간에만 그들은 자신이 노동력을 소유하고 있다는 것을 안다. 노동력은 노동자에게 단지 양도 가능한 것으로만 귀속되어 있다. 계약이 체결되고 난 후 노동력은 고용주에게 종속된다. 노동자는 자신의 노동력을 자기 것이라 느끼기보다는 오히려 외부에서 결정된 짐이라 느낀다.

고용계약이 자기소유권이란 허구라는 전제 위에 있다고 하더라도, 그것은 무산자에게는 그저 허깨비일 따름이다. 현대 사회는 부유한 부르주아 개인에게만 자기소유권을 부여한다. 노동자의 자기소유권은 여전히 이중으로 분열되어 있다.

소유관계는 프롤레타리아 자기소유권의 첫 번째 분열을 낳았다. 전적으로 사유재산이 중심인 세계에서 물질적 무소유는 자기 혹은 공동체를 부양할 수 있는 능력이 없다는 의미다. 따라서 마르크스주의가 늘 강조하듯, 임금을 위한 노동을 하는 경우 기껏해야 여러 고용주들 중 누구를 선택하는가의 문제 이외에 다른 선택권은 존재하지 않는다. 근대 초기에 해방된 농민들은 이러한 강제에 맞서 저항하려 했지만, 작은 절도 범죄에 대해서조차 가차 없이 가해지는 처벌을 통해 빼앗은 부를 존중하라고 강요받았다. 노동자의 손이 되고 싶지 않았던 자유의 손은 잘렸고, 상습범은 교수대에서 처형당했다.

절도 이외에 구걸도 점점 더 의심스럽게 여겨졌다. 마녀재판은 구걸하는 여성들을 제거하는 것을 인가했다. 1585년 영국의 타이번에서 교수형에 처해진 65세의 미망인 마거릿 하켓처럼, 박해받았던 여성들 대부분은 가난했다. 청원이 기각된 후 그녀는 복수를 위한 주문들을 수없이 많이 외웠다고 전해진다. 역사학자 키스 토머스는 자신이 수집한 이런 기소들에 관해 다음과 같이 나열한다.

그녀는 허락 없이 이웃의 밭에서 배 한 바구니를 따고 있었다. 돌려 달라는 요청에 그녀는 격노하여 배를 바닥으로 내던졌다. 그 후로 이 밭에서는 더 이상 배가 나지 않았다. 나중에 윌리엄 굿윈스의 하인이 그녀의 효모를 거부하여 양조 장비가 말라 버렸다. (하켓은) 주인의 땅에서 나무를 훔치는 듯한 그녀를 발견한 농장 관리인에게 구타당했다. 관리인은 미쳐 버리고 말았다.

이 목록은 때때로 공유에 대한 요구가 여전히 저항적으로 표현되었음을 보여 줄 수 있다. 그 밖에도 하켓이 자연에서 실제로 풍족하게 얻을 수 있고, 두 세대 전에는 공공의 소유로 여겨졌을 배, 효모, 나뭇가지 같은 것들을 사용했다는 점을 주목할 만하다. 키스 토머스의 기록에서 드러나는 사실은 새로이 영지를 소유하게 된 지주와 양조장 관리인이 그들의 소유물을 보장받기 위해서뿐만 아니라, 그때 노파의 부탁을 들어주었어야 했나 하는 고민에 괴로워하지 않기 위해서 어떤 위험한 뒷받침이 필요했는가다. 적어도 교수대는 자산가들이 도움 요청을 거절하는 새로운 능력을 갖추도록 장려하기 위해 세워진 것이었다. 타인의 필요에 대한 독선적인 무관심은 부르주아적 인격의 핵심이 되어야 했다.

구걸, 마술, 절도죄에 대한 추궁으로 무일푼이 된 사람들은 고용되거나 공장이나 제조소 가까이에 정착할 수밖에 없었다. 그때부터 그들은 시간을 팔고자 하는 의지의 형태로 노동력을 가지게 되었다. 그러나 시간이 어느 정도 가치가 있으려면 가치에 상응하게 사용될 수 있어야 한다. 사유재산에 의해 그 자리에 놓인 신체의 활동성은 양도 가능한 단위로 분할되어야 하며, 상품으로 재가동되어야 한다. 이를 위해 굶주리거나 고생할 필요 없는 규율된 부르주아 주체는 의도적으로 도달 불가능한 기준을 내놓는다. 프롤레타리아의 자기 노동력 소유는 이 기준에 의해 두 번 좌절된다.

부르주아적 인격은 특정한 신체상과 자기 관계에 기반을 두었을 때만 실재할 수 있다. 르네 데카르트가 공식화한 물질적인 것과 그보다 상위의 정신적 실체로의 세계 구분은 이런 맥락에 대한 근거로 자주 인용된다. 이때 중요한 것은 이원론적 경제 모델을 간과하지 않는 것이다. 데카르트는 정신과 물질 사이의 단순한 이원론적 위계질서가 아니라, 정신 물질 이원론과 사유재산 구조의 유사성을 제시한 것이다. 자주적이라 여겨지는 실체는 생명이 없는 물질을 임의로 사용한다. 이런 방식의 이해가 가능하려면 우주 전체가 인간의 몸에 반영되어 있으며, 몸은 다시 다양한 방식으로 우주의 자연과 연결되어 있다고 보는 중세의 세계관이 먼저 깨져야만 했다. 마녀를 해하던 시기인 1530년 신설된 해부학은 기존의 인식을 극복하기 위한 실험의 장을 제공했다. 해부 극장에서 관객들 앞에서 행해진 시체 해부는 마치 유산계급과 지식층이 가난한 자들의 몸을 소유한 듯 구경거리로 나타났다. 당시 시체의 내세에 대한 미신을 신봉하는 경향이 아직 희미해지기 전이라, 누구도 자기 신체를 자발적으로 해부하는 곳에 제공하지 않았다. 가난한 집이나 교수대에서 사망한 사람들은 즉시 해부 탁자로 옮겨졌다. 피터 라인보우가 재구성한 것처럼, 죽은 사람의 가족들은 시체를 차마 칼끝으로 보낼 수 없었기 때문에 교수대 밑에서 종종 난투극과, 말다툼, 협박이 벌어졌다.

시체 표본으로 사용된 인간에 대한 연구는 신체가 마치 태엽 감긴 시계처럼 영혼에 의해 움직이는 무생의 기계라는 주장에 힘을 실었다. 일련의 잔인하고 명백히 강박적으로 행해진 동물 실험에서 데카르트는 자신의 철학에 따르면 영혼이 있을 수 없는 동물들은 고통도 느끼지 못한다고 확신했다. 이것은 임의적인 망상이 아니라, 소유할 수 있는 신체는 무생적이라는 사물 지배의 도그마다.

마치 마비된 것처럼 감각에 반응하거나 움직일 수 없다고 여겨지기 때문에, 가난한 사람들은 결코 자기가 자신의 주인이라는 것을 결코 완전히 증명할 수 없다. 그리고 이것은 자본주의적 관점에서 좋은 일이다. 노동자의 자기소유는 공장, 초등학교, 군대의 규율을 통해 보강되어야 하는 결손 상태에 늘 머물러야 한다. 규율은 무엇보다도 시간적 동기화의 새로운 지배로 구성된다. 출퇴근 기록, 근무 시간 조회는 신체가 살아 있는 시간을 채울 자발성을 망각하게 만든다. 이것은 규율이 아니라 자기소유를 다른 사람이 사용 가능하도록 하는 규율화다. 자신의 시간을 갖고 있긴 해도, 그것은 타의에 따라 채워질 죽고 공허한 시간이라는 것을 증명한다. 이 규율화는 결코 완결되지 않는다. 이것은 마치 경쟁적으로 행해지는 생산의 속도와 효율성처럼 제한이 없다. 19세기에는 화석연료로 구동되는 무거운 기계와 컨베이어 벨트가 노동을 가속화했고, 노동력이 최대한 남김없이 생산에 투입될 수 있도록 했다. 21세기에는 알고리즘이 속도를 측정한다. 자본가의 관심은 그녀가 계약한 시간에 가능한 한 그녀의 목적에 부합하는 활동력을 얻는 것이다. 그녀의 관심사는 가속화인데, 그렇다고 자본주의가 아닌 시간에 극도로 열정적인 국면이 없다는 뜻은 아니다. 네 명의 아이들과 함께 음식을 준비하거나, 뇌우가 오기 전에 들판에서 건초를 걷으려면 공장 노동자보다 훨씬 더 지칠 수 있다. 여기에서는 노력의 수준에 차이가 있으며, 작업은 구체적인 요구에 따라 완료된다. 효율적인 제품에 비해 너무 느리거나 비싸게 생산되는 제품이 파기되도록 설계된 이윤 극대화 시스템을 따르지 않는다.

그러나 시계장치처럼 남의 목표를 따르는 노동자의 경우에도 자기 주인의식에 의구심을 품을 수 있다. 규율화 또한 질적으로 아직 미완성이다. 노동자는 본인의 목표에 따라 행위할 수 있다는 것을 아직 증명해 내지도 못했다. 이것은 교육과 예절에 시간을 투자할 수 있는 부르주아 개인만이 할 수 있는 일이다. 프롤레타리아가 모든 것을 통제하고 있는지 계속해서 의문을 제기하는 것은 사회에 편리한 일이다. 프롤레타리아는 지도와 관리를 받아야만 하며, 지도와 관리가 그에게 위임되어서는 안 된다는 의미다. 물질적 안락함과 가학적인 자기 관계에 의해 궁핍을 완전히 가린 채 살고 있는 부르주아만이 스스로를 소유할 수 있다. 생산성과 소유 가능성을 정당화하기 위해서는 노동력에 원시자연이 섞여 있다는 흔적이 남아 있어야만 한다.

물질적인 빈곤과 시민적 도덕화에 의해 파괴된 프롤레타리아의 자기소유는 놀랍도록 자기충족적인 방식으로 상호 작용 한다. 빈곤은 제어할 수 없으며, 제어 불가능성은 규율을 요한다. 노동력은 불확실하게 보유된 자기 소유물로서 언제나 부르주아 사회의 환상소유 안에 존재한다. 부르주아 사회는 자산 없는 노동자들을 약탈하지 않는다고 주장하면서 그들의 폭력을 위장한다. 노동자에게 무엇도 빼앗지 않고, 그들을 교육하며 고용한다. 보라, 부는 노동하지 않는 손안에서 자라고 있다.

실 제 적   사 물 지 배

자본주의는 사유재산 고착화의 토대 위에서 이윤 지향적으로 생산되는 경제 형태. 실제적 지배, 즉 미래에 창출될 수도 있는 이윤에 대한 내기는 겉보기에는 자체적으로 실행되는 일종의 영구기관이다. 지구의 위험한 붕괴도 자본주의를 본질적으로 방해하지 않는다. 위기가 지나고 난 후, 전쟁이나 코로나 경제가 지나고 나면 다시 경기가 돌아온다. 누군가가 남아 있는 한, 그에게는 팔 수 있는 무언가 있을 것이다. 이는 새로운 스타트업을 위한 최고의 전망이다. 창백한 실리콘 밸리의 청년들은 뉴질랜드의 벙커에서 계속 돈을 벌 수 있다. 그들은 화성에 있는 본부를 꿈꾼다.

그러나 가치 창출은 가치 있는 것과 폐기물의 분리에 의존하며, 다양한 부분들이 상호 작용 한다. 재산 소유에 의한 사물 지배로 우리는 현재까지의 모든 노동력, 돌봄, 자연 자원 등을 구성하는 요소들의 구축 패턴을 살펴볼 수 있다. 모든 것이 사유재산의 형태를 갖춤으로써 가치 추출 기계가 작동된다. 이러한 요소들이 자본의 익명적 지배를 위해 역사적으로 어떻게 맞물려 왔는지 이해하면 다가올 전투에 대비할 수 있다. 한편 자본 그 자체는 틀림없이 그 잔해 속에서 자신의 메커니즘에 맞는 새로운 구성 요소들을 찾기 바쁠 것이다.

산업화 시대에 가치 창출을 위해 상품에 부여되는 노동력은 특수한 역할을 한다. 노동력은 생산 과정에서 원자재와 폐기물로부터 상품을 추출 제작하는 데 사용되며 실제적 지배와 사물지배, 사유재산 정착화와 이윤의 극대화를 마치 클러치처럼 연결시킨다. 왜냐하면 물질적 지배 자체는 노동력을 창출해 낼 수 없기 때문이다. 물질적 지배는 노동력을 창출해 내기 위해 사물지배에 의존한다. 노동력은 적어도 부분적으로는 시장 너머에 정착된 영역에 기인한다. 전형적으로 출산과 함께 날마다 삶을 유지하는 일을 여성의 재생산 노동이라고 본다. 자본가는 본인의 가정에서 양말을 빨거나 입안 가득 음식을 채우고, 눈물을 훔치는 데 드는 시간에는 지불하지 않는다. 자본가는 성인이 직장에서 어느 정도 각성하고 휴식하며 보내는 시간에 대해서만 지불한다. 이것은 자본가에게는 매우 편리한 것이다. 이런 방식이 아니었더라면 수익성 있는 생산은 훨씬 어려웠을 것이다. 여성의 노동이 무료라는 사실은 가부장제에 기인한다. 역사적으로 여성의 재생산 노동은 남편의 허구적 재산이었다. 이는 오늘날까지 여성 노동의 실제성을 은폐했다. 돌봄은 여성의 성취가 아니라 타고난 본성으로 여겨졌다. 결국 여성의 본성은 모든 사람의 욕구가 결국 충족되었는지, 배부른지 확인하는 것이라고. 그러나 이런 건 자유롭고 야생적인 연결 전체로서의 자연이 아니다. 왜 여성이 환경에 해로운 임금노동을 하며 지친 사람들의 욕구를 보살펴야 하는가! 그것은 폐쇄되고, 분리되고, 정복된 사물로서의 자연이다. 사물지배에 부가되는 착취는 정확히 다음과 같은 불일치에서 발생한다. 자산을 상품으로 만들어 내기 위해 사물로 취급되는 것들은 사실 항상 활동적이며 삶을 유지하고 에너지를 소비한다. 그렇게 생명에서 세상으로가 아니라, 노동력에서 착취로 옮아가는 것이다.

그곳에서 가공되는 것들은 마찬가지로 폐쇄되고, 분리되고, 정복된 자연이다. 이 상태의 자연은 원재료라고 칭해지지만, 완전히 가공되지 않은 것은 아니다. 그러나 장소에 상관 없이 모든 것이 소진될 때까지 땅에서 채굴되고, 폭파되고, 퍼올려져 가공되지 않은 것으로 취급된다. 일단 등록되고 측정되면 사물지배는 상품을 적절히 만들어 낸다. 자연은 거칠게 다뤄질수록 더 저렴하게 생산될 수 있다.

가부장적 혼인 관계에서 재생산 노동이 노동하는 남성의 허구적 재산으로 간주되고 이를 통해 그들의 고용주에게 간접적인 혜택이 돌아갔던 반면, 노예 노동은 농장주가 직접적으로 전유할 수 있었다. 백인의 사물지배에 기반한 노예제에서 자본주의는 노동하는 사람조차 원료로 취급한다. 약탈된 노동은 자본주의 농장경제에서 인건비 없는 생산을 가능하게 했다. 또한 노예제는 유급 임금노동 착취를 뒷받침했다. 이러한 현실은 자유로운 백인 노동자들이 그들의 운명을 낙관적으로 묘사하는 것과 크게 대조적이었다. 또한 물질적 측면에서도 18세기 후반에서 19세기까지 백인 노동자들의 생활 수준과 생계는 대부분 노예제 기반의 경제에서 얻을 수 있는 면화, 담배, 럼, 설탕 등의 생산물에 의존했다. 20세기 들어서는 대량 소비품을 개발도상국의 저렴한 생산에 의존했던 것처럼 말이다. 설탕은 19세기 전반 사탕무 설탕이 대중화될 때까지 해외 사탕수수에서만 얻을 수 있었기 때문에, 당시 노예무역을 옹호하는 사람들은 항상 설탕을 근거로 노예제가 지속되어야 한다고 명시적으로 주장했다.

흑인을 약탈하는 행위를 더는 하지 않는다고 해서 유럽의 약탈 정책이 끝난 것은 아니었다. 역사가이자 인종차별주의 이론가인 듀보이스는 1807년 대서양 횡단 노예무역이 금지된 후 아프리카 대륙의 토지 수탈은 그 자체로 백인의 부의 이동이었다고 서술한다.

400년간 백인의 유럽은 흑인의 아프리카에서 총 1억 명의 사람들을 약탈한 인신매매의 중심지였다. 아프리카에서 이전의 노예제로 노동자를 강제로 끌고 오지 않는 대신에 새로운 형태의 노예제를 기반으로 구축된 산업은 이제 주민들의 땅을 강탈하고, 그들을 강제로 일하게 하며 모든 이익을 백인 세계를 위해 거두어들이기 위해 오늘날 아프리카에 접근하고 있다.

식민주의는 자본의 측량하는 선봉대 역할을 한다. 모두 함께 백인 세계를 위해 이익을 거두어들인다. 특히 아프리카 대륙은 독일을 포함한 유럽 강대국에 의해 측량되고 합병되었던 두 번째 식민지 단계에 해당한다. 상품화는 사물지배적 행정 구조로부터 새로운 원자재, 더 싼 자원, 토지에 접근 가능한 권한을 보장받는다.

마르크스의 저작들을 재검토하면서 로자 룩셈부르크는 자본주의의 반복되는 경제위기를 완화하고 새로운 투자 및 판매 기회를 열기 위해 그러한 제국주의가 필요했다는 결론을 이끌어 냈다. 생태 마르크스주의자인 제이슨 무어는 이러한 사유를 좀 더 추상화한다. 먼 땅의 정복은 새롭게 사유재산을 정착시키는 가운데 이윤의 극대화가 약속된 현장들 중 하나에 불과하다. 여기에서 우리는 재생산 노동, 공공재산, 동물, 생태계에 대해서도 동일한 논리가 적용된다는 사실을 알게 된다. 특히 실제적 사물지배는 이미 강탈해 들어간 영토를 파괴하는 경향이 있으므로 깔때기를 채우기 위해 상상의 국경을 이동한다. 무어는 이러한 경계의 선점이 가치 창출과 자연이 직접 만나는 "생명의 그물"이라고 설명한다. 그러나 이 경계선은 상상에 불과하다. 물질적 상품화를 위해 야생의 자연을 파악하는 것은 가능한 일이 아니다. 자본주의적 생산과 자연적인 재생의 영역은 직접적으로 접해 있지 않은 영역이다. 사실 무어가 설명한 경계는 사물지배가 이미 예비 작업을 수행한 구역에 존재한다. 복종을 통해 상품화를 보장하는 경계다.

사실 이러한 연관 파악을 통해 새로운 통찰력이 제시되지는 않는다. 1792년 메리 울스턴크래프트는 이미 "인류의 절반이 잔인한 편견에 굴복"해야 하는 게 "단지 남자들의 차에 설탕을 타기 위해서?"라고 질문했다. 자상한 여인의 다정한 말과 함께 제공되는 식민지 물품은 경기를 활성화할 뿐 아니라, 물품을 제공받는 사람들이 자신의 시간 대부분을 팔아야만 하는 운명을 조금 더 멋지게 만든다. 따라서 차나 커피잔은 재생산 노동, 노예 노동, 식민지의 전용된 토지, 농경제의 과도한 착취 등 사물지배의 여러 구성 요소들을 결합한다. 이 모든 요소들이 작동한다. 여성은 돌보고, 노예가 된 자들은 힘겹게 노동한다. 정복된 땅은 이를 지탱한다. 사물지배의 틀은 이러한 노동을 약탈하는 것을 허가한다. 그리고 약탈은 '자연적으로' 재생산된 임금노동의 비용을 낮게 유지하면서도 남김없이 소진되지 않도록 보전해 둔다.

사유재산의 정착화와 이윤의 극대화 그리고 실제적 지배와 사물지배의 결합은 이들 사이의 매듭이 풀려 버린 후에도 지속된다. 노예제 폐지 이후의 자본주의, 즉 노예제와 가부장적 결혼 제도의 공식적 폐지 이후의 가치 창출은 계속해서 노동자들의 사물화와 분열을 기반으로 구성된다. 사물지배는 그것의 출발점을 넘어 환상소유로서 다음 생을 이어 나간다. 일부는 점점 더 적게 가지며, 또 다른 일부는 항상 부가적인 계속해서 받을 권리를 지니는 구조의 이 환상소유는 계속해서 임금 수준과 계급 투쟁을 뒤흔들어 파괴시킨다.

　노동력의 가치는 교육뿐만 아니라 소속 집단에 따라 다르다. 달리 말하면, 여성과 백인이 아닌 사람들의 노동력의 일부는 노동력으로 취급되지 않는다. 그것은 마땅히 거기 존재해야 하는 자연 자원으로, 적당한 사람을 고용했을 때 얻을 수 있는 보너스나 전리품으로 취급된다. 최근 미투 운동에서 드러난 것처럼, 여성은 노동력에서 성적 가용성을 분리하라는 요구를 지속적으로 받고 있다. 이주노동자들과 인종적 하위 계급의 근로자들은 이동성이 크게 제한되며, 최소한의 노동기준이 준수될 수 있도록 늘 투쟁해야 한다. 인종차별은 단지 인종화된 노동자들에게만 해를 끼치는 것이 아니다. 인종차별은 백인을 이용한다. 듀보이스가 명명한 것처럼 부가적인 "백인의 임금"을 확보한다. 물질의 지배 체계에서 백인 노동자들은 동료들을 억압해서 이익을 얻는다. 백인의 노동은 비교할 때 더더욱 가치가 있고, 훨씬 더 많은 것을 허용받는다. 그들은 직장 밖에서도 흑인과 유색인들로부터 공공 공간을 박탈하고 개인적 지위에 대한 환상소유를 가질 수 있다는 우월주의적 주장을 한다. 자본은 또다시 계급 분열로부터 이익을 취한다.

　백인 남성 노동자의 입장에서는 평가 절하된 집단도 달갑지 않은 경쟁자이기는 마찬가지다. 결국 원치 않더라도 적은 돈을 받으며 일을 해야 하기 때문이다. 지금의 경제위기 상황과 노동자들이 시위하고 있는 시점에서 비특권 계층의 동료들은 그들에게 위해가 된다. 비특권 계층의 동료들은 임금 덤핑 혐의로 추궁당하며, 역사적으로도 기업 노조에서 제외되었다. 이는 다시 실제로 파업을 중단할 동기가 된다. 어차피 노조가 조성한 파업 자금에서 임금이 지급될 가능성은 없기 때문이다. 이러한 배경에 대해 1833년 초기 사회주의 저널에서 페미니스트 노동조합원인 제임스 모리슨은 여성 섬유노동자가 남성보다 낮은 임금을 받는 것이 용납 가능한지를 묻는 질문을 두고 다음과 같이 논의한다.

여성이 남성보다 적게 일하면서 남성의 임금을 낮추라는 압력을 가할 권리가 있는가? 만일 여성들이 남성과 동등하게 간주되며 동등한 권리와 특권을 누릴 수 있다면 당연히 그럴 권리는 없다. 그러나 남성은 여성을 하등하게 취급하고, 여성 산업의 모든 생산품에 열등함의 낙인을 찍었으므로, 여성의 낮은 임금은 자신의 노동의 대가로 자발적으로 책정된 것이 아니라, 남성 지배의 폭압적인 영향력에 의해 책정된 것이다.

이 탄원은 거의 들리지 않았고, 여성들은 노동자 조직과 섬유 공장에서 밀려났고, 그럼에도 불구하고 남성 재단사의 임금은 새로운 세대의 미숙련 노동자에 의해 깎여 나갔다. 20세기에 들어와서는 반대 방향의 발전에도 불구하고 얼마나 상황이 견고함을 유지했는지 관찰할 수 있었다. 공식적으로는 이제 모든 부문이 여성 노동에 개방되어 있다. 하지만 여성은 여전히 돌봄노동과 연관되어 있기 때문에 임금이 낮은 분야에만 폭넓게 접근할 수 있다. 여기에는 이주노동력이 법적 규제를 회피하거나 범죄적 갈취를 통해 과도하게 착취되는 분야가 주로 포함된다. 종종 전 세계 남쪽에 있는 지역으로 아웃소싱되는 부문이다. 그런데 '아웃소싱'은 잘못된 명칭이다. 생산은 백인 커피 소비자의 관점에서만 '아웃소싱'되는 것이지, 커피 잔을 채우는 생산 방식에서는 아니다.

무급 노동은 부분적으로는 강요적이거나 또는 군대식인 막사 작업장에서, 그 외에는 피로를 풀기 위한 곳 어디에서든 계속된다. 오늘날에도 모든 노동은 상품과 전리품이 혼합된 형태로 남아 있다. 백인에게 팔리고 좋은 대가를 받을 수 있는 노동력은 전리품, 즉 타인에 대한 환상소유물 중에서 자신의 몫을 챙길 뿐이다.

임금노동에 국한된 계급 정치는 계급 투쟁을 약화시키고 새로운 국경 지역에서 약탈의 역학을 조장한다. 그것은 전장을 변화시킨다. 하지만 계급 정치는 훨씬 더 큰 영향을 미칠 수 있다. 자본주의를 실제적 사물지배로 이해하는 이론의 관점에서 계급이란 가치 창출을 위해 울타리를 치고 약탈하는 모든 것을 의미한다. 손이 너무 많다. 철창 뒤에서, 조립 라인에서, 키보드에서, 싱크대에서, 바닥에서 사슬에 묶인 손. 그리고 손뿐만 아니라 훨씬 더 많은 것들이 있다. 물, 불, 공기, 땅. 일부는 파업을 시작하기도 했다.

개 인 의 책 임

　해수면이 상승하고, 숲이 불타며 공기가 오염되고, 황폐해져 가는 땅, 우리는 이곳에 있다. 우리는 이 책이 출판되는 언어권에서, 읽거나 저술하는 시간 속에서 여전히 가장 높은 위치에 있다. 정확히 장군의 언덕은 아니지만, 해일의 위험이 있을 때 대피할 수 있는 그런 고지대 말이다. 이 작은 언덕은 우리가 무관심을 유지하기에 충분하다. 우리는 이미 우리의 위치를 확보하는 데 완전히 몰두하고 있다. 근본적으로 우리 안에는 실제적 지배와 사물지배가 교차한다.

　서양의 노동운동은 수익지향성과 임금노동을 극복하지 못했다. 그러나 사회민주주의의 성공은 적어도 전후 수십 년의 영광스러운 호황기 동안 노동력에 대한 낯선 사물지배를 지양할 수 있었다. 사회보장제도는 노동력을 남김없이 다 팔아야만 노동력을 유지할 수 있다는 물질적인 구속을 완화시킨다. 또한 1977년부터 아내도 남편의 동의 없이 고용 계약서에 서명할 수 있는 권리를 갖게 되었으며, 수백 년에 걸친 투쟁 끝에 모든 분야가 그들에게 개방되었다. 근로법이 개선된 결과, 직원들은 상사의 독단적 행위를 더 이상 감당할 필요가 없게 되었다. 또한 일하는 여성들은 자신의 노동력과 더불어 가장적인 권한을 동등하게 얻지 못했다고 주장할 수 있다.

다만 이민자의 경우에는 여전히 행정적인 조건에 따라 노동력이 제한되어 있다. 망명 신청자들은 어떠한 노동행위도 할수 없으며, 사회지원 비율은 국민에게 필요한 최소한의 금액에 미치지 못한다. 문화 참여를 위한 항목은 사실상 생략된다. 위로부터의 통합은 거부된다. 반대로 인정된 망명 신청자가 체류권과 궁극적으로는 시민권을 성공적으로 신청하기 위해서는 일자리를 찾는 것이 필수적이다. 이러한 종속성은 그들을 고용주에 의존하게 만든다. 그리고 고용주는 대부분의 법적 보호를 무효화하며, 갖춰진 문서가 없는 이주민들이 착취되는 이러한 가혹한 조건에 의해 고용주에게 더더욱 종속된다.

그럼에도 노동 허가증을 가진 모든 시민은 이제 자신의 노동력에 대한 개인적인 사물지배를 포함해 자기를 완전히 소유하고 있다는 시민적 지위를 갖는다. 그러나 이러한 자유를 부여하는 사회는 문제가 되는 규율을 의심쩍게 경계하는 것을 멈추지 않는다. 독선적인 중산층은 자신의 효용 가치가 낮아졌다고 감지하는 순간 공격적인 모습을 보인다. 하층계급의 노동력은 사회의 환상소유로 남아야 하며, 제도와 시민들은 그들의 사회법적 연대를 이용하는 모든 사람들에게 복수한다. 게으른 자들! 사회적 기생충! 노동은 반드시 그 가치를 되찾아야 한다! 지원이 필요한 사람들은 교활한 관료주의적 제도에 압박을 받다가, 어딘가에서 자립의 조짐이 희미하게 드러나면 혜택이 취소된다. 당신도 스스로를 책임질 수 있다!

　　나머지 사람들이 개인의 책임을 다한다는 데 어떤 의심도 남기지 않기 위해 열렬히 노력하는 것은 놀라운 일이 아니다. 자신의 노동력에 대한 가상의 자기소유는 정체성을 계속해서 증명하는 것으로 표현된다. 자신의 노동력에 대한 환상소유로 내면화된 지배를 독선적으로 드러낸다. 유연성! 투입 준비! 감당하기! 그리고 의심이 생겼을 때 도움이 되는 것은 단지 사물지배의 최후의 수단뿐! 부서질 때까지 일하는 사람은 스스로를 소유한다는 것을 증명해 낸 것이다. 파괴다. 말 그대로 자신을 위해 하는 파괴이며, 실제로는 양자 수준으로 쪼개진 에너지 조각이 사물지배에 도움이 되고 활용된다. 사람들이 회사의 프로젝트에 진정으로 동화되고, 따라서 동기부여를 받아 회사의 이익을 위해 열심히 일했던 신자유주의적 허니문이 몇 차례 있었을지 모른다. 반면 일상적인 업무에서 자신의 업무나 제품을 본인과 동일시하는 사람은 거의 없다. 이 시스템의 대부분이 우리의 삶의 형식을 다시 생산해 내면서 무엇보다도 생명 파괴에 기여하는데, 우리가 어떻게 이를 무시할 수 있을까? 대신 선택 메커니즘과 동일시하게 마련이다. 생산된 것의 순수한 양은 질이 된다.

그리고 정말 높은 임금을 받는 몇 안 되는 노동력인 프로그래머들은 기업이 어떤 지점 관리자가 얼마의 매출을 올리고, 창고 정리 작업자가 화장실도 가지 않고 얼마나 많은 상품을 선반에 올리는지를 세심하게 추적할 수 있는 앱을 개발하고 있다.

게다가 우리가 자기-사물지배의 가능한 범위를 끝까지 활용할 뿐만 아니라, 사용할 수 있는 상태의 조건하에서 수행한다는 사실을 통해 생성되는 피로라는 추가적 부담이 남아 있다. 중요한 것은 물건이 팔리는 것임을, 우리의 노동은 언제든지 얼마든지 상품처럼 무가치해질 수 있음을, 우리가 무엇을 만들든, 수익성이 있는 경우에도 대체 가능한 상태가 유지된다는 사실을 우리는 잘 알고 있다. 모든 것이 분쇄된다. 물리치료, 피자 배달, 교과과정도 결국 모두 같은 깔때기로 되돌아간다. 노동력은 때때로 독선적인 환상소유를 포함해 복원된다. 나는 이 모든 스트레스를 받을 만한 가치가 있는 사람이라는 것이다. 집안일을 하는 주부가 있는 시민을 위한 가부장적인 쾌적함 대신, 그것을 누릴 만한 여유가 있는 사람들을 위한 웰빙. 시어머니, 중증 장애인, 키우기 힘든 자녀를 돌봐야 하는 사람들은 노동 이외의 고통을 겪는다. 그들은 단 하나의 일에만 소진되며, 단지 그 일을 통해 인정받기를 희망한다.

스트레스는 우리를 지치게 하지만 동시에 우리의 자본이다. 내가 얼마나 고생하는지 보시길. 내일은 더 나은 위치에 있거나 적어도 대출을 다 갚을 수 있을 것이다. 스트레스는 자신의 미래에 배팅하라는 광고와 같다. 물론 그것은 효과이기도 하다. 아이들은 본인보다 더 나은 삶을 누릴 수 없다는 것을 누구나 다 알고 있기 때문에, 자신을 위한 투자는 최소화한다. 다음 중간 평가 때까지, 다음 마감일까지 또는 다음 급여일까지 완전히 자신을 던져 일해 보라. 그 후에는 아마 나아질 수도 있다. 이전의 경험을 바탕으로 우리의 시간을 현실적으로 계획하는 것은 아주 간단한 확률 계산이라 하더라도 항상 틀리게 된다. 왜냐하면 우리는 경쟁에서 살아남을 수 있는 버전만을 기획하기 때문이다. 여전히 환경과 자신의 몸이 필요로 하는 것이 무엇인지를 돌보는 버전은 기획하지 않는다. 신성한 스트레스는 우리의 노동이 언제든 불필요해질 수 있는 세상에서 우리가 불필요하지 않다는 것을 보여 준다.

번 아 웃 과 오 뚝 이 괴 물

　　노동과 자원은 사물지배의 틀 안에서 완전히 이용되며, 악용하는 것마저 허용되므로 피폐해진다. 자본이 경쟁의 압박 속에서 지속적으로 재생할 수 있는 것보다 더 많은 것을 뽑아내고자 하며, 운용 가능한 것이 다 소진되거나 더 나은 상품을 통해 대체되기 때문에 노동과 자원은 소모된다.

　　소모는 과열, 심화 혹은 증식 등 다양한 형식을 취한다. 이는 온전한 소모성 질환과 같은 것일 필요는 없다. '피크 오일'이나 '피크 인' 같은 담론의 종착점에서도 우리의 질서를 벗어나는 것이 암시되지는 않는다. 실리에 영악한 소유자와 소비자는 언제 자원이 남김없이 소모되는지에 관심이 있다. 절대적인 공백에 대한 예견은 계속해서 상대화되고 있다. 그것은 단지 이후의 투자금을 유치할 수 있도록 더 많은 생명을 위험에 빠뜨려야만 한다.

생태계와 삶의 형식은 스스로 재생하고, 적응하며 새로운 주기를 찾는다. 재생산노동도 마찬가지로 어떤 것이 생존하는 한 그것에 영향을 미친다. 단지 자본주의는 파괴적인 힘을 행사하며 재생산노동을 저지한다. 통상 자연의 소모는 남김 없는 소모로 피로와 닮은꼴이다.

최근 《네이처》에 게재된 연구에 따르면, 새치는 몸에 생겨난 것이기보다는 근본적으로 스트레스의 공격에 의한 것으로 밝혀졌다. 탈출과 갈등, 침체 사이의 선택에서 오는 스트레스는 명백히 모발의 발육과 동시에 면역체계를 활성화하는 세포의 재생능력을 장기적으로 소진시킨다. 말하자면 번아웃은 피부 아래 층위의 것이다. 피로의 요소들을 다시 파악하기 위해서, 세포 층위의 파업을 정치화하기 위해서는 아마도 번아웃의 국제 노동자 동맹이 필요하겠다.

전기 에너지와 카페인을 수반하는 우리 사회는 마치 피로 문명에 투쟁을 일으키는 것처럼 보인다. 비록 약한 저항의 형태이긴 하지만, 피로를 더는 피할 수 없는 최후의 보루에 이른 듯하다. 최근 일련의 행사에서 "잠은 새로운 섹스다."라는 문구를 썼다. 심지어 피로는 행성들과도 연관된다. 기후변화에 대한 정보를 모아 둔 한 인터넷 플랫폼은 tierdearth.com이라는 도메인을 사용한다. 그들의 설명에 따르면 우리의 선조들로부터 소진되어 온 지구의 치료 과정을 수행하기 위한 동력을 가하기 위한 것이 목적이라고 한다.

그러나 지친 자연에 대한 담론은 오히려 문제를 적절히 다룰 수 있게 만들어 버린다. 자연은 우리가 숙면할 수 있도록 잠시 내버려 두어야만 하는 닫힌 유기체가 아니다. 소진된 생태계는 과열, 중독, 과잉 발전을 초래한다. 소진은 속도를 늦추는 것뿐만 아니라, 지나치게 빠른 추진력의 길을 열어 준다. 현재 유럽인 세 명 중 한 명이 암 진단을 받고 있다. 바이러스는 스트레스로 인해 약해진 면역체계로부터 양분을 얻는다. 특히 바이러스는 생태계의 붕괴로 인해 그들의 동물 숙주를 잃었을 때, 인간을 통해 돌연변이를 일으키기 시작한다. 이 또한 자연이다.

이번 '겨울'은 진정한 식물 성장의 휴식이 없는 한 해였다. 변화는 눈에 띄지 않는 것 같지만, 개와 함께이거나 홀로 들판 가장자리의 익숙한 길로 산책할 때면 충격을 받게 된다. 실제로는 휴면상태여야 할 식물들이 초록빛을 띠고 있다. 눈에 띄지 않는 작은 식물들이 중간에 내리는 서리의 충격과 1년에 세네 번이나 오는 봄, 그리고 끝없는 여름을 견뎌 낼 수 있을까? 자연은 곧 인간들 사이에서의 자본주의같이 변할까? 섬세하고, 느리고 보살피며 환경에 공생적으로 의존하는 모든 것이 죽어 가고, 오뚝이 괴물 몇 마리 이외에는 아무것도 살아남지 않는다면?

자연은 재생 공간이었으며, 인간은 기력을 회복하기 위해 자연으로 요양을 하러 갔다는 사실을 기억하는 사람이 아직도 있을까? 우리는 꽃가루와 바이러스 그리고 살인 진드기로부터 우리를 지키기 위해 고층 환기시스템을 봉해야 하는 걸까? 우리는 모든 광섬유 케이블과 모든 단백질 페이스트 그리고 모든 콘크리트 슬레이브가 자연에서 가져온 재료로 만들어졌다고 상상할 수 있는가? 그 어떤 것도 인간의 손과 로봇 팔로만 만들어진 것이 아니라 이 세상이 지금의 모습이 될 때까지 항상 재구성되고, 재가공되며, 재건되었다는 사실을 알고 있는가? 모든 로봇 팔과 사람의 손이 자체적으로 구성된 자연이라는 것을 알까? 다른 형태의 자연이 가능하다는 것은?

4

(생명을)
파괴하다

우리는 지구를 더럽히고 소진시키는 방식으로 황폐하게 만들고 있다. 대기오염의 71퍼센트는 100개의 기업에 책임이 있으며, 세계 인구의 가장 부유한 10퍼센트가 전체 탄소 배출의 절반을 배출한다. 자본주의는 삶을 소진시킨다. 사유재산은 무자비한 횡포를 부릴 수 있는 울타리를 세운다. 상품화는 자본을 풍요롭게 만들면서 독과 폐가스를 사방으로 흩뿌린다. 우리의 노동은 그 자체로도 소진되며, 우리 손에 들어오는 것도 소진시킨다. 우리는 전부 지구의 황폐화 속에 얽매여 있다. 실제적인 사물지배로서 자본주의는 우리 삶의 형식이다. 우리에게 다른 형식의 삶은 없다.

아직 없다.

최근 몇 년 동안 삶에 위협이 되고, 파괴적이며, 위압적인 차원의 삶의 형식에 대항하는 투쟁이 새로운 목소리로 표현되었다. 기후 운동은 직접적이며 급박한 사물지배 비판을 제공한다. 파괴에 대한 항의이자 남용에 대한 개입이다. 지구 황폐화에 대항하는 시위는 자본주의라는 삶의 형식이 초래하는 전체적인 파괴를 증언하고 있다. 우리 삶의 토대를 훼손시킬 뿐 아니라 돌이킬 수 없게 망가뜨리는 파괴를 증언한다.

이러한 포괄적인 위기 시나리오를 명확하게 만들기는 어렵다. 오늘날의 핵심적인 시위 형식은 재앙을 생생하게 재현하는 일 그 자체다.

죽은 듯 드러눕기

가장 독특한 시위 형식 중 하나가 죽은 듯 드러눕기(Die-in)라면, 이는 어떤 시대상을 드러내는가? 공공장소에서 함께 시행하는 죽은 듯 드러눕기는 '멸종저항'과 같은 풀뿌리 민주주의 운동에서 사용되는 전략 중 하나다. 전투적이고 때로는 난해한 성향의 '미래를 위한 금요일'이 그랬듯, 멸종저항은 그 전에는 활동가에 속하지 않았던 많은 사람들을 동원하는 데 성공했다. 이들이 참여하기 전에는 너무 어렸기 때문은 아니다. 영국의 경우 은퇴 연령에 이른 활동가들이 협력해 활동하고 있다. 청년들이 함께 시위하고 있다는 사실 자체도 주목할 만한 현상이다. 물론 생계에 대한 걱정 없이 활동가 일에만 전념할 수 있는 사람은 학생들뿐이다. 특히 볼로냐 개혁(5년제의 대학 과정을 학사와 석사 과정으로 분리한 개혁)과 임대료 폭등으로 인해 근심 걱정 없는 학문의 문화유산이 종말을 고했기 때문이다. 그럼에도 기후 문제가 정치화의 관문이 되었다는 사실은 우리의 역사적 순간이 특수하다는 것을 보여 준다.

그런데 죽음의 예감이 정말 이 순간만의 특수한 것인가? 멸종저항 운동은 본질적으로 시대정신과 사회적 관습으로부터 근본적인 단절을 나타낸다. 이러한 단절은 우리가 알고 있는 현대 사회운동보다는 근대 초의 재세례파 운동의 논리를 따른다. 멸종저항은 마르크스주의처럼 모든 역사는 계급 투쟁의 역사라는 사회 집단의 이익에 관한 특정한 이미지도 아니고, 민권운동처럼 실현되지 않은 권리에 대한 주장으로 사람들을 동원하는 것도 아니기 때문이다. 미래를 위한 금요일과 멸종저항은 더 나은 특정한 미래를 추구하지 않는다. 차라리 우리가 미래에 대해 거의 전망할 수 없다는 일반적인 인식을 높이기 위해 필사적으로 노력하고 있다.

이 경우 종말론적 기대는 종교적 출처에서 비롯된 것이 아니다. 냉전 시대의 핵 위협에 직면한 세상의 종말에 대한 두려움처럼 단 하나의 구체적인 '급증하는 사고'에서 발생하는 것도 아니다. 재앙적 미래를 향해 나아가고 있다는 사실에 대한 이 운동들의 인식은 자연과학의 연구 결과로부터 얻은 것이다. 종말론적 기대를 추동하는 것은 분노다. 아직 시간이 있을 때 정치적인 일상 업무로부터 구조 조치로 그들의 인식이 전환되지 않았다는 분노. 온실효과의 피해를 더는 막을 수 없으며 단지 제한하는 것만이 문제인 지금도 온실가스 배출량은 계속해서 증가하고 있다. 그리고 지구물리학 연구을 충분히 공부한 활동가들은 일정한 임계점을 넘어섰을 때 지구 생태계가 붕괴에 이른다는 사실을 이해하게 되었다. 전에는 운석 충돌이 필요했던 생태계의 붕괴 말이다. 대량 멸종은 단순히 지속적으로 더워진 결과만은 아니다. 온도가 꾸준히 지속적으로 상승하면 추가적인 가열 효과가 발생한다. 궁극적으로 이는 갑작스럽고 돌이킬 수 없는 변화로 이어진다. 빙하의 얼음이 녹으면 마치 차일이 거두어지듯 햇빛이 우주로 반사되는 양이 줄어든다. 녹은 물은 해수면을 높이고 극지방과 적도 지방의 온도 차를 줄인다. 마치 난방 시스템이 새는데 차가운 수돗물을 계속해서 채워 넣는 것처럼, 발트해에 산소가 풍부한 물을 공급하거나 유럽 북서부에 온화한 기후를 만드는 기후를 변화시킨다. 영구 빙토층이 녹으면 온실가스인 메탄이 대량 빠져나온다.(얼어 있던 사우어크라우트가 녹을 때의 냄새를 상상해 보라.) 가뭄으로 인해 산림이 건조해지고 더 쉽게 불타게 되며, 결과적으로 탄소가 배출되고, 강수량은 줄어들어 뜨거운 숲 위에 구름이 형성되지 않는다.(창가에 스무 개의 화분 대신 재 한 접시를 두면 김이 덜 차는 것과 같다.) 우리는 이러한 영향을 눈앞에 그려 볼 수 있지만, 기후변화가 지구상의 생명체에 어떤 의미로 다가오는지는 헤아리지 못한다.(더러운 물웅덩이에 서서 피부에 재가 묻은 상태로 사우어크라우트 냄새를 맡는 동안 온실 지붕을 통해 태양이 우리의 머리 위로 내리쬔다면?)

멸종저항이라는 개념은 임박한 대규모 멸종이 무심코 방치될 뿐만 아니라 그 내용이 거의 이해하기 어려운 것으로 여겨진다는 진단을 기반으로 한다. 이는 "진실을 말하라."라는 무해하며 단순한 그들의 기본 요구를 훨씬 더 복잡하게 만든다. 멸종저항의 공동 설립자인 로저 핼럼이 연설에서 반복해서 강조했듯 기후변화에 대해 알 수 있지만, 인정하고 싶지는 않기 때문이다. 그레타 툰베리는 기자들의 질문에 종종 비슷한 대답을 한다. 아니, 그녀는 사람들이 기후변화에 대해 알고 있다고 생각하지 않는다. 왜냐하면 사람들이 기후변화에 대해 알고 있다면 단순히 일상생활을 계속하는 것은 불가능할 것이기 때문이다. 하지만 기후변화로 인해 초래된 파악할 수 없을 만큼 엄청나게 끔찍한 상황을 어떻게 명료하게 설명할 수 있을까? 그레타 툰베리가 유엔 첫 연설에서 불러일으킨 경악스러움을 어떻게 전달할 수 있을까?

"우리는 죽을 것이다." 이처럼 죽은 듯 드러눕기는 세련되고 명확하게 설명하려고 노력한다. 그런데 '우리'는 누구인가? 죽은 듯 드러눕기는 투쟁의 한 형태로 다양한 곳에서 사용되어 왔다. 1960년대 아프리카계 미국인 민권운동에서 사후 경직을 가장하는 것은 처음에는 체포에 대응하고 자신의 비폭력을 강조하는 방법이었다. 인종차별적인 환상소유자들은 표적으로 정한 몸이 죽었다고 가정할 때만 예외적으로 파괴할 위협으로 여기지 않는 것 같다. 2014년 미주리주 퍼거슨에서 마이클 브라운이 살해된 사건이 있었다. 살인적인 경찰폭력에 내려진 무죄판결에 반대하는 시위에서도 죽은 듯 드러눕기가 동원되었다. 2020년 5월 말 일어난 대규모 시위에서 시위대는 정확히 8분 46초 동안 땅에 누워 있었다. 백인 경찰이 조지 플로이드의 목을 무릎으로 짓눌러 냉혹하게 살해한 시간 동안.

1980년대 후반 에이즈 위기 동안 죽은 듯 드러눕기는 퀴어 운동에서 저항의 중심축을 형성했다. 에이즈 전염병에 대응해 뉴욕에 설립된 '액트업'은 대다수 국민들의 동성애 혐오와 정부의 수치스러울 정도로 태만한 보건 정책에 대항하는 전투적 시민불복종으로 투쟁했다. 액트업은 멸종저항이 인용하는 역할 모델 목록에는 나타나지 않지만, 여러 면에서 사회운동 역사상 가장 유사한 전신 조직이다. 두 조직 다 상대적으로 명확한 목표를 가지고 설립되었고, 비폭력을 추구했다. 시민불복종을 내세우며 연극적이고 미디어에 효과적인 전략을 추구했다. 그들 모두는 정부와 시민들이 모두 애써 외면하려 하거나 심지어 무의식적으로 촉진하는 대규모의 죽음을 스캔들로 만들려 노력한다. 액트업이 사회적으로 격리된 환경에서의 죽음을 거리로 옮기는 데 주력했다면, 멸종저항이 실시하는 죽은 듯 드러눕기는 보다 광범위한 전달을 목표로 한다. 활동가들은 아직 자신에게 도달하지 않은 죽음을 보여 주며, 그러한 죽음이 자신들의 사회에서는 계속 진행되고 있다고 말한다. 이것은 다가오는 재앙을 현재로 가져오는 일이다. 멸종저항은 때때로 인류의 생존이 위태롭다는 과장된 주장을 통해 그 긴급함을 강조한다.

동시에 이것은 이미 발생한 재앙, 즉 이미 진행 중인 생물다양성 감소에 대한 생생한 표현이다. 매일 130여 종의 동식물 종이 멸종되고 있다. 매일. 활동가들은 다른 생물종의 상징적인 죽음을 연출한다. 그들은 사물지배의 모방을 수행한다. 그들의 모방된 죽음은 파괴된 대상에 대한 생태학적 접근이다. 인간과 물질의 엄격한 구분을 거부하며, 우리의 생활 방식이 초래한 파괴는 파괴된 곳에 여전히 머무른다고 주장한다. 미국의 펑크록 아이콘 패티 스미스가 에이즈 전염병으로부터 영감을 받아 쓴 가사를 연상시키는 어두운 궁극의 감정이다.

죽음이 노래하는 것을 봤니/ 밀짚빛 빛 속에서// 그는 분노한 젊음을 노래해/ 그리고 애틀랜타의 불타오름을/ 그리고 이 바이러스의 시대를……/ 그리고 태양에는 화가 있어/ 그리고 새벽에는 화가 있어/ 그리고 젊은이들에게는 화가 있어/ 또 다른 영구차가 그려지네

멸종저항은 죽음의 표상을 넘어서, 경고와 집단적 애도 의

식을 대중에게 알리고자 한다. 이는 극단 '인비저블 서커스'가 만든 살아 있는 동상과 드랙퀸의 혼합물인 붉은 얼굴의 붉은 반란군을 매개로도 이루어진다. 서커스 감독 더그 프랜시스코는 이들을 "우리 자신을 파괴하지 말아 달라고 애원하는 악마 같은 시체들의 아름답고 피비린내 나는 무리"이자 전형적인 그리스 신화의 화신이라고 묘사한다.

심각한 충격과 제1세계의 잘 꾸며진 집안 잔치의 매혹적인 혼합. 미래를 위한 금요일의 냉철한 명확함에서보다 이런 혼합이 크게 대조되는 곳은 없을 것이다. 학생 활동가들은 파리 협정에서 정부가 맺은 매우 온건한 약속을 반복적으로 상기시키는 가운데, 과학적 예측에 대한 반복된 과장에서도 벗어나려 노력한다. 정치에 대한 신랄한 비난에도 불구하고 당국이 문제를 적절히 다룰 수 있다는 기대가, 즉 기존 계층 구조에 대한 믿음이 아직 남아 있다. 정치 제도로부터 한 세대의 소외가 모두의 눈앞에서 분명히 발생하고 있기 때문에 이런 연극은 놀라울 뿐이다. 세계의 권력자들이 그들의 책임감을 인지해서 불타는 집의 화재를 진압하고, 아이들을 구하며, 그들이 약속한 기후 협약을 지킬 것이라는, 적어도 수사적으로 암시되었던 신뢰로부터 기후 운동은 힘겨운 과제를 양도받아야만 했다. 그레타 툰베리는 도널드 트럼프와 다른 유명 인사들에게 분노의 어조로 "어떻게 그럴 수 있나요?"라고 말하면서 이전 세대의 태도를 확정했고, 그 또한 파괴적인 무관심에 맞서는 일련의 투쟁의 대열에 서게 됐다. 2019년 세계 기후정상회담에서 그레타의 등장은 파크랜드학교 총기난사사건 이후 미국의 총기 로비에 반대하는 운동을 주도한 17살의 엠마 곤잘레스의 시나리오를 거의 그대로 따랐다. 6분간의 침묵 퍼포먼스와 함께 엠마 곤잘레스는 소총협회에서 공동으로 자금을 지원받은 공화당 정치인들에 대한 전설적인 욕설로 기억된다. "부끄러운 줄 아세요!"

미래를 위한 금요일은 파업과 시위라는 검증된 수단의 틀 안에서 자신만의 투쟁 형태를 확립했다. 그것은 죽은 척 드러눕기와 크게 다르지 않은 형태였다. 2015년 그레타 툰베리가 스웨덴 의회 앞에서 단독으로 벌인 등교거부는 미래의 상실을 증언한다. "미래를 구하기 위해 누구도 나서지 않는다면, 더 이상 존재하지도 않을 미래를 위해 내가 왜 배워야 하죠?" 텅 빈 교실과 아직 숨을 쉬고 있는 보도 위의 시체들. 이는 전도된 삶과 미래 전망을 시연하려는 시도다.

비자발적 세대교체에 대해 어른들로부터 아무것도 배울 수 없을 거라는 의구심이 그레타 툰베리의 연설 대부분에서 나타난다. 당신들은 우리를 곤경에 처하게 만들고는 그에 대해 아무런 진실도 말하지 않는다는 것이다. "당신들은 현재 기후위기에 대해 말할 만큼 성숙하지 않아요. 이 짐마저도 자식들에게 떠넘기고 있습니다. 나는 인기를 얻는 데 관심이 없습니다. 나는 기후정의와 살아 있는 지구에 관심이 있어요." 이렇게 최근의 연설은 새로운 관점을 제시한다. "그리고 당신들이 원하든 원하지 않든, 변화는 다가오고 있습니다."

여기에서도 사실상 공증의 제스처가 유지되고 있다는 점이 흥미롭다. 전쟁 선포이지만, 예측하는 태도를 취한다. 이렇게 미래를 위한 금요일을 멸종저항로부터 갈라놓는 냉철함은 결국 신화적 인물인 카산드라의 역할을 하는 그레타 툰베리에서 비롯한다. 그레타의 청중들은 크리스타 볼프가 묘사한 그리스 예언에 대해서와 어느 정도 비슷하게 반응한다.

카산드라. 나는 그녀를 바로 보았다. 죄수인 그녀가 나를 사로잡았고, 외부적인 목적의 객체인 그녀가 나를 점령했다. ⋯⋯ 나는 그녀의 모든 말을 믿었다. 그것은 무조건적 신뢰였다. 3000년 전 녹아 없어져 버린. 신이 내린 예언 능력은 입증되었으나, 신의 평결이 효력을 잃어 아무도 그 여자를 믿지 않게 되었다. 그녀는 또 다른 의미에서 나에게는 믿을 만한 사람이었다. 내게 그녀는 이 작품에서 자신을 아는 유일한 자였다.

기후운동을 촉진하는 가장 광범위하고 효과적인 방법은 후대의 권리를 주장하는 것이다. 아이들이 더 나은 삶을 살아야만 한다며, 수 대에 걸쳐 파괴적인 성장 역학에 대한 의구심을 품을 수 없게 만들어 온 한 사회가 이제 자책하며 포기를 실천하고 있다. 적어도 아이들을 더 악화된 상황에 두어서는 안 된다.

금발 머리를 땋아 올리든 내리든, 그레타는 이성애적이고 가부장적인 세대의 환상이 바라는 변호사 후손이 아니다. '이런 아픈 아이에게 이떤 말도 시키고 싶지 않은' 모든 신사 그리고 숙녀들은 이를 너무도 잘 알고 있다. 공공연한 비밀인 안락사를 의미하는 어휘가 사용되는 곳에서 도구화된 인간의 모습이 확장된다. 어둠의 세력이 아니라면, 그레타는 적어도 명성을 추구하는 배우 부모의 "외부적인 목적의 객체"일 것이다.

그러나 이러한 대조는 사실이 아니다. 그레타의 아스퍼거 증후군으로 인해 그를 진정한 신탁 또는 올바른 사유가 불가한 사람이라고 미화(하거나 폄하)하는 의구심은 그의 출현을 '연출'로 흐릴 수 있다. 만일 그렇다면, 증상과 상황 사이에 연관성이 존재한다. 왜냐하면 이 젊은 여성이 신중하고, 이미 대본을 외운 것처럼, 매우 특이한 인식능력을 갖고 나타나게 만드는 것이 바로 경미한 자폐증, 즉 사회적 규범의 자동모방을 중단시키는 것이기 때문이다. 그는 자신의 상황에 대해 공개적으로 성찰하며, "모든 사람의 관심을 끌기 위해서는 개인적이거나 감정적인 것으로 공개 연설을 시작해야 한다는 것"을 배웠다고 하면서 연설을 시작한다. 그러나 기대를 충족시키길 거부한다. 대신 그녀는 감소하는 탄소 예산을 다시 한 번 계산한다. 그레타는 그가 본 것을 말한다.

그리스 전설에서 아폴론은 예언자의 능력을 망쳐 버렸다. 합의에 관해서는 그렇게 정통하지 않은 대부분의 신들처럼 그는 저항하는 트로이 여성을 저주로 협박하려 시도했다. 이제 누구도 그들의 예언을 믿지 않을 것이다. 그러나 모든 것을 보아야 하는 능력은 어떤 후행 없이 그 자체로 저주가 될 수 있다. 그레타의 눈물이 진짜인지 아닌지는 전혀 중요하지 않다. 보도에 있는 시체도 마찬가지다. 하지만 그레타의 연설에서 가장 감동적인 한 부분은, 기후변화가 후손들에게 미칠 영향에 대해서가 아니라, 지구 생태계에 가져올 결과 목록을 낭송하면서 흐느끼기 시작한 부분이다. 카산드라의 슬픔, 즉 모든 것을 봐야 하는 무방비 상태는 힘있고 여유로운 사람들의 의식적인 맹목과 대극을 형성한다.

다 가 오 는   재 앙

정치에서 진실은 단순히 무시되거나 듣고 넘기는 문제가 아니다. 재앙의 생생한 묘사를 둘러싼 이념은 이런 식으로 이해된다. 우리는 재난 변화의 정도에 대한 지표를 만들 수 있게 될 때까지는 정치적으로 필요한 조치를 취할 준비를 할 수 없을 것이다. 2도 목표 아래로 유지하고, 특정 시점까지 배출량을 절반으로 줄이기처럼 기후변화의 과학적 사실을 광범위하고 기술적인 개혁 목표로 번역하려는 노력만이 아니라, 재앙에 대한 실존적 인식을 불러일으키는 시도는 여전히 불편한 불안을 크게 불러일으켰다.

눈에 띄는 데 대한 무시 못할 질투심에도 불구하고 멸종저항이 좌파들에게 불러일으키는 불안의 가장 큰 요소는 그들의 사도적인 출현과 관련이 있다. 갑자기 모든 것의 우위에 있는 진실을 선포하고 있다고 생각하는 단체가 있다. 활동가들은 자발적으로 체포당하는 방식을 밀어붙이기도 하지만, 경찰을 모욕하는 것은 옳지 않다고 생각한다. 더 완고한 좌파 운동가들 중 일부는 멸종저항 단체가 공연을 펼치는 거리가 애초부터 전쟁터인지 오래라고 지적하고 싶어 하는 것 같았다. 카산드라도 알려 줄 수 있었을 것이다. 그녀는 트로이 정복 이후 강간, 납치 그리고 살해당했다.(우익포럼과 논평란을 살펴보면 이러한 바람이 현대 사회 비평가들에게도 여전히 변함없이 적용된다는 것을 알 수 있다.)

노련한 저항 운동가만이 아니라 부를 누리고 있는 자들까지도 미래를 위한 금요일에 소속된 학생들의 순진함을 높게 산다. 시간이 지남에 따라 그들은 더욱 현실적이 될 것이며 투쟁을 포기하거나(부자들의 믿음), 결국에는 그들의 적이 누구인지 깨닫게 될 것이라고.(운동가들의 희망) 하지만 재앙의 생생한 묘사가 지니는 실제적인 의미는 지금 서서히 성숙해 나가는 이들에게 더 이상은 그럴 시간이 없다는 데 본질이 있다.

멸종저항이 사용하는 종말 경고의 어조는 오히려 현실 감각을 상실한 것은 아닌지에 대한 의문을 불러일으켰다 흘러내리는 예복과 연극적인 분장을 한 대제사장, 압도적인 진리들을 우리는 점점 깨달을 수 있게 될 것이다. 걱정이 된 부모들은 아이들에게 비의적 숭배에 대해 경고해야 한다고 재빨리 촉구했다. 그러나 이러한 흥분은 금방 종교적 특성을 띠게 된다. 놀라울 정도로 갈리는 평가는 우리가 실제로 혁명적인 상황에 처해 있다는 사실을 드러낼 수도 있다. 급격한 위기는 그 안에서 서로 다른 신념에서 나온 태도들은 완전히 해설될 수 없을 정도로 멀리 떨어져 버린다는 특징을 드러낸다. 이 중에는 위기 해결에 도움이 될 새로운 태도들도 포함될 수 있다. 좀 더 호기심 많은 관찰자의 관점에서 보면 비의적 경향은 역사적 순간에 대한 통찰을 제공한다. 마르크스가 종교는 인민의 아편이라고 말했을 때, 그는 신앙을 냉소적으로 반대한 것이 아니었다. 종교 비판이 의미하는 것은 이단적인 종파에 대한 경고를 의미하는 것이 아니라, 종교가 사람들의 소망에 대해 어떤 약속을 하는지를 알아내는 것이다. 환상을 비난해서는 안 된다. 오히려 "환상을 필요로 하는 이 상황"을 변화시켜야 한다. 이제 많은 기독교 기관이 지배 문화의 환상소유로만 기능하기 때문에, 시민들의 밀교는 다양한 아편을 제공한다. 그리고 실제로 멸종, 지구온난화, 환경오염의 현실에 직면한 집단에서 종교의 필요성이 증가하고 있다. 인간은 해체 속에서 단단한 연대를 찾는다. 밀교는 한편으로 철의 법칙과 대칭으로 구성돼 있고, 다른 한편으로는 우리가 생명을 빼앗고 있는 모든 종류의 자연물에 대한 희망적인 영감으로 구성되어 있다. 사람들이 자신의 인식할 수 없는 힘을 신에게 투사한다는 유물론적 종교비판의 모티프가 여기에도 적용된다. 인간이 야기한 경과가 날씨와 해수면을 결정한다는 것이 밝혀졌지만, 인간온 달과 별이 우리의 행위를 지배하길 갈망한다. 흘러내리는 예복을 걸친 멸종저항이 표백된 붉은사슴의 두개골을 들고 장례 행렬을 수행할 때, 이는 죽어 가는 동물 왕국에 진정으로 적합한 관행이 무엇인지 우리가 아직 탐구하기 시작하지도 않았다는 것을 의미한다. 아이러니하게도 사냥 후 사냥한 동물 주위에 모여 나팔을 불며 기념하는 것과 매우 유사한 이 행위에서 애도되는 것은 죽음 그 자체가 아니라 멸종이다. 우리는 이에 대한 양식을 갖고 있지 않다. 그리고 마르크스적 종교비판이 권장하는 치유적인 각성의 변형 역시 이상하게도 현재의 과제에 상응하지 않는다. 그의 프로메테우스적 낙관론은 인류가 자신이 내보낸 모든 힘을 다시 자신의 것으로 소유할 수 있을 것이라는 바람에 근거한다. "종교에 대한 비판은 인간을 실망시켜 그가 마치 이성을 찾은 사람처럼 사고하고 행동하며 자신의 현실을 구체화할 수 있게 한다. 그렇게 스스로 움직여 자신의 진정한 태양을 찾아 나서게 된다." 기후운동이 지적하려 하는 것은 우리가 필연적으로 태양을 중심으로 회전할 뿐 아니라 지구와 태양 사이의 깨지기 쉬운 균형이 그대로 유지되어야 한다는 사실에 의존적이라는 것이다. 실망한 인간은 자신을 태양으로, 즉 중심으로 두는 것 이상의 일을 해야 한다. 인간은 태양 주위를 공전하는 더 좋은 방법을 배워야 한다.

멸종저항은 의심의 여지 없이 필요한 변화의 급진성을 강조하고 자기비판적 태도를 취하려는 큰 의지를 표명하려 한다. 그들의 호소에서 "모두가 독성 시스템의 일부"라는 반복되는 공식은 이를 강조하는 동시에 책임을 모호하게 할 위험이 있다. 불타는 아마존 앞에서 누가 점심으로 햄버거를 먹고 있다고 비난하는 것보다, 맥도날드를 몰수하고 트럼프와 보우소나루를 끌어내리는 쪽이 더 효과적일 것 같다. 그런 식의 우려는 훨씬 더 광범위한 혁명적 조직이 필요하다는 점을 지적한다.

그러나 '독성 시스템'을 이야기할 때 더 심각한 문제는 청산해야 할 독을 인류와 동일시하는 위험이다. 환경운동의 일각에는 어떤 의미에서는 우울한 나르시시즘이 존재한다. 우리 인간은 말썽꾼일 뿐이며 자연의 조화를 망쳤으며 온난화는 열병이고 바이러스는 면역 세포라는 것이다. 지구를 다시 위대하게 만들려면, '비워야' 한다. 이 입장은 에코파시즘으로 스캔들을 일으킬 수 있는데, 단순히 말해 잘못된 것이다. 에코파시즘은 인간 동물 자체가 아니라 인간 동물의 조직 형태와 경제 활동 방식이 에코파시즘의 발원지라는 사실을 무시한다. 자연은 복수 같은 등가적인 범주를 알지 못한다. 지구 생태계 역시 우리가 기생충처럼 붙어 있는 폐쇄적인 유기체가 아니다. 그것은 우리가 속한 다층적이고 역동적인 맥락이다. 인간혐오는 게으르다. 반응 능력을 통해 특히 다른 종과 교란된 자연 순환의 수호자이자 도우미 역할을 할 수 있는 동물들이 행성을 떠나야 하는 이유는 무엇인가? 재빨리 몰래 떠나는 대신, 우리는 곧 과일나무에 손수 수분을 해야 할지도 모른다. (그리고 그 전에, 농약으로 뒤덮인 값싼 노동력이 필요 없도록 생산 방법을 시급히 관리해야 한다.) 우울한 생태 나르시시즘은 매우 친숙하다. 남자들이 뭔가를 망쳐 놓았다면, 여자도 해 볼 수 있다. 어머니 지구가 우리를 위해 청소할 것이니까.

논쟁에서 '에코파시즘'이라는 용어는 종종 일반적인 인간성 혐오와는 다른 입장을 가리킨다. '삶의 공간'만을 포함하는 환상 소유 청산, 완전한 파시즘이다. 일부 나치조차도 교차성 이론의 한 측면을 포착했다. 인셀(남성주의적 자기 지칭으로, 비자발성과 독신주의의 합성어) 파시스트는 필요한 경우 여성을 '적절하게' 강제로 다루기를 원한다. 백인 우월주의자들은 인류를 살 가치가 있는 삶과 살 가치가 없는 삶으로 나누고, 어떤 집단을 종으로 정복해야 하고, 어떤 집단을 침략자와 도둑으로 제거해야 하며, 지구가 누구의 것인지에 대한 환상을 품는다. 즉 주인은 자신 또는 지도자라는 것이다. 이런 '소속감'은 지구에 좋은 징조가 아니다. 그것은 단지 표면에 불과하다. 언제든 열어서 쓰레기를 버리고 자원을 채취할 수 있다. 그것은 지배권을 둘러싸고 경계를 긋기 위해 측정될 수 있다. 다른 동물의 생명은 백인의 생존을 위한 자원으로만 여겨진다. 그리고 다른 사람들은 환상소유의 그늘에 있을 때 생활 공간이나 수용소를 배정받기 위해 이동하는 대중으로 간주된다. 예를 들어 크라이스트처치 테러범의 선언문에 나타난 것처럼 '에코파시즘'은 백인을 위해 지구를 보존하기를 원한다. 여기에는 '환경 보호'에 대한 요구가 수반될 수 있다. 나치는 '자신의' 조국뿐만 아니라 여성을 보호하기를 원한다. 하지만 결코 그 자신으로부터는 보호하지 않는다.

파시즘은 소멸과 생명이라는 개념으로 작동하지만, 그 반대로 자신의 생명이라는 이름으로 타인의 소멸을 조직하고, 그 결과 자신의 생명조차도 생존을 위한 짐승 같은 투쟁으로 전락한다. 카산드라가 크리스타 볼프의 텍스트에서 일관되게 폭력의 구체화라고 부르는 '짐승 아킬레우스'다.

그러나 능동적이고 파시스트적인 파괴는 아킬레우스와 달리 항상 방어적인 자기방어인 것처럼 행동한다. 자신의 나라를 되찾고, 자신의 백성들을 교류부터 구하고, 자신의 '인종'을 순수하게 유지해야 한다. '오늘부터 우리는 반격할 것이다'라는 히틀러의 선전포고는 폴란드에 대한 선전포고였고, 유대인을 공무원에서 배제하는 것은 '전문 공무원의 복귀를 위한' 법에 의해 결정되었다. 인간 본성에 대해 낙관적으로 생각하는 사람은, 앞서 입었던 상처에 대한 환상과 동일시하는 경우에만 인간이 급진적인 악에 기울어진다고 생각할 수 있다. 그러나 파시스트의 경우에서 침해된 것은 생명도 자유도 아니다. 그것은 사물지배의 그늘에 가려진, 처분에 대한 광기 어린 욕망이다.

생명체에 대한 완전한 지배는 항상 불가능하기 때문에 적들을 박해하는 일로 바쁘게 지내야 한다. 자기 집단의 영광을 되찾기 전에는 항상 마지막 숙청이 있다. 이는 파시즘이 타자의 멸종을 끝없는 과제로 조직화하는 방식이다. 태양에 대한 부러움. 결국에는 인류와 함께 더 잘 '청소'될 수 있다는 것이다. 한나 아렌트는 국가사회주의의 인종 말살 정책은 '자국민'에 대해서도 계속되었을 것이라고 반복해서 강조했다. 파시스트 정치는 실제로 아무도 남지 않았을 때만 끝났다고 할 수 있다. 죽은 자만을 완전히 소유할 수 있기 때문이다.

세 계 의   상 실

아무것도 대비할 수 없는 이 암울한 상황에서 무엇을 할 수 있을까? 100만 종의 동물이 멸종 위기에 처해 있고, 곧 코알라를 볼 수 없게 될지도 모른다는 사실이 무형의 저주처럼 우리를 짓누르고 있다. 마치 사실이라고 주장하지만 아이들을 겁주기 위해 존재하는 나쁜 동화 같다. 우리는 까맣게 탄 코알라나 잊히지 않는 연설, 무서운 빨간색 인형에 감화되어 슬픔에 빠질 수 있다. 하지만 안개가 걷히듯 땅에서 모든 것이 사라진다는 것을 갑자기 잊을 수도 있다. 카페에서 일찍 의자를 내놓는다. "오늘 날씨가 좋네요." 관광객들이 말한다. 바다 밑바닥 어딘가에서 가자미가 질식하고 있다. 우리는 그것을 알아채지 못한다.

서양의 대다수 일상에서는 지구가 필요하다는 생각도, 우

리가 지구를 파괴하고 있다는 생각도 하지 않는다. 하지만 우리
는 지구를 잃지 않을 것이다. 지구는 남아 있을 것이다. 지구의
토양은 덜 비옥해질 것이고 광활한 지역에 걸쳐 오염될 것이다.
수백만 년 동안 얼음으로 덮여 있던 곳은 메탄가스를 내뿜으며
녹아내리고, 수천 년 동안 사람들이 정착해 도시와 도로, 공항
을 건설했던 곳에는 물이 넘칠 것이다. 엄청나게 풍부한 비오톱
을 형성했던 숲은 잿더미로 변할 것이다. 사막은 계속 늘어날 것
이다. 그러나 우리는 지구를 잃는 것이 아니며, 그렇게 황폐화된
지구라도 몇몇 유치한 사업가들이 식민지로부터 구하고자 하는
화성보다는 훨씬 더 생명 친화적인 환경일 것이다.

　우리는 지구를 잃는 것이 아니다. 그저 우리에게 익숙한 세
상을 잃는 것이다. 우리는 이미 세계 없이 살고 있기 때문에 다
가올 손실은 상상할 수 없다. 한나 아렌트는 공공의 관심사에 신
경 쓰지 않는 이러한 태도의 기원을 찾아서 서양의 내면성으로
거슬러 올라간다. 고대의 기독교 후기부터 사람들은 분열된 세
상보다 자신의 영혼을 구하는 데 더 많은 관심을 기울여 왔다.

　실제적 사물지배를 통한 자기 보존에서 이러한 세계 외면은
사실상 '사물'에 대한 무관심으로 굳어졌다. 사물지배는 삶의 전
체적인 맥락에 대한 감각 없이 '나만의 세계'인 자기 재산에만 관
심을 갖도록 가르친다. 명확하게 정의된 영역에 의지를 집중하
고, 그 안에서 자신이 원하는 것을 한다. 결국 울타리 너머의 세
계는 자신의 일이 아니다. 그리고 착취 경쟁 속에서 모든 삶은 아

무런 의미도 없는 점들로 구성된 외로운 선으로 다듬어지고, 오직 '나! 나! 나! 나!'만 외친다. 선은 상승하거나 하락할 수 있고, 모든 지점에서 승리하거나 패배할 수 있다. 하지만 물론 세상은 그런 식이 아니다. 오직 이른바 성공, 혹은 어쩔 수 없는 상황이라면 목숨만이 있을 뿐이다. 우리는 세상을 잃는 데 익숙하다. 그것이 우리가 세상을 살아가는 방식이다. 다음 한도를 초과하거나 더 귀여운 종(코알라보다 더 귀여운 종도 있을까?)이 멸종한다고 해서 갑자기 충격에 빠져 모든 레버를 당기지는 않을 것이다. 검역과 배급 투쟁에 갇혀 노숙자와 이주민의 인명 손실에 대한 무관심은 더욱 높아질 것이다. 2019년 11월 영국 멸종저항의 설립자 로저 핼럼은 《차이트》와의 인터뷰에서 다가올 재앙의 규모를 환기시키기 위해 홀로코스트를 연기하려고 했다. 관심을 끌기 위해 계산된 반유대주의 쿠데타였다. 독일의 멸종저항 집단에서 이에 즉시 거리를 두었다는 사실은, 운동이 자신의 정치적 위치를 포괄적으로 정하는 일은 피할 수 없다는 점을 학습하는 과정의 첫 번째 단계. 그러나 상대화의 비열함은 다가오는 재앙에 집착할 때 처하는 일반적인 딜레마를 지적한다. 이 전략은 항상 역효과를 가져온다. 지금까지 모든 것이 합리적으로 잘 진행되고 있었는데 이제 붕괴가 예기치 않게 올 것이라는 관점에서 보면 문제는 더 이상 가시화하기 어렵게 된다. 우간다의 활동가 바네사 나카테는 말한다. "아프리카 대륙의 경우 기후변화는 미래에 일어날 일이 아니다. 이미 일어나고 있으며 사람들의 삶에 영향을 미치고 있다." 재난에 직면했을 때 방향을 잡을 수 있는 유일한 관점은 재난이 이미 닥쳤다는 것을 인식하는 것이다.

실제로 우리는 수백 년 동안 임박한 종말을 인정하지 않으려는 분열된 세계를 파괴해 왔다. 모든 정복, 전선의 수익성 있는 이동, 미지의 영역으로의 진출 등 모든 것은 항상 세계를 잃고, 항상 같은 지배 패턴을 답습하는 것에 불과하다. 찬탈, 항복, 고갈. 그리고 이곳이 더 이상 좋은 곳이 아니라는 사실에 놀라움을 금치 못한다. 계속해서 세상을 잃을 수 있는 새로운 땅으로 떠난다. 우리가 이해하기 어려운 것은 다가오는 재앙의 정도 때문이 아니라, 대상에 대한 우리의 전통적인 관계 때문이다.

『인간의 조건』의 분석에 따르면 생산의 핵심인 계획된 안정적인 결과 도출이 정치의 영역을 점령했다. 제약, 전문가 위원회, 측정 가능한 목표(특히 추상적인 2도 목표)는 우리가 어떻게 함께 살아갈 것인지 실제로 협상해야 할 공간을 좁힌다. 아렌트에 따르면 다원적 공동체에서만 실현될 수 있는 인간의 최고 능력인 자유를 반복해서 창조하는 대신, 우리는 사랑하기를 잊어버린 세상을 관리하는 데 머문다.

아렌트는 여기에서 생태학적 균형과 같은 인간 활동 영역들 간의 관계를 설명한다. 그녀는 우리의 활동적인 삶의 세 가지 기본 영역을 다소 특이한 방식으로 정의한다. '노동'에는 결과를 반복해서 소비하는 공급 활동만이 포함된다. 내구재 제작은 '생산'으로 정의한다. 그리고 '행위'는 대중에게 말하고 행동하는 특별한 양식이다. 아렌트의 관점에서 보면 노동하기, 생산하기, 행위하기는 혼동되어 왔다. 그러니 사실 우리는 아렌트가 한단한 생산의 사물 세계와 행위의 공동 세계 외에도 생명을 유지하는 자연스러운 세계도 잃어버리고 있다. 아렌트는 노동을 자연과의 순환적 교환, 즉 우리가 물질을 흡수하고 일시적으로 섭취하는 신진대사로 이해한다. 이 영역은 이제 행위 논리의 침입으로 인해 망가졌다고 말할 수 있다. 아렌트는 대인 교류의 결과는 헤아릴 수 없을 정도로 무한하다고 선언한다. 우리는 모든 효과와 반응이 무엇인지 결코 알 수 없다. 우리는 사건을 말하고 판단함으로써 사건을 따라잡을 수는 없지만, 서로의 교류 속에서 어떤 유효한 버전을 찾을 수 있다. 우리는 실수를 인정하고 변명할 수 있다. 우리는 새로운 시작에 동의할 수 있기 때문에 서로에게 자유롭다. 행위의 영역에서도 마찬가지여야 한다.

그러나 인간이 시작한 헤아릴 수 없는 연쇄 반응의 논리는 이제 일의 영역, 자연과의 신진대사에까지 파고들어 큰 혼란을 일으키고 있다. "우리는 인간이 통제할 수 없는 돌이킬 수 없는 연쇄 반응을 일으킬 시점까지 아직 11년이나 남았습니다." 그레타 툰베리가 연설에서 한 충고다. 여기에서 새로운 합의만으로는 충분하지 않다. 우리는 그렇게 쉽게 공기 중의 이산화탄소를 없애고, 바다의 미세 플라스틱을 없애고, 토양의 중금속을 없앨 수가 없다. 따라서 우리는 세계 상실에 대한 아렌트의 해석에 세 번째 차원을 추가해 볼 수가 있다. 노동의 논리는 생산물을 파괴하고, 생산의 논리는 행위의 자유를 파괴하며, 행위의 논리는 노동의 생활 기반을 파괴한다.

그레타 툰베리는 미래 세대가 아직 존재하지 않는 기술로 대기 중 이산화탄소를 제거할 것이라는 가정에 기초한 파리 협정의 계산에 분노한다. 행정적으로 마비된 지금의 정치인들에 대한 냉담한 거부는 세대 간에 균열을 내는 데 그치지 않고 "우리는 당신을 결코 용서하지 않을 것입니다."라는 선언으로 이어진다. 이때 기후운동가는 세상과의 관계를 관통하는 균열을 말하고 다시 한 번 지구 편을 든다.

시 간 의 상 실

때때로 나는 내가 공룡이라고 생각한다. 철학 박사 학위를 받고 책을 쓰기 시작하면서 소규모 유기농 농장에 대한 지식을 가졌다는 것은 재미있는 전기적 우연이다. 학생 단체에게 초청을 받아서 젊은 활동가들이 막고자 하는 피해를 초래하는 사회적 논리에 대해 강의하고 설명한다. 대부분의 경우 나는 그들의 지혜와 결단력에 압도당하고 오히려 내가 그들에게 더 많은 것을 배울 수 있다고 믿는다. 하지만 가끔은 우울한 모성애에 휩싸여 이런 생각을 하기도 한다. 이 아이들은 자신이 보호하고자 하는 자연이 무엇인지조차 모른다고. 날씨는 예측할 수 없지만 기후는 믿을 수 있다는 사실을. 봄이 되면 길가의 풀들이 꽃을 피우기 시작하는 믿을 수 있는 질서가 있다는 사실을. 최근 몇 년처럼 갑자기 여름으로 넘어가는 것이 아니라, 서리가 내리는 밤이 서서히 드물어지고 태양이 서서히 강해지는 봄은 존재했다. 점차, 서서히 그랬다.

물론 항상 변동이 있었고 건조하고 습한 해, 길고 짧은 겨울이 있었지만 실제로 놀라운 일은 없었다. 모든 것이 새와 곤충으로 가득 차 있던 시대에 자랐다는 것을 이해할 수 없는 듯하다. 새로운 해충이 끊임없이 나타나지 않던 시절. 돼지풀이나 참나무 행렬나방은 존재하지 않았기 때문에 나는 전혀 몰랐다. 참나무 행렬나방은 애벌레의 배설물이 인간에게도 유독하다. 봄의 따스한 기운을 타고 현재 독일의 거의 모든 주에서 참나무 개체수를 감소시키고 있는 해충이다.

어린 시절의 결정적인 순간이 아주 잘 기억난다. 백혈병에 걸린 아버지와 함께 소 목장에 갔을 때였다. 소들은 초원에서 반쯤 야생으로 살았고 나는 소를 돌보는 일에 전혀 관여하지 않았기 때문에 항상 소들이 조금 무서웠다. 양, 돼지, 말처럼 소를 소중히 여길 줄 몰랐다. 그리고 목마 위에서 자랐고 주로 목동의 보살핌을 받았던 아버지 역시 기본적으로 같은 생각이라는 것을 알고 있었다. 그렇지만 아버지가 위급한 상황에서 어떻게 해야 할지 알고 있다는 것, 내가 바이킹 십자가의 가호 아래 안전할 거라는 데는 의심의 여지가 없었다. 하지만 그날 목초지에서 나는 갑자기 수척하고 창백하며 머리카락과 붉은 수염이 없는 아버지가 나보다 덜 안정적이라는 사실을 깨달았다. 전에도 아버지의 약점을 눈치채지 못한 것은 아니었다. 하지만 갑자기 바뀐 힘의 균형은 나의 세계 질서에 다른 방식으로 영향을 미쳤다. 뿔 달린 네 발 동물들이 먹이를 얻기 위해 너무 세게 밀면 이제 내가 그들을 가로막으러 나서는 존재가 되었다.

몇 년 전 익숙한 들판 가장자리에서 300년 된 참나무가 행렬나방에 감염되어 죽어 가는 것을 처음 보았을 때 비슷한 질감의 충격을 느꼈다. 하지만 그 충격은 훨씬 더 깊었다. 예상보다 더 일찍, 더 고통스럽게 죽음을 맞이하는 것은 슬픈 일이지만, 우리는 부모님이 우리보다 먼저 돌아가시는 것에 왠지 모르게 적응되어 있다. 내게 참나무의 죽음은 부모님의 죽음과는 다른 것이었다. 우리보다 먼저 세상을 떠난 부모님과 다른 인물들을 잃을 준비가 되어 있지 않더라도, 적어도 우리는 그 충격으로 무언가를 할 수 있다. 우리 존재의 특정 조건이 열리게 된다. 우리는 서로를 보호할 수 있지만 서로의 죽음을 빼앗을 수는 없다. 우리는 서로에게 의존하지만 의존성이 바뀐다. 여전히 충격적이지만 우리는 서로의 죽음에서 살아남는다. 위안이 되는 것은 이러한 통찰이 시대를 초월한 진리처럼 보인다는 것이다. 이 통찰은 우리의 운명을 다른 모든 인간의 운명과 연결시킨다. 다른 교훈을 선호할 수도 있지만, 여기에서 배울 점이 있다.

하지만 내 눈앞에서 300년 된 참나무가 줄줄이 죽어 가고 있다고? 여기에 무슨 의미가 있을까? 충격은 충격이지만 더 깊은 진실을 가능하게 하지는 못한다. 기껏해야 새로운 충격에 대한 통찰은 끔찍할 뿐만 아니라 여전히 가짜다. 애도는 결국 상실을 받아들이기를 목표로 한다. 바로 이것은 우리가 받아들일 수 없다. 숲 가장자리에 있는 참나무는 배경이 되어야 하고, 내가 누구와 함께 걷는지, 무슨 생각을 하는지, 내 나이가 몇 살인지 등 다른 것들이 변하는 동안에도 굳건히 서 있어야 한다.

어쩌면 실수는 자연이 배경이라고 생각하는 데에서 시작되는지도 모른다. 마치 우리 인간을 위해 움직이지 않는 무대가 만들어진 것처럼, 마치 우리가 같은 나무로 만들어지지 않은 것처럼. 부모님은 여러 상황에서 내게 목소리를 내도록 격려해 주셨다. 그동안 나는 그렇게 살았다. 하지만 아버지와 함께 숲을 걸을 때면 침묵이 지배했다. "쉿. 숲에서 말을 하면 아무것도 볼 수 없어! 저기 봐, 오소리 굴이야. 물푸레나무보다 참나무가 먼저 싹을 틔우고 있어. 습한 여름이 되겠군. 큰 비가 올 거야. 참나무가 물푸레나무보다 앞서면 빨래가 많고, 물푸레나무가 참나무보다 앞서면 세제가 많아야지." 이제 나는 숲 가장자리를 따라 걸으며 스스로에게 묻는다. 참나무가 싹을 틔우지 못하면 어떻게 하지?

물론 날씨에 대한 농부들의 규칙이 완전히 정확했던 적은 없지만, 예를 들어 나무 품종이 더 이상 자라지 않는 등 단서가 존재하지 않기 때문이다. 기후를 더 이상 신뢰할 수 없게 되었기 때문에 규칙은 무효화되었다.

날씨는 예측할 수 없었다. 하지만 기후는 예측 가능했다. 농사에서는 날씨가 전부다. 매일 저녁 식사 때 식탁에서 누군가는 그날 한 일을 농장 일기에 썼다. 때로는 특별한 사건도 있었다. 소가 탈출했다. 누군가 진흙탕으로 차를 몰다가 수렁에 갇히게 되어서, 아이스크림을 사다가 나눠 줬다. 파종이나 잡초 제거가 언제 어디에서 이루어졌는지도 찾아볼 수 있다. 작년과 재작년에 땅에 무엇이 있었는지도. 무엇보다도 필요한 경우 관개를 돕기 위해 마지막으로 비가 언제 얼마나 내렸는지 확인할 수 있어야 했다. 드물게 발생하는 뇌우에도 주목했다.

시골에서는 식물이 날씨에 어떻게 반응하는지를, 돼지를 햇볕에 타지 않게 보호하는 방법을, 바람이 불면 말이 훨씬 더 겁을 먹는다는 것을 안다. 내가 이사 왔을 때 어머니는 전화로 날씨에 대해 계속 이야기하셨다. 옳지 않다고. 뭔가 다르고, 새롭고, 이해할 수 없다고. 두통, 피로, 불면증은 날씨, 농작물의 성장과 관련 있는 경우가 많았다. 도시에서의 새로운 삶에서는 이에 대한 참조 지점이 없었다. 내가 피곤한 이유는 완전히 달랐다. 그리고 내 주변 사람들 중 누구도 우리의 표준 원칙으로 아무것도 할 수 없었다. 너무 건조하다. 바람이 너무 많이 불었다. 너무 따뜻하다. 그럼 어떻게 측정할까?

처음에는 내가 어디에 있고 얼마나 많은 관심을 기울였는지에 대한 문제였다. 그러나 모든 미래 세대가 몇 년 동안 날씨를 기록하더라도 척도는 돌이킬 수 없게 깨졌다. 어떻게 측정할까? 변화무쌍한 날씨를 측정했던 안정된 기후는 이제 존재하지 않는다. 우리가 잃고 있는 것은 자연의 것만이 아니다. 변화가 위협적이고 예측할 수 없는 이유는 우리가 어떤 의미에서 자연의 범위를 넘어섰기 때문이다. 자연의 틀을 넘어섰기 때문이다. 우리는 자연의 시간, 반복되는 주기, 조수의 자기 조절을 훼손했다.

자연에는 인간의 시각으로는 존재하지 않을 정도로 느린 시간성이 있다. 빅뱅 이후 우주의 팽창과 엔트로피. 생명의 진화는 인간이 이해할 수 있는 시간대라는 측면에서는 중요하지 않다. 우리는 생명의 분화, 생물 종, 생물권과 함께 300만 년 동안 더 살 수 있었을 것이다. 이러한 과정 아래에서 자연의 시간은 선형적이지 않다. 그것은 광선이나 화살이 아니다. 명확한 시작은 없다. 로마의 건국, 그리스도의 탄생, 시초 축적, 헌법의 제정 등 인간의 행동 과정과 이야기의 실타래만이 이런 식으로 시작된다. 반면에 자연의 시간은 주기적이다. 하루의 계절, 1년의 계절, 생명의 연륜은 반복되며, 양분의 순환은 무한히 계속될 수 있다.

반복은 자연스럽게 특정한 변형을 허용한다. 기후변화는

현재 지구온난화에만 존재하는 것이 아니다. 그러나 현재 우리가 직면하고 있는 것보다 훨씬 작은 변화도 파괴적인 영향을 미쳤다. 현대 유럽에서는 16세기에서 18세기 사이에 기온이 1.5도 감소한 소빙하기가 와서 흉작, 기근, 전염병이 발생했다. 근대 초기의 소빙하기는 실제로 그냥 냉각이었으며 지금 일어나기 시작한 것처럼 전체 기상 시스템의 균형을 무너뜨리는 연쇄 반응을 일으키지 않았다. 그럼에도 불구하고 인간 삶을 지배했다. 예를 들어 1596년 영국 연대기 작가들은 계속되는 비로 인해 엄청난 홍수가 일어나 곡식이 썩었다고 기록했다. 윌리엄 셰익스피어는 이 경험에서 영감을 받아 계절 주기의 포괄적인 정지를 상상한 것으로 보인다. 『한여름 밤의 꿈』에서 요정 여왕 티타니아의 연설은 후대의 연출에서는 종종 단축되지만 자연의 깨어진 시간에 대한 이미지를 제시한다.

> 따라서 바람은 우리에게 헛되이 불고 나서
> 복수라도 하듯이 유독성 안개를
> 바다에서 빨아올려 땅 위에다 떨구니까
> 시시한 강들조차 모조리 오만하게 부풀어
> 막고 있는 강둑을 넘어가게 되었어요.
> 따라서 황소들은 헛되이 멍에 끌고
> 농부는 땀방울을 낭비하며 푸른 밀은
> 다 커서 수염도 달기 전에 썩었고

물에 잠긴 들판의 양 우리는 비었으며
까마귀는 병든 가축 시체들로 살이 찌고
모리스 춤 터에는 진흙만 가득하며
무성한 풀밭 위의 정교한 미로들은
아무도 밟지 않아 식별이 불가능해졌어요.
인간들은 겨울철의 생기가 모자라고
밤에도 찬송가나 축가를 들을 수 없어요.
그 때문에 홍수를 관장하는 달님이
창백한 분노의 빛으로 온 대기를 적시니
류머티즘 계통의 질병이 쫙 퍼졌죠.
이러한 이변의 결과로 우리는 계절이
뒤바뀐 걸 봅니다. 백발의 무서리가
새빨간 장미의 싱싱한 꽃잎 위에 내리고
노인 같은 겨울의 얇고도 차가운 머리 위엔
아름답고 향기로운 여름 꽃눈 화환이
조롱하듯 얹혔으며, 봄과 또 여름과
결실의 가을과 분노한 겨울이
평상복을 바꾸니까 당황한 세상이 이제는
어느 게 어느 계절 산물인지 몰라요.
바로 이런 폐해가 생겨나게 만든 것이
우리 둘의 싸움이고 우리 둘의 다툼이며
우리가 그 원인 제공자란 말이에요.

이 대사는 시간의 상실이라는 현상을 문학적 방식으로 포착한다. 셰익스피어가 공상 과학 소설이 아니라 기후 소설을 쓰는 환상적인 작가임을 증명한다. 그가 파노라마를 그리는 방식에서 우리가 잃어버린 세상의 더 깊은 구조가 실체화된다.

세상을 잃는다는 것의 본질은 시간의 상실이다. 변화를 멈출 수 있는 시간이 얼마 남지 않았다는 의미만이 아니다. 변화는 시간성 자체에 영향을 미친다. 순환하는 자연 시간의 의심할 여지 없는 토대 위에 진보적인 인류 역사에 기반을 둔 우리의 세계관이 전복된다. 우리 세속적인 인간들조차도 "땅이 서 있는 한 파종과 수확, 서리와 더위, 여름과 겨울, 낮과 밤이 쉬지 않으리라."라고 한 노아의 약속을 여전히 믿었다. 수확량이 늘어나고 겨울에도 햇볕을 쬐며 날 수 있고, 혼효림이든 산호초든 모든 생태계의 기본 리듬이 스스로 번식하고 다른 상황에 적응하는 다양한 자기 조절과 피드백 효과를 통해 안정적이라고 생각했다.

우리는 자연의 순환을 바탕으로 자본주의 경제, 즉 우리 자신을 재생산하는 방식을 구축해 왔다. 문명이라는 것은 재산의 전용으로 자연의 순환을 차단하고 착취의 소용돌이 속에서 미래를 채우는 데 기반을 두고 있다. 이 문명만 기반을 잃는다면 큰 불행이 아닐 것이다. 그러나 부동산에 대한 집착과 이윤 추구로 파괴된 것은 모든 문명 그리고 지구상의 모든 생명체의 기반인 자연 순환이다. 셰익스피어의 표현이 과장되었다면, 우리는 냉정한 결산을 만회하기 어려울 것이다. 다시 메모해 보자. 우리는 시간을 잃었다.

이러한 상황에 대한 적절한 불만의 어조도 있을까? 이는 복잡한 카산드라적인 비판으로, 정치적으로 고발될 수 있으며, 우리에게 개별적 손실이 아닌 다른 무엇인가에 대한 이해를 제공할 수 있을까? 이번에는 실제로 이 손실에서 우리가 살아남지 못할 수도 있다는 사실에 모든 것이 달려 있을까?

다 정 한   서 술 자

셰익스피어의 『한여름 밤의 꿈』에서 날씨의 혼란은 엘프 왕 부부인 티타니아와 오베론의 부부 싸움에서 비롯된다. "우리는 그것의 창시자이자 창조자다." 지금의 변화에 대해 우리는 재산 고정과 이익 지향에 중심을 둔 질서 안에 살고 있다고 우리 자신에 대해 올바르게 말할 수 있다.

반면 엘리자베스 시대의 소빙하기는 처음에는 분쟁과 갈등의 씨앗을 뿌렸다. 급격한 날씨 변화에 대한 책임은 변두리 집단에 있었다. 유대인, 재세례파, 그리고 일부 여성이 해로운 주문을 걸었다는 비난을 받기도 했다.

소빙하기의 실제 원인은 연구마다 논란이 있다. 태양 복사를 차단하는 화산재나 태양 복사 자체의 감소 외에도 대부분의 원주민을 몰살시킨 후 아메리카 대륙을 재조림한 일과 같은 인위적인 요인도 있었을 수 있다. 중세 말기의 전염병으로 유럽인의 3분의 1이 사망한 후 1515년부터 유입된 질병과 살인적인 식민지 정책으로 인해 전 세계 인구의 10퍼센트가 목숨을 잃었다. 오랫동안 지속되어 온 벌채와 농업의 순환이 중단되면서 나무 개체 수가 다시 증가해서 이전보다 더 많은 이산화탄소를 흡수하고 온실 효과를 역전시키는 결과를 초래했다.

이런 가설에는 정복자들이 정복 정책의 쓰라린 결과에 의해 고국에서 발목이 잡힌다는 매혹적인 대칭성이 숨어 있다. 반식민주의의 "즉각적인 업보"는 또한 종교 재판소가 박해한 마녀들에게 자신들의 부정된 권력을 투사했다는 것을 의미하기도 한다. 신대륙과 구대륙의 실질적인 통치자였던 그들 스스로가 타락했고 여전히 날씨를 타락시키고 있었기 때문이다. 그러나 이 대칭이 사실이라고 해도 항상 힘있는 자들이 마지막으로 당하는 손실에 대한 위로가 될 수는 없다. 재산에 대한 집착은 대상과 주체를 다르게 황폐화시킨다.

올가 토카르추크는 놀랍도록 아름다운 노벨상 연설에서 콜럼버스의 대항해와 소빙하기 사이의 연관성에 관해 추측하고, 이 연관성을 자신이 갈망하는 새로운 내러티브 관점의 시금석으로 삼았다. 토카르추크가 보기에 시간을 시각화하는 우리의 일반적인 서술 방식은 이처럼 어렵고 광범위한 연결고리를 파악하기에 부적절하다. 우리는 여전히 1인칭으로 더 다양한 목소리를 들려주기 위해 노력하고 있지만, 세상을 인식하는 데는 실패하고 있다. 삶의 토대 수준에서 사건을 요약하고 평가하는 내러티브 방식은 아직 우리가 명확하게 알지 못하는 부분이다. 토카르추크는 그저 더 복잡한 불만을 제기하는 것이 아니라 더 포괄적인 책임을 드러내는 데 관심이 있다. 다가오는 재앙이 아니라 현재의 변화를 파악하기 위해 우리가 색칠해야 할 것은 과거의 연결이다. 하지만 누가 그렇게 많이 볼 수 있을까? 그리고 어디에서? 눈이 많은 괴물이 필요하지 않을까? 아니면 모든 것을 볼 수 있는 눈이 필요할까? 초인적인 이야기처럼 들리지만, 내러티브 이론에서는 신적인 화자를 가정하는 것이 매우 일반적이다. 작가는 영혼을 통찰하는 조감도라는 의미에서 전지전능함을 쉽게 창조할 수 있다. 하지만 토카르추크는 통찰력과 관점이 아니라 완전히 새로운 내적 시야에 관심을 기울인다. 밀접하게 결합된 지리학. 세계 내부를 바라보는 관점. 그녀는 자신이 불러내는 목소리를 "4인칭" 또는 "다정한 서술자"라고 부른다.

이것은 중심이며, 이것은 모든 것을 볼 수 있는 관점이다. 모든 것을 본다는 것은 우리가 아직 그들 사이의 연결을 인식하지 못하더라도 존재하는 모든 것이 하나의 전체로 서로 연결되어 있다는 궁극적인 사실을 인정하는 것이다. 모든 것을 본다는 것은 또한 '여기'의 모든 제스처가 '저기'의 제스처와 연결되어 있고, 세상의 한 부분에서 내린 결정이 세상의 다른 부분에 영향을 미치며, '내 것'과 '네 것'의 구분이 논쟁거리가 되기 시작한다는 것이 분명해지기 때문에, 세상에 대한 매우 다른 종류의 책임을 받아들이는 것을 의미한다.

다정한 서술자의 시점은 아마도 우리가 어떻게 깨어진 시간을 마주할 수 있는지를 엿볼 수 있게 할 것이다. 시점의 묶음인 4인칭 시점은 그 자체로 모든 것을 볼 수 있다. 그것은 카산드라의 투시력을 가지고 있다. 그러나 카산드라적 슬픔에 머물지 않는다. 4인칭 시점은 연결을 만든다. 아직은 불확실한 야생의 연결까지도. 마치 일반적인 내러티브의 선, 즉 현대적이고 인간적인 시간의 선 자체가 반복되는 것처럼 말이다. 내러티브 시간은 자연 시간의 무한한 순환 사이로 뻗어 나간다. 완전히 새로운 접점, 섬세한 연결, 무한히 다층적인 상호 연결성의 미래 지향적 작용. 다정한 서술자는 단순히 있는 그대로를 말하는 것이 아니다. 그녀는 조롱하는 파도, 무의미한 바람, 유독한 안개 등 우리 손안에 있는 모든 것이 무엇인지 본다. 이 모든 것은 우리가 원한다면 미래에 함께 붙잡아야 할 파열하는 원이다. 어떤 원은 닫고 어떤 원은 열어 두기. 우리는 이야기하는 동물로서 그렇게 할 수 있어야 한다.

5

혁명

자본주의는 우리에게 할리우드 관람차에서 사는 삶을 약속했다. 우리는 그러나 관람차가 아니라 빠르게 돌고 있는 롤러코스터에 타고 있다. 뼈대가 파편으로 부서져 내리고 있는 롤러코스터. 소유의 순환과 상품화의 소용돌이는 내부와 외부의 자연성을 피폐하게 만들며, 행성의 생태계와 민감한 사회적 관계성의 조화 속으로 맹목적으로 파고든다. 자본주의는 삶을 파괴한다. 자본주의는 그 자신의 삶 또한 파괴한다. 이 여행이 과연 중단될 수 있을까? 누군가가 이 여행의 비용을 보상해 줄 것인가, 아니면 우리 스스로가 이 모든 사태의 책임자인가? 우리는 어떻게 하면 제동장치 없이 고도를 달리는 롤러코스터에서 탈출할 수 있을까? 이 롤러코스터 여행을 멈추거나 탈선시키는 것이 가능한가? 만약에 우리가 롤러코스터의 안전벨트에 너무 단단히 고정되어 있다면? 삶을 위한 혁명은 어떤 모습이어야 할까?

오, 포 르 투 나!

1989년 의기양양하게 선언되었던 '역사의 종말'이 잘못되었다는 진단은 이미 상투적인 진술이 되었다. 최근 수십 년간 새로운 정치적 전선과 경제적이며 지질학적이기까지 한 사건들이 목격되었다. 그러나 영향력 있는 역사적 사건들은 그 이후로 서양에서 역사의 방식으로 거의 이해되지 않았고, 오히려 갑작스럽게 닥친 상황으로 경험된다는 사실에 주목하는 것이 굉장히 중요하다. 9 · 11 테러, 금융위기, 견고해지는 권위주의, 기후변화, 이주, 코로나19 등의 사건들을 우리는 마치 최면에 걸린 운명의 수레바퀴 위에 있는 것처럼 사로잡힌 채 믿을 수 없다는 듯이 응시한다. 우리는 그 안에서 어떤 의미도, 우리 자신의 활동도 인식하지 못한다.

난기류가 느껴질 때 몇몇은 에어백 뒤에 숨어서 목뼈 골절을 피할 수 있다. 만약 완전한 재난 상황이 아니라고 하더라도 우리는 계속해서 모든 중요한 관계들을 무시해 버릴 수도 있다. 그렇게 우리는 마치 갑작스러운 운명의 일격을 당한 것처럼 되는 것이다. 게다가 이 운명적인 것에는 무언가 있다. 우리는 그것을 늘 사용할 수 없는 힘, 우연의 교차점, 우리가 우발성이라

칭하는 것과 관련짓는다. 마치 마법적 종교극과 같은 파괴의 맥락이 우리에게 다시 돌아온다.

운명의 수레바퀴를 마음대로 굴리는 행운의 여신 포르투나의 모습은 특히 중세에 인기 있는 모티프였다. 급하고 갑작스러운 변화에 대해 이야기할 때 언급되는 식이었다. 예를 들어 중세 전성기의 노래집에 나오는 『카르미나 부라나』에서 그에 상응하는 탄식이 발견된다. 그중 가장 잘 알려진 작품은 카를 오르프가 곡을 붙인 「오, 포르투나」다. "달처럼/ 변덕스러운 성질!" 거기에 운명이 써 있다. 포르투나의 행동은 자연 순환의 조수와 비교될 수 있다. 물때의 순환성이 인간의 계획으로 침입해 들어오면 대처하기란 어렵다. "끔찍한 행운 그리고 텅 빈 채로/ 빙빙 도는 바퀴인 너." 무명의 작가는 저주한다.

나는 때때로 논리학자들이 말하는 가능세계의 개인적인 평행우주 안에서 2019년을 특징짓는 역사적인 우여곡절을 생생하게 그려 본다. 나는 지난 10월에 지원했던 베네치아 대학의 강사 자리를 얻었을 것이라고 상상한다. 솔직히 이야기하자면 면접 자리에서부터 이미 마음이 불편했다. 베네치아 대학은 기후 정책이 변하지 않는 이상 내가 은퇴하기 전에 지중해에 가라앉게 된다는 것을 알고 있으면서도, 보기 좋은 이력에 대한 갈증으로 이 대학에 자리를 얻기 위해 애쓰는 것은 이치에 맞지 않아 보였다. 나는 계속 길을 잃었다. 인파 속에서 어리둥절하게 서 있었고, 곳곳에 걸린 중국제 카니발 가면의 텅 빈 시선을 마주했다.

불과 4주 후 실제로 베네치아는 한동안 가라앉았다. 소금기 있는 해안호의 물이 정상 수위보다 1.87미터나 높았고, 건물의 입구 층과 골목, 광장을 채웠다. 만조는 반복적인 주기를 따른다. 매년 11월 보름달이 뜰 때 최고조에 달한다. 이 주기에서 무언가 떨어져 나왔다. 대리석으로 지어진 산마르코 대성당은 900년 동안 총 여섯 번 물에 잠겼다. 여섯 번 중 두 번은 지난 2년 동안 일어났다. "달처럼/ 변덕스러운 성질!"

이 신혼여행의 수도가 갑작스러운 몰락한 일이 과연 유럽의 탄소 배출량 감소를 가져왔는가? 그렇지 않다. 결국 《보그》는 모금 행사를 시작했다. 기금 마련을 위해 공개한 표지에서 검은 배트윙 드레스를 입은 모델은 퇴폐적인 배경을 뒤로 서 있다. 그를 촬영하기 위한 완벽한 세팅이 보인다. 기금 마련의 필요성을 호소하는 잡지의 2월호는 밀라노 패션위크를 앞두고 두 개의 언어로 인쇄되었다. 이때는 베네토와 밀라노에 이미 신종 코로나바이러스가 번지고 있었다. 패션 박람회는 취소되었고, 몇 주 후 이탈리아 전역은 가장 엄격한 통행금지령으로 마비되었다. 만약 대학에 자리를 얻었더라면 굉장히 '끔찍한 행운'이었을 것이다. 그리고 우리의 현 시점을 겪어 내는 것 또한 통틀어 '끔찍한 행운'이다. 이런 우여곡절이 우리를 조여 오는 동안 근본적인 변화의 전망이 어디에서 와야 하는 것일까 하는 의문만이 남는다.

후기 고전기와 중세 시대에는 운의 자의성을 다루는 다양한 방법이 있었다. 북이탈리아 베르가모의 학자이자 정치가인 보에티우스는 525년 『철학의 위안』에 인격화된 철학을 등장시킴으로써 그가 겪은 비방 그리고 투옥과 화해했다. 철학이 한 타락한 남자에게 이야기한다. 만일 부, 명예와 명성, 삶마저도 자신의 진정한 소유가 아니라는 것을 기억한다면, 운명의 여신은 그에게 어떤 짓도 할 수 없다는 것이다. 단지 누구도 훔칠 수 없는 것만이 진정한 우리의 소유라는 것이다. 철학의 충고는, 말하자면 움직이는 모든 것으로부터 거리를 두고, 가능한 한 돌아가고 있는 바퀴의 중심축만 의식하라는 것이다. 결국은 그곳에 고정점이 두어져야만 한다. 재치가 풍부한 스콜라주의는 이교도의 행운의 여신 상과는 전혀 어울리지 않는 신을 위한 자리를 마련한다.

이런 방식으로 세상에 등을 돌리는 것 외에도 운명의 바퀴는 도전적인 정치적 전환을 허용한다. 행운의 덧없음은 궁극적으로 아무것도 완전하게 확정되지 않았음을 보여 준다. 오늘 사람들을 신음하게 하는 힘있는 자도 내일이 되면 쓸려 갈 수 있다. 따라서 다음과 같은 표어가 흔히 행운의 여신의 바퀴 옆에 흔히 새겨져 있다.

"나는 왕이 될 것이고, 왕이며, 왕이었다, 통치권과 왕국이 없다."

정치와 그 영향 범위

　근대에 왕을 폐위시킨 것은 포르투나가 아니라 혁명이다. 그리고 혁명은 단지 왕권 하나만을 무너뜨리지 않는다. 파리에서는 군주제 자체가, 아이티의 포르토프랭스에서는 식민지 체제가 전복되었다.

　혁명은 끊임없이 회전한다는 의미에서 re-volutio로 일컬어진 천체의 순환에서 이름을 빌렸지만, 근대사 개념에서는 운명적인 회전의 이미지를 대체하는 혁명의 경험을 의미한다. 18세기 말 북미와 카리브해 그리고 프랑스 대혁명에서 정치적 행위의 새로운 해석이 서서히 드러났다. 혁명은 매번 거듭되는 중간 단계가 아니라, 새로운 질서와 다음의 진보를 위한 출발점이었다. 혁명은 우주의 변덕이나 천문학의 법칙에 기인한 발생이 아니었다. 그것은 그 자체에 의해 저절로 발생되지 않는다. 혁명은 자신이 처한 상황이 그저 운명이 아니라 과거와 현재의 지배에 의한 결과라는 사실을 인식하는 사람들에 의해 일어난 것이다.

　사회적인 조건을 형성할 수 있다는 인식은 일회성 통찰이 아니라 반란과 자치의 과정에서 나타나며 돌이켜 보면서 공고화되는 경험이다. 동프로이센의 목격자 관점에서 임마누엘 칸트가 말했던 "더 이상 잊지 않음"이라는 역사적 교훈은 참여했던 사람들에게 적용된다. 서로 합의하며 다스릴 수 있는 경험이라는 자유는 잊히지 않는다. 그것은 유일하고, 값진 기분이자 그 전으로 되돌아갈 수 없는 앎이기도 하다. 모든 새로운 통치는 다른 전망 아래 있다. 새로운 통치는 혁명화될 수 있다. 이는 또한 노예의 신분에도 영향을 미친다. 누구도 여지없이 완전하게 복종하는 일은 없다.

그러나 자기 자신을 다스린다면 자신의 무엇을 다스리는 가? 민주주의 정치에서는 두 가지 상반된 충동이 두드러지게 나타난다. 새로운 통치로부터의 자유는 두 가지 다른 형태, 즉 분배 또는 소유의 보존으로 의식될 수 있다. 첫 번째로 혁명적인 격변의 시작에서 분배는 대혁명보다 훨씬 앞서 발생한다. 분배의 형식은 마른 공동체에서, 공유지에서, 농민 봉기, 선원들 사이에서, 방랑자들의 모임들에서 발견된다. 이것은 계속해서 1871년 파리 코뮌, 쿠르드족 로자바, 멕시코의 자파티스타, 오픈소스 플랫폼 깃헙 등 많은 집단에 존재하고 있다. 인간과 인간 사이에 놓인 것들이 여기에서 함께 규정된다. 이것은 사람들이 공동적으로 소유하고 있으며 그에 대한 권리 또한 가지고 있는 것이 일반적으로 존재한다는 사실을 전제로 한다. 따라서 민주적 분배의 전통은 접근권과 공유재산을 위한 투쟁과 밀접하게 연결되어 있다. 가장 오래된 문서는 1215년에 작성된 영국 왕실과 귀족의 불화를 해결한 영국의 마그나 카르타 그리고 1525년 농민전쟁에서 동맹의 12개 조에서 찾아볼 수 있다. 마그나 카르타에는 전승되면서 거의 잊힌 '숲의 헌장'이 첨부되어 있었다. 마찬가지로 근대 초 봉기 강령에는 나무가 존재하는 땅의 자유로운 접근에 대한 근본적인 요구로 농노 신분으로부터의 해방이 쓰여 있었다. 이러한 요구의 범위는 산업혁명 이전의 경제에서 목재가 수행한 역할을 고려하면 명확해진다. 나무는 연료이자 집과 울타리의 건축 자재로, 뿌리와 싹은 가축의 사료로 사용되었다. 나무의 목이 베어지면서, 즉 나무의 우듬지 부분이 정기적으로 잘려 나가게 됨으로써, 빠르게 다시 자라며 쉽게 분배 가능한 재료들이 생성되는 것이다. 그 밖에도 나무 주위로 풀이 자라면서 목초는 모조리 뜯어 먹힌다. 실로 숲에서는 작은 야생 동물을 사냥하고 버섯과 열매를 수확할 수 있어야 한다. 토마스 뮌처를 중심으로 한 동맹이 공공재 이외에는 아무것도 소유하지 않은 '평범한 사람들'들에게 담으로 둘러싸인 공유지와 산림 지역을 개방하려 했다면, 오늘날의 경제에서 이러한 조치는 모든 석유자원과 에너지원의 사회화, 주택협동조합의 회원제, 기본 생계유지를 위한 무료 물적 지원이나 다름없다. 삼림권과 공공재 즉 코먼스(Commons)에 대한 평등한 접근은 권력자들의 탐욕에 부딪쳐 장기적인 관점에서 지켜질 수 없었다. 그렇게 공유의 전통은 역사에서 일시적으로 불타오르다 사라졌다. 사상가 마시밀리아노 톰바가 '반항적 보편주의'로 요약한 원칙은 바로 이러한 이유에서 불굴의 영향력을 행사한다. 자신의 몫을 차지하기 위해서 어떤 조건도 충족시킬 필요가 없기 때문이다. 세계는 이미 여기에 있기 때문에 어떤 것도 소유할 필요가 없다. '공동체'로서 함께하기 위해 유대나 입증된 평등권은 필요하지 않다. 왜냐하면 평등은 공유하는 자들 사이에서만 성립되기 때문이다.

프랑스 혁명 또한 반항적 보편주의에 의해 추진되었다. 삼림, 토지, 노예에 대한 지배권에 대항하는 봉기는 모든 봉건적 특권의 종식을 선언하기 위함이었고, 이는 유명한 8월 4일 밤에 의회를 움직였다. 그러나 공동체의 요구는 곧 재산에 결속된 정치의 새로운 형태에 포위된다.

프랑스 혁명은 과거의 특권에 반하는 동시에 사적 재산을 신성화했다. 프랑스 경제학자 토마 피케티는 혁명 이후의 '소유주 이데올로기'에 대해 설명한다. 혁명 이후의 소유주 이데올로기를 구실로 구체제의 불평등한 소유관계가 대부분 남아 있었다. 강제노동은 이제 임대로 간주되었다. 농노 신분으로부터 해방되기 위해서는 변제액을 지불해야만 했다. 대규모 농장의 처분은 절대적 사물지배로서 어느 때보다 배타적이었다. 이런 종류의 소유상태의 충동은 재화의 분배와 더불어 보다 민주적인 새로운 정치에도 스며들었다. 1791년에 통과된 혁명 헌법은 정치 조직에 관여할 중요한 자격을 구분했다. 재산을 소유한 남성만이 시민으로 인정되었고, 동시에 투표권을 행사할 수 있었다. 자코뱅의 국민 의회가 뒤집으려 했던 이 규정은 나폴레옹의 법전에서 되풀이되었고, 거의 모든 유럽 국가에 수출되었다.

새로 획득한 인권은 자체적으로 자산 권리증의 형태를 취했다. 말하자면 양도할 수 없는 개인적 처분권이었다. 개인의 기본권은 어느 정도 개별 주체에 속한다. 그리고 이것은 특정한 자유 의지의 영역에서 그들의 권리를 보장했다. 나는 사상의 자유라는 틀 안에서 내가 원하는 바를 발언할 수 있다. 마찬가지로 종교의 자유 안에서 내가 믿고자 하는 것을 믿을 수 있다. 계약의 자유라는 틀 안에서 가능한 모든 의무를 다한다. 그리고 나의 민주주의적 자유는 일반적인 이익을 대표하거나, 그것이 의심스러운 경우에는 오직 나 자신의 이익을 대변할 사람으로 여겨지는 사람에게 투표하는 데 있다. 유산자들의 정부는 현대의 지배적인 민주주의 형태로 남아 있다. 한편 정부는 물질적 소유로부터 공식적으로 분리되었다. 다시 말해 부에 따라 가중치가 부여된 제3계급 참정권은 1871년 독일제국 그리고 1918년 프로이센에서 탈락했다. 광범위한 규율화와 1880년대부터 시작된 사회보장법은 근로자가 그 자신의 완전한 주인으로 여겨지게 했다. 여성의 투표권은 가부장적 사물지배로부터의 해방에 의해 가능했다. 그리고 소수자의 투표권과 마찬가지로 여전히 환상소유의 그늘 아래 있다. 여성은 발언권을 갖기 위해 계속해서 자신의 이성과 자제력을 증명해야 한다.

엄밀히 말하면 시민권과 소유권이 분리된 것이 아니라 소유권의 범위가 더 넓어졌고, 권리와 신분의 형태로 부여되기도 했다. 시민의 지위는 시민권을 '소유'하며 동시에 자기 스스로를 소유한 사람으로서 자격을 갖추고 있다는 전제하에 획득 가능한 것이 된다. 따라서 사물지배의 주체만이 스스로를 지배할 자격을 가지게 되는 것이다. 그리고 권력자는 그들이 확고하게 확립된 사유재산 체제에 극단적으로 저항하는 태도를 취하지는 않을 것이라는 기대를 품고 있다. 이렇게 함으로써 그들은 결국 자기 자신을 잃게 된다. 자신을 소유함은 공유의 정치와 반대되는 정치의 장을 만든다. 숲의 정치가 아닌 토지의 정책이다. 덜 보편적인 것이지만, 개인의 사적 재산을 위한 이익이 민주주의의 재료가 되고 있다. 군주제, 농노제, 운명에 대한 믿음의 가치를 기준으로 보면 이는 자유를 확대한다. 그러나 자유는 사물지배의 좁은 반경 안에 남아 있다. 원하는 바대로 고정된 영역을 마음대로 처리할 수 있다는 약속이다.

한편 물질적 접근권에 기반을 둔 공유민주주의는 돌봄을 제공하고 자치를 요구하는 개방적이고 유연한 자유라는 다른 형태의 자유를 갖는다. 연대하는 방식으로 서로 공유된 세계와의 야생적 연결을 기반으로 한다. 그러나 연결된 자유가 그 물질적 토대, 공동의 재산을 상실하는 곳에서 이 자유는 해체될 위기에 처하게 된다.

대 형 햄 스 터 쳇 바 퀴

인권의 정치적 혁명은 자기소유권 보장이라는 매주 좁은 자유의 지평을 설정했으며 더욱 증대된 물질의 지배, 더욱 무제한적인 착취와 경쟁의 장을 마련했다. 재산을 둘러싼 개인적 자유의 범위는 인간을 사실상 채무자와 가난한 자, 부유한 자와 더욱 부유한 자로 불평등하게 구분할 뿐만 아니라, 그들이 민주주의적으로 소유할 수 없는 것을 만들어 내기 때문이다. 우리가 함께 살고 있는 지구와, 그 위에서 창출된 부를 처리하는 방식을 우리는 굉장히 제한적으로 규정한다. 소극적 규제는 무엇을, 어떻게 또 누구를 위해 만들어져야 하는지에 대한 문제는 다루지도 않으며, 최근 수십 년간 정치적 재량권은 시장에 최종 결정권을 주기 위해 적극적으로 사용되었다. 따라서 우리는 자기지배의 주체로서 다시 한 번 운명의 수레바퀴에 묶인 역설적인 상황에 놓이게 된다.

위로는 금융시장의 자본주의가 공식적으로 카지노 자본주의로 운영되고 있다. 가치는 작업대에서 생성되는 것이 아니라 타인의 자본에 배팅하는 행위에서 생성된다. 2008년 금융위기 동안 유지된 투기 시스템은 팬데믹 기간 동안 정부와 중앙은행에 다시 흡수되었다. 마치 도박장 운영자가 종종 중요한 단골 고객의 판돈을 수시로 대 주며 운영을 유지하는 것처럼 말이다. 재산 없는 사람들이 임대 주택에서 쫓겨나지 않고 생계를 유지하기 위해 수입이 필요한 그 아래에서는 모든 게 영원히 도는 햄스터 바퀴와 동일하다. 아무리 빨리 달리더라도 개인의 사정이 나아지기보다 바퀴가 구르는 속력만 가속화될 뿐이다. 우리는 실제로 자유로운 사람들이 신분에 따라 분류되며, 끊임없이 스트레스를 받는 임금노동에 의존하는 물질적 제약에 갇혀 있다.

이것이 마치 운명처럼 느껴질 수 있다. 그러나 수레바퀴를 돌리는 것은 여신이 아니다. 자체 가동하는 가상의 영구기관으로서 근대 자본주의는 이른바 전근대적 무능을 극복했다. 갓 만들어진 새로운 행운의 바퀴는 사물지배의 부품으로 짜여 있다. 그것은 소유 가능한 자연, 시간, 수당을 결합한다. 무언가 소유 가능해지는 것은, 그것을 단순히 사용 가능하게 만든다는 의미 이상이다. 프랑스 대혁명에서 비로소 승인된 근대 사유재산은 단지 사용만을 염두에 둔 개념이 아니다. 인류 역사상 유일하고 일반적인 처분 형식으로서 사유재산은 남용과 파괴도 정당하게 행할 수 있는 대상인 것이다. 그렇게 우리는 원료를 죽은 땅으로, 일을 단조로운 시간으로, 보살핌을 강요된 사랑으로 만나게 된다. 그리고 이른바 해방된 사람들은 부담을 진 자기 소유주로 나타난다. 그들은 자기 자신이라는 인물의 환상소유주다. 이 인물로부터 그들은 어떤 값을 치르더라도 바퀴살을 타고 올라가며, 필요하다면 그것을 부수고, 사다리로 고쳐 지어 가장자리를 넘어 더 높이 올라가는 일에 매진해야만 한다. 왜냐하면 이 뼈대는 실제적 지배의 소용돌이를 통해 작동하기 때문이다. 사유재산의 고착화 다음은 이윤의 극대화다. 가치를 증대시키기, 실질적으로 무의미한 것을 축출하기, 우주 행성에 도달하기, 늪에서 탈출하기. 중세의 해석에서 모든 움직임의 고요한 중심으로 신을 두었던 곳에 이제 자본이 존재한다. 자본은 마치 볼 베어링처럼 끊임없는 자체적 운동 속에 있다. 회전수가 늘수록, 또 알고

리즘화된 주식 매매 주기가 빨라질수록 부가가치가 높아진다.

그리고 바퀴의 페달이 더 많이 분할될수록 더 부드럽게 굴러간다. 다른 사람에게 손을 내미는 일은 드물다. 가상의 소유자로서 힘을 가지고 다른 이들을 누르거나 시대에 맞지 않는 형태의 지배 요구를 강요할 수 있다. 사물지배 부품의 재료가 되는 것은 이동이 허용되지 않은 사람, '아니오'라고 말할 수 없는 사람, 바다에 던져진 사람들이다. 모든 일거수일투족이 반동을 수반한다. 바퀴를 계속해서 굴린다. 잘리고 부서지기 쉬우며, 모든 하중이 가장자리에 집중되어 있다. 이 장치가 가열되는 것은 놀랄 일이 아니다.

그러나 그것이 운명은 아니다. 우리는 단순한 부품도, 바닥짐도 아니며 밀항자도 아니다. 우리도 마찬가지로 여신이다. 케이트 템페스트는 동시대 사람들을 "아주 새로운 고대인들"이라고 칭하는 서사시에서 우리의 현대적 행동 범주를 독특하게 특징짓는다. 반여신이나 영웅이 아닌 개인으로서, 적어도 우리의 운명을 재배하는 희미한 힘이 우리 각자에게 전이되어 있다고.

옛날에 우리는 신화로 스스로를 이해했다.

하지만 오늘날, 무한한 자기혐오를 위한 말들이 우리에게 부족하다.

우리 스스로에 대한, 우리 스스로가 만들어 낸 것에 대한

엄한 자기 경멸을 위한 말들이 부족하다.

우리는 스스로에게 무거운 짐이 되고,
우리 스스로에 뒤얽혀 거의 숨 막혀 버린다.

그럼에도 불구하고. 우리는 아직도 신화적이다.
우리는 아직도 영웅성과 비참함 사이에서 끊임없이 흔들린다.
우리는 아직도 신성하다.
그것이 우리를 무서운 존재로 만든다.
다만 우리는 잊어버린 것처럼 보인다.
우리는 훨씬 더 우리 소유물의 합 이상이다.
우리에게 속한 모든 것의 합보다 더 많다.

케이트 템페스트는 많은 글에서 동시대 시인의 면모가 뚜렷하게 드러난다. 20세기의 많은 예술적 혁신과 마찬가지로 최초의 아프리카계 미국인의 예술 형식이었던 랩에 빚지고 있는 그녀의 시는 우리가 가진 전부가 '지금'이라고 주장한다. 지금의 사회적 일상성의 현실을 뛰어넘는 작업이라면 그것은 실패했을 것이다. 그녀의 시가 품고 있는 희망은 미래를 이용하는 것이 허용되지 않는다. 모욕적이게도, 후기자본주의의 계기가 관여하지 않는 것은 없다. 그런데 갑자기 신성성이라니, 무슨 말인가? 신성성은 지금을 향한 의지가 현저한 확장을 알고 있기에 작동한다. 지금까지 존재했던 그 무엇도 흔적 없이 사라지지 않았다. 우리는 공유지, 아이티 혁명, 파리 코뮌으로 돌아갈 수 있다. 완전히 잊히지 않는 한, 우리가 다시 그곳에 닿을 수 있는 기반이 제공된다. 하지만 먼저 이 바퀴를 멈춰야 한다. 바퀴를 멈추는 방법을 선조들로부터 배울 수 있을까? 그리스 여신들은 혁명보다는 전쟁의 여신이었던 것 같다. 요즘 세대들은 오래전에 포르투나였을 수 있다. 그리고 우리는 스스로 변혁을 일으켰는지도 모른다. 그러나 우리는 확실히 포르투나가 우리의 탄식에 귀 기울이지 않았을 때만큼이나, 혹은 그때보다 더 심각한 상황인 듯하다. 우리는 바퀴를 멈출 수 있는 방법을 알지 못하는 것 같다.

우리가 실로 새로운 고대 그리스인이 될 수 있다는 것은 한나 아렌트의 정치이론을 이루는 하나의 기조다. 고대 그리스인들에게 공유세계의 민주주의는 인간의 행위 자체에 완전히 의존한다. 마찬가지로 공유재산의 훨씬 더 폭넓은 기반이 없다고 하더라도 정치는 사람들 사이에서 성립된다. 아렌트는 이해타산을 추구하는 개인의 재산 증대의 정착과 이해관계 개념을 분리해서, 후자를 공유된 준거점, 행위의 "사이 공간"이라고 본다. "이러한 이해관계라는 단어의 기원적 의미는 'inter-est', 즉 사이 존재성이며, 사람들을 상호 연결하며 동시에 서로 분리하는 관계를 생성함이다."

따라서 우리에게 공동소유권이 허가되지 않았을 때, 우리는 서로 결합할 수 있다. 아렌트에 있어 신들과 전설적인 인물들도 부러워하는 인간의 자유는 생각을 교환하고 결정에 서로 합의하는 것이 가능하다는 데서 비롯된다. 모든 개개인을 합친 것보다 서로 함께하는 것이 새로운 시작을 도모하기 위한 훨씬 더 강력한 힘을 갖는다. 아렌트는 정치적 혁명의 기본 형식이 프랑스 혁명의 인권 선언에 봉인된 것이라 보지 않는다. 오히려 소규모의 혁명으로 시작한, 그리고 종종 그들 자신의 권위주의적 중앙집권화에 반대하는 자발적인 협의회 형성에서 정치적 혁명의 기본 형식을 본다. 예를 들어 1923년 러시아 혁명 이후 크론슈타트의 선원들, 독일 11월 혁명 이후 1920년 뮌헨 회의 등에서 말이다. 대의원의 권한이 정부의 근거에 묶여 있는 민주주의적 자치정부의 형태의 기원은 독일 농민전쟁으로 거슬러 올라간다. 1525년 3월 7일 연방 조례에서는 "회중이 항상 함께할 필요가 없도록 각 단체의 무리는 한 명의 지도자와 네 명의 평의원으로 구성되고 파견되어야 한다."라고 결정되었다. 1956년 반스탈린주의 헝가리 봉기에서도 협의회가 형성되었다. 아랍의 봄에서, 점령된 곳에서, 사회운동에서도 정치적 혁명의 자리를 찾아볼 수 있다. 거의 모든 곳에서 이와 매우 유사한 조정 메커니즘이 사용된다. 민주적으로 구성된 하위 그룹의 대표가 만나는 곳. 모든 제안과 우려에 대한 논의, 이행 의무가 있는 결의안을 채택하며 강제적인 심사숙고가 없는 전체회의나 토론회. 이러한 전체 대회는 반항적 보편주의의 전통을 처음에는 단지 이익만 분배되는 곳에서 계속해서 계승해 나간다. 왜냐하면 세계는 아직도 계속해서 통치자에게 속해 있고, 가상 공간에서도 발생할 수 있기 때문이다. 하지만 이러한 장소 없는 정치가 사유재산 정착과 이윤 극대화의 세력에 대항하는 것이 가능할까? 사적인 이익에 얽매이지 않고 우리는 이 바퀴를 우리 사이로 끌어 옮겨 함께 그 형상을 변화시킬 수 있을까?

챙 기 거 나 방 해 하 거 나?

"혁명은 역사의 증기기관차다." 1850년 마르크스가 쓴 것은 노동자 계급이 기관차를 전유해야 한다는 명확한 임무를 염두에 둔 것이었다. 마르크스에게 혁명적 정치란 어떤 종류의 반란을 지속시키는 것이 아니다. 혁명적 정치가 의미하는 것은 기관사가 되는 것이다. 증기 기관은 석탄을 긁어모으는 자가 아니라 캐는 사람의 것이어야 한다. 빈곤과 결핍, 착취와 소외는 최종적으로는 극복될 수 있다. 마르크스주의적 관점에서 볼 때, 프롤레타리아는 기계를 인수받을 준비가 가장 잘 되어 있다. 어떤 면에서는 이미 공장을 점유했다. 왜냐하면 노동하는 자들이 공장 안에서 사회적 부를 창출하는 사람들이기 때문이다. 노동자는 공장주가 없어도 모든 것이 어떻게 돌아가는지 알기 때문에 없어서는 안 되는 존재다. 그들은 모든 것이 돌아가도록 하기 위해 해야만 하는 일을 한다. 이러한 상황은 프롤레타리아에게 자신의 혁명적 이익을 실현시킬 수 있는 특별한 힘을 부여한다. "당신의 힘센 팔이 원한다면, 모든 바퀴는 멈춘다." SPD의 전신인 전독일노동자협회 당가의 한 구절이다.

정지는 생산 수단의 사회화를 강요하는 프롤레타리아 혁명의 압력 수단으로 이용된다. 자본주의의 기계 운영을 멈추고 자산가의 정부를 무릎 꿇리는 것이 총파업의 목적이다. 우리는 기관차를 소유하기 전까지 결코 다시 석탄을 캐지 않을 것이다. 우리는 바퀴를 스스로 소유하기 전까지 더 이상 굴리지 않는다. 이러한 협의된 정지는 엄청난 수준의 조직을 전제한다. 파업기금은 노동자와 그 가족들이 계속해서 먹고살 수 있을 만큼 마련되어 있어야만 한다. 파업 노동자들이 공갈 협박을 일삼거나 권위주의적일 가능성이 더 높은 자발적 노동자와 교체되지 않으며, 총살당하지 않을 것이라는 믿음을 보장받아야 한다. 그리고 무엇보다 필요한 것은 개인적인 자기소유를 중산층의 자산으로 개축하기보다는 모든 영업장 전체를 마비시키자는 하나의 결의다. 오늘날의 노동투쟁에서 이러한 확고한 염원은 신화시대에 속하는 것처럼 보인다. 마치 여신이 바깥에서 바큇살을 움켜잡아 멈추는 것처럼, 바퀴로부터 완벽하게 빠져나온다는 것은 망상이 되어 버렸다. 글로벌한 위치 경쟁은 자본과 추가적으로 결탁한다. 예를 들어 생산이 중단된다고 하더라도, 공식적으로 노동하지 않는 인터넷 사용자의 정보나 금융 상품을 활용하는 플랫폼 등에서 자본은 수익성 있는 투자 기회를 제공받는다. 일부 사업장, 아니 전체 지점이 도산할 수도 있다. 그러나 자본주의는 재투자가 이루어질 수 있는 곳이 존재하는 한 계속될 것이다. 프롤레타리아는 이렇게 신화적 영웅주의와 낙담 사이에 존재한다.

　독일 역사상 성공한 최대 규모의 총파업은 사실 공장을 인수하기 위함이 아니었다. 파시스트의 위협을 막는 것이 총파업의 목표였다. 1920년 3월 15일부터 20일까지의 전면적인 작업 중단은 카프 폭동(바이마르 공화국을 전복하려 한 쿠데타)이 실패하는 데 결정적인 역할을 했다. 이는 혁명과 총파업에 대한 성찰에서 발터 벤야민이 언급한 구제의 효과처럼 보인다. 벤야민이 보기에 혁명의 목표는 기관차를 인수하는 것이 아니라 불운을 향한 발전을 멈추는 것이다. "마르크스는 혁명이 세계사의 기관차라고 말한다. 그러나 아마도 혁명은 완전히 다른 것일 수 있다. 아마도 혁명은 오히려 이 기관차에 탑승한 인류 역사의 비상제동장치 기어일 것이다."

　벤야민의 사상은 지금의 묵시적인 분위기와 굉장히 밀접하게 닿아 있다. 비상제동장치는 재난의 현재화에 대한 직접적인 반응처럼 보인다. 우리의 생산방식이 노동을 착취하는 것만이 아니라 우리의 삶을 파괴한다는 사실이 드러났을 때, 누가 그 기관차를 모는지는 큰 의미가 없기 때문이다. 우리는 기관차를 멈춰 세워야 한다. 단지 교대근무를 위해 잠시 동안 멈춰 두는 것이 아니라, 영원히. 석탄이나 디젤로 가동되는 기관차는 폐기 처분 되어야 할 목록에 속하며, 우리는 모든 것을 새롭게 지어야 한다. 지금까지 익숙하게 만들어 오던 방식과는 완전히 다르게 만들어야만 한다. 이는 해방된 세계가 필요로 하는 모든 기술을 아무도 가지고 있지 않다는 의미이기도 하다.

멈춰 세움은 전속력으로 나아가자는 취지에서는 혁명적으로 보일 수 있지만, 본질적인 변화를 불러일으킬 것인가? 코로나 19 시기 국가가 시행한 격리 조치는 경제의 상당 부분에서 가동을 멈출 수 있다는 것을 보여 주었다. 그런데 전체적으로 봐서 어느 정도는 멈춰 세울 수 있다고 하더라도, 열쇠를 넘겨주거나 경로를 변경했다고 보이지는 않는다. 아마도 정지란 상황에 대한 어떤 상도 그릴 수 없다는 의미일지도 모르겠다. 일상적인 업무로 인해 가려져 있던 것들이 명확해지는 경우도 있다. 정말 없어서는 안 되는 것들은 무엇인지, 어떤 노동 환경은 얼마나 가혹한지, 어떻게 시장은 필수 재화와 서비스를 제공하는 데 완전히 무능력할 수 있는지 등등. 그러나 정상성이 어떻게 다르게 구성될 수 있는지는 아직 모호하게 남아 있다. 우리가 구성해야만 하는 것은 무엇인지까지도. 결국 기관차는 순전히 이미지일 뿐이다.

그러나 마르크스는 기관차를 이야기할 때 세련된 이미지를 사용했다. 증기기관차는 현재의 이동성과 생산성을 상징한다. 기관차는 동력의 모티프일 뿐만 아니라 인간이 만들어 가동시킨 힘의 순간상이기도 하다. 즉 인간의 손에서 비롯된 마력으로 대륙을 횡단하고 일하는 손의 효율성을 배가할 수 있는 능력이다. 이제 우리는 인류가 화석 연료의 산업적 연소와 함께 완전히 다른 힘을 발생시켰다는 사실을 알고 있다. 19세기의 혁명이 역사의 기관차였다면, 이제 혁명은 세계사의 탄소배출이 되어야 한다. 우리는 핵폐기물과 미세 플라스틱과 같은 거의 영원히 썩지 않는 물질들로 지구를 뒤덮었다. 태양복사열을 높이고 해수면을 상승시킨 것처럼 말이다. 우리는 생산만 한 것이 아니다. 배출하고 파괴했다. 이것이 우리의 힘이다. 이것들을 우리는 그냥 취하면 되는가? 우선 무해하도록 만들어야 하지 않을까?

물질화된 힘을 다시 소유한다는 관점은 우리에게 일어나는 불가사의한 일들이 외부의 사건들이 아니라는 사실을 드러낸다. 기후변화는 의심의 여지 없이 경제 체제가 불러온 결과다. 코로나19 팬데믹도 불운의 일종이라고 치부할 수는 없다. 파괴된 생태계와 축소된 산림은 바이러스가 동물에서 인간 보균자에게 전달되는 방식으로 변이를 일으키도록 선택압을 발생시켰다. 바이러스의 확산은 상품의 흐름과 군중 밀집을 따른다. 미세먼지 입자는 바이러스에 편승하고, 질 나쁜 공기로 인해 약해진 폐는 바이러스에 쉽게 감염된다. 우리는 이러한 독립된 결과를 통제하는 것이 아니라, 반대로 그로부터 통제받는다. 실제적인 지배다. 하지만 이 영향은 우리가 통제해야만 하는 것들에 근거한다. 인간의 창조력. 포괄적인 사회 혁명은 인간의 행위에 의해 발생한 힘과 관계 맺어야만 한다. 이는 자본과 바이러스 그리고 카프 폭동의 계승자를 멈추는 일만이 아니라, 우리가 맹목적으로 야기한 모든 것을 스스로가 결정할 수 있는 조직으로 바꾸는 일이기 때문에, 단지 제동을 거는 것만으로는 불충분하다.

그러려면 우리는 진정으로 행위의 의지를 가져야 하지 않을까? 우리의 협동력이 총파업에 필요한 정도로 미치지 못한다면, 인간이 만든 모든 연쇄 작용을 어떻게 통제해야 하나? 오늘날의 일부 마르크스주의자와 마찬가지로 마르크스는 아마 프로메테우스의 낙관주의로 기울었을 것이다. 기후를 변화시킬 만한 우리의 잠재성을 발견한 지금, 우리는 더 나은 날씨를 만들 것이다. 엄청난 신기술을 성공시키며, 은하계에 우주선을 쏘아 올리고, 트리어에 열대 해변을 만들고, 실험실에서 물소버거를 개발한다. 나는 이를 문제시하려 한다. 왜냐하면 거의 신적인 전유의 이미지는 우리가 이 모든 연쇄 작용의 요소들을 통제할 수 있다는 전제를 두는 것이기에 세계를 완전히 지배하고자 하는 오만을 벗어나지 못하기 때문이다. 그러나 전유가 세계에 생성된 효과에 몰두하는 유일한 방식은 아니다. 이러한 효과가 손아귀 안의 그릇된 부와 세계의 상실로 나타나는 한, 혁명은 파괴된 것을 파악하면서 세계를 되찾는 방식으로 존재한다.

우리는 역사의 흐름을 역사 고유의 움직임을 통해 길들일 수 없다. 마찬가지로 우리는 우리를 역사로부터 몰아내고, 외부로부터 거대한 힘과 자원을 동원하여 마치 모형 철도처럼 재건할 수는 없다. 우리는 세계의 일부다. 우리는 이제 세계의 주인이 되려 해서는 안 된다. 그리고 우리가 외부에 자신을 둘 수 있다고 하더라도 우리는 여전히 실제적인 사물지배 시대로부터 점차 빚어진 우리 자신일 것이다. 반항적인 보편주의에 훈련되지 않은 채로, 계산하는 파편화된 정체성에 갇혀 있는 존재로. 지금 우리의 사회 질서와 경제 체제는 수레바퀴의 조종에만 달려 있는 것이 아니다. 이미 사물에 내재한다. 우리 안에 이미 존재한다는 이야기다. 새로운 숲의 현장은 운명의 수레바퀴에 못 박힌 죽은 나무를 살아 있는 자연으로 변화시켜야 한다. 우리에게 필요한 것은 탄소를 감소시키기 위한 마술 기계가 아니다. 나무들이 그 역할을 아주 잘 해내기 때문이다.

삶 을 위 한 혁 명

갑작스러운 전복의 불가능성이 혁명을 절망으로 이끌 필요는 없다. 혁명이 반드시 대규모 약탈의 형태로 제시될 필요가 없기 때문이다. 혁명은 고개를 확 돌릴 거대한 전환점이기보다는 더디지만 상존하는 일상의 변형이다. "나는 왕이다, 나는 왕이었다." 자본주의 사회의 파괴성을 가로막는 '삶을 위한 혁명'은 '혁명을 위한 삶'에 기초한다. 이것은 영웅적인 희생이 아니라 끊임없이 나날이 하는 행위를 의미한다. 1968년 흑인 페미니스트 프랜시스 빌은 다음과 같이 말했다.

우리는 혁명이 단지 우리의 삶을 걸고 목숨 또한 걸겠다는 의지만 요구하는 것이 아니라는 것을 이해하기 시작해야 한다.

그것을 인정하는 것은 그리 어려운 일이 아니다. 혁명을 위해 죽는 것은 일회적이다. 그러므로, 혁명을 위해 삶을 살아감은, 우리 삶에 일상화된 패턴을 바꿔 나간다는 더 어려운 과제를 맡는 것이다.

혁명을 위한 삶은 단절보다는 반복에 기초한다. 혁명을 위한 삶은 특히 새로운 일상과 행동 패턴의 반복에 의거한다. 그러나 반복은 이미 존재하고 있는 것들로 제한되지 않나? 우리는 조금 전, 혁명이 완전히 새로운 재료를 필요로 한다는 것을 알게 되지 않았나? 이는 우리를 현재에 대한 질문으로 돌아오게 한다. 우리가 가지고 있는 것은 어떤 명백한 것만이 아니다. 우리는 또한 기억과 가능성으로만 현존하는 숨겨진 것을 가지고 있다. 이 저주받은 바퀴는 생명이 창조되고 보존되며 공유되지 않았더라면 사흘도 채 굴러가지 못할 것이다. 접합제는 이음새에 숨겨져 있고, 지배의 가장자리 사이에 압착되어 있으며, 착취의 맷돌 안에서 갈리고 있다. 이러한 사이 공간이 혁명적 정치의 중심에 놓일 수 있다. 잘못된 성장의 연속 대신, 반복은 완전히 다른 것이 된다. 반복은 세계를 다시 받아들이는 일이 된다. 억압받는 사람들을 해방으로 다시 받아들이기, 분열된 사람들을 연대로 다시 받아들이기, 파괴된 주기를 미래로 다시 받아들이기. 이것들이 반복의 의미다.

그것은 이미 일어나고 있다. 현 시대의 주요한 특징은 새로운 형태의 실천주의가 등장했다는 점이다. 우리는 다양한 영역에서 새로운 형태의 사회 운동을 마주하고 있다. 재분배 투쟁을 우선적으로 이끈다거나 시민권을 목표로 하는 것이 아니다. 해양에서의 구조, 살인적인 경찰 폭력에 맞서는 반인종주의적 투쟁, 성폭력과 여성 살해에 반대하는 페미니스트 파업, 종 소멸과 지구온난화에 맞선 환경운동, 전염병 시대 식품건강부의 노동분쟁. 이 모든 순간들이 삶을 위한 저항으로 이어진다. 새로운 저항은 계급화를 염두에 두거나 일부의 삶을 다른 삶의 부의 자원으로 취하는 것을 거부한다. 이는 생활상 중요한 사회 기반 시설의 '평등한' 접근을 주장한다. 광장의 운동은 튀니지의 청과물 상인 무함마드 부아지지가 자신의 사업을 이어가는 것이 공식적으로 금지된 것에 절망하여 분신했던 2008년 봄에 시작되었다. 이 운동은 서방에서 종종 다소 거만하게 '민주화' 물결의 일종으로 이해되었다. 그러나 이는 서구 유럽에서 일어난 성공한 소유권의 민주주의와는 결을 달리한다. 이 운동은 각각의 정치 체제에 관한 것일 뿐 아니라 일상에서 재생산 가능한 것들에 관한 것이었다. 이러한 연속된 저항 끝에 2013년 이스탄불의 게지 공원이 점거되었다. 게지 공원 시위는 나무의 삶을 위한 저항으로 시작되었다. 주민들은 분개했고, 쇼핑몰에 자리를 내줘야 할 탁심 게지 공원의 나무들을 보호하기를 원했다. 이미 세 번째 보스포루스 대교와 신공항 건설을 위한 시유림 벌목이 있은 후였다. 시위는 사상의 자유에 대한 표현, 경찰의 폭력과 독단적 권위에 대한 대항으로 발전했다. 대규모 페미니스트 동원이 선행된 2019년 가을 칠레 시위는 지하철 가격 인상으로 인해 촉발되었다. 프랑스의 노란 조끼 역시 2018년부터 유가 인상과 신자유주의 연금개혁 이래 유럽의 부와 기술, 전문성 속에서도 많은 사람들의 일상이 더는 살 수 없는 상태에 이르게 된 데에 분노와 절망을 표출하고 있다. 이런 당혹스러움은 긴축정책과 부실 경영, 열악한 근무 환경과 우월주의가 코로나 시대의 생존을 얼마나 힘들게 만들고 있는지에 대한 경악이라고 풀이된다.

스페인 철학자 몬세라트 갈세란 위게는 팬데믹을 새로운 움직임에서 이미 드러난 삶의 문제를 바라보는 출발점으로 삼는다.

21세기는 실로 이 팬데믹과 함께 시작된다. 이제는 생명권을 보호하는 것이 최우선인 시대가 될 것이다. 역사상 처음으로 '소수'는 다른 모든 사람을 방치함으로써 자신을 보호할 수 없게 되었다. 지구가 몰락해 버리면, 이제 우리가 도망칠 다른 어떤 행성도 존재하지 않는다. 뿐만 아니라 시간이 없다. 누구도 예외 없이 팬데믹과 바이러스의 위험에 노출되어 있다.

미세한 지방 덮인 분자 사슬인 바이러스 자체는 예외를 두지 않는다. 인간의 나약함과 죽음을 다시 한 번 공동의 운명으로 경험하게 되는 것이 그 결과다. 모두가 동일한 녹색의 뾰족한 병원체를 상징하는 아이콘과 통계를 응시하고 있다. 우리 모두 함께 호흡 곤란을 두려워한다. 바이러스는 숙주 없이 아주 잠깐 동안만 세포의 구조 밖에 서식하며 그 찰나에 우리는 취약성을 공유한다. 그러나 코로나19가 전염의 사회적 과정이라 간주될 때에도 예외가 있다. 누가 멀리 나가야만 하고, 누가 집에서 일을 할 수 있는 것인가? 누군가는 집안에서 안전할 때 누가 폭력의 위험에 처해 있는가? 누가 주거 공간이 있으며 누가 단 한 번도 물과 비누를 사용할 수 없는가? 록다운에 상관없이 움직일 수 있는 사람은 누구이며, 이미 과밀 상태인 감옥이나 수용소에 갇혀 있는 사람은 누구인가? 의심스러운 경우 누구는 인공호흡을 받고 누구는 그럴 수 없는가? 마지막으로 인종차별적 폭력행위와 국경 체제를 통해, 가뭄과 내전 때문에, 고갈과 환경파괴로 인해 누구의 생명이 오래전부터 훨씬 더 큰 위험에 처해 있는 것인가?

바이러스는 이미 존재하는 계층 구조를 더 공고히할 뿐만 아니라, 차이의 새로운 축을 마련한다. 면역 시스템이 거의 무너진 인구 밀집 지역에 살고 있는 사람, 그리고 거리 두기를 실천하기 힘든 사람은 누구인가? 그러므로 바이러스 앞에서 누구든 동등한 것은 아니다. 하지만 우리는 바이러스에 관해서는 동등해야만 한다. 죽음은 죽음의 방식으로 상황을 이 상황을 대한다. 하지만 삶을 위해 혁명은 혁명의 방식으로 이것을 행할 수 없다. 다양하며, 종종 반대를 향하는 삶을 위한 저항을 혁명으로 발전시키는 것은 점진적인 거부이며, 삶을 위한 투쟁과 모든 사람들이 평등하게 누릴 수 있는 모두에게 공유된 삶의 토대와의 결합이다.

위게는 자신은 삶을 위한 혁명의 의제와 관련하여 사회적 관심사의 전체 목록을 재구성할 수 있는 비전을 제시한다. 냉소적인 이윤 추구와 긴축정책은 "생존에 대한 범죄"로 나타난다.

개벌에 대해 이의 제기를 하는 새로운 결단력과 사회적 무관심은 하나다. 그러나 이를 통해 실제로 어떤 새로운 삶의 형식이 자랄 수 있는지에 대한 문제가 그 둘을 가르는 지점이다. 이 책의 앞 장에서도 다뤘던 것처럼, 삶에 대한 조직적 범죄를 추문하고 분석하는 것 이상으로 우리가 할 수 있는 것은 무엇일까? 우리가 공유하는 삶에 대한 약속, 생계협의회를 통한 이해관계 대변이 필요할까? 그것은 시작이 될 것이다. 그러나 무엇보다도 우리의 근본적인 활동에 대한 새로운 정립이 존재해야만 한다. 우리는 지속적 피로에 시달리지 않으면서 일을 할 수 있어야만 하고, 물건을 판매하는 것이 아니라 교환하며, 지배하지 않되 소유할 수 있어야만 한다. 요컨대 우리는 서로서로 그리고 지구를 파괴하며 잃지 않으면서 삶을 살 수 있어야만 한다. 여기에서 제시된 사회운동은 다른 방식으로 일하며 교환하고 소유하는 것이 어떻게 보일 수 있는지에 대해 이미 단서를 이미 제시한다. 이러한 단서들로 부터 이들의 저항은 혁명으로 변하기 시작한다.

이 혁명은 기존의 것에 들어맞지 않는다. 이 혁명은 기존의 것을 전용하거나 계속 유지하기를 원하지 않는다. 그것은 미래의 덧없는 방출된 힘을 통제하는 것이 아니라 세계의 상실을 되돌리는 것이다. 생명을 위한 혁명은 죽음을 만드는 것에 대항하며, 산 자를 살피는 일이다.

마지막 장의 말미에는 우리가 세상을 잃는 것은 시간의 상실이라는 진단이 나온다. 그것은 지금까지 당연한 것으로 여겨졌던 자연 순환이 궤도를 벗어나거나 파열된다는 사실에서 나타난다. 이는 신뢰할 수 없는 계절과 죽어 가는 생물종으로 나타나며, 우리 자신의 피로와 불안감으로 나타나기도 한다. 그러므로 세상의 상실에 대한 저항은 시간이 아니라 시간을 위해 싸워야 한다.

이것은 우리의 시간이 팔고, 자본화되며 또는 저당 잡혀야 하는 대상이 아님을, 즉 우리의 시간은 세세하게 통제당하는 것이 아니라 우리가 자유롭게 사용할 수 있는 것이어야 함을 주장하는 투쟁이다.

새로운 내러티브 예술에 대한 올가 토카르추크의 희망에서 영감을 받은 자유로운 시간 사용의 한 가지 표현은, 새로운 방식으로 생활 주기에 전념할 수 있다는 아이디어에서 찾을 수 있다. 자연(동료 종을 포함)의 등에 우리의 흔적을 남기는 대신, 애초에 그들의 연결을 이해하려고 노력할 수 있다. 우리는 그들이 우리 자신의 궤도와 얼마나 강하게 연결되어 있는지 깨달아야 한다. 우리는 자연과 대사작용을 하지 않고는 혼자서 일하거나 교환하거나 소유할 수 없다. 우리의 삶은 그 자체로 다른 생명체와 무한히 얽혀 있는 자연 재생 주기의 작은 조각이다. 생명을 구획화하여 우리의 소유물로 고정하는 대신, 이익을 극대화하기 위해 생명을 갈기갈기 찢어 버리는 대신 우리는 생명을 재생하고, 나누고, 키울 수 있다. 한꺼번에 하는 것이 아니라 여기저기서, 그리고 함께. 우리는 뜨겁게 달리는 바퀴의 원심력에 대항하기 위해, 즉 그 위에서 새로운 움직임을 시작하기 위해 많은 새로운 원을 그려야 한다. 그러면 저항이 증가한다. 그러면 속도가 느려지지만 불꽃은 발생하지 않는다. 단순한 붕괴가 아닌 혁명을 보고 싶다면, 우리는 낡은 것의 틈새에서 새로운 것을 창조해야 한다. 이것은 사실적인 규칙을 조합해서 지금 형태의 부서지기 쉬운 틀을 수리하는 문제가 아니다. 우리는 새로운 종류의 연결로 그것을 덮어야 한다. 거칠고 이동 가능하며 자유로운 연결. 혼자서는 할 수 없었던 것보다 더 많은 일을 할 수 있는 연결. 그 누구도, 그 어떤 생명도 더 이상 폭력적으로 배 밖으로 나가지 않도록 해야 한다. 배제하는 원은 열고, 제공하는 원은 닫는다면 균형이 무너지고 균열이 생긴다. 중심, 삶의 공유 기반에 대한 참조가 축적되면 그물은 더욱 촘촘해진다. 이 모든 것이 이전의 '속이 비어 있고 돌고 도는 바퀴'를 느리게 만든다. 아래에서 아래로 내려간다.

어떤 어리석은 움직임, 아찔한 착취의 견인력이 멈췄다. 대신 바퀴로 가득 찬 바퀴, 무한히 짜인 원, 더 많은 생명, 더 많은 움직임, 더 많은 오케스트레이션이 등장했다. 오직 한 가지 형태,

즉 제한적이고 파괴된 사물지배의 대상만이 희귀해졌을 것이다. 그리고 더 희귀한 것은 그 주체다. 바로 현재의 우리다.

하지만 우리 스스로를 혁신하고 싶을까? 소유주들의 민주적 방식으로 개혁을 도입하는 것이 더 안전하지 않을까? (그래도 아무것도 없는 것보다는 나을 것이다.) 그런 개조로 안보를 위험에 빠뜨리는 것은 아닐까? 사람들은 어차피 자치라는 이름으로 권리를 갈망하는 것이 아니라 때로는 단순히 자신의 평온과 특이성을 보호받기를 원하는 듯하다. 개인주의와 소수자 보호, 자유주의의 위대한 업적은 공동체에 흡수되기를 꺼린다. 이러한 가치들이 정의된 물질적 규칙의 틀 안에서가 아니라 다른 방식으로 실현될 수 있을까? 그러기 위해 우리는 거친 애착을 지나 연대적 분리로 건너가야 한다.

우리는 지금의 감시 자본주의가 부여하는 것보다 더 많은 후퇴와 안정, 그리고 무한한 익명성이 필요하다. 마르크스가 아름답게 표현한 것처럼 "인간은 공동체 안에서만 고립될 수 있는 동물"이기 때문에, 거리를 둘 수 있는 새로운 자유를 얻기 위해서는 더 큰 연결성이 필요하다.

비말로 전염되는 팬데믹 상황에서 마스크는 나 자신부터 다른 사람과 안전한 거리를 두는 상징이 되었다. 마스크는 함께 있을 때의 위험을 줄여 줌으로써 자유를 가능하게 한다. 마스크는 홍콩 민주화 운동의 상징이 되었으며 지금도 많은 시위에서 중요한 역할을 하고 있다. 얼굴 인식과 셀카 중독의 시대에 저항을 가능하게 하는 것은 바로 익명의 균일한 얼굴이다. 이 얼굴은 누구나 들어갈 수 있는 공통의 지위를 상기시키고 분류를 거부하는 연대를 상징한다. 연대적 거리 두기. 우리도 이것을 실천해야 한다. 어떤 의미에서 마스크는 상대방을 위장하고 보호하는 도구로 숲의 기술을 이어가고 있다. 마스크는 사이의 공간을 보존하는 데 도움이 된다. 숲은 경쟁이 치열한 공유지의 장소이자 은신처다. 숲은 수 세기 동안 반란군에게 피난처와 지원을 제공했다. 우리는 수레바퀴를 돌리고 죽은 나무를 살아 있는 나무로 바꾸기 위해 숲을 심어야 한다. 때때로 숲으로 후퇴할 때 숲을 가장 잘 알 수 있다. 처음 대량 학살이 일어난 후, 지금의 벨라루스에 있는 숲에서 나치에 저항하는 비엘스키 빨치산에 합류한 유대인 공산주의자 리자 에팅거는 리데어 게토에서 숲에 대해 이렇게 설명한다.

하이킹과 여름 캠프가 열리는 숲은 사람들이 영구적으로 사는 숲과는 달리 피난처이자 희망과 안전의 원천이 되었다. 모든 나무가 요새가 되고, 모든 덤불이 보루가 되고, 숲 전체가 흔들리지 않는 친구가 되어 대가를 바라지 않고 모든 사람에게 친절하게 대한다. 우리의 충실한 친구인 숲을 찬양할 수만 있다면 얼마나 좋을까!

삶을 위한 혁명은 아렌트가 "행위의 기적"이라고 반복해서 부른 것에서 비롯된다. 그것은 세상의 반복되는 마법이 아니다. 다시 받아들이기다. 인간의 본성과 상상력은 재생의 주기를 받아들이는 일에서 비할 수 없는 이동성을 허용한다. 모든 종류의 상황에 헌신할 수 있다. 정말 모든 종류의 상황. 여기에서는 나무를 많이 이야기하고 있지만 지역 도서관, 에스프레소 모임, 자기부상열차 등에도 나무를 사용할 수 있다. 중요한 것은 삶을 위한 혁명에서 우리를 성난 죽은 나무에 묶어 두었던 치명적인 격자가 녹아내린다는 것이다. 우리의 개성, 고립, 특수성, 분리 능력은 재산을 향한 자의적 의지에 달려 있는 것이 아니라, 리자 에팅거가 미공개 회고록에서 말했듯이, 우리가 세상을 특별하게 엮어 내는 이야기를 할 수 있는 능력에 달려 있기 때문에 우리는 이 혁명에서 멸망할 필요가 없다.

6

(삶을)
구하다

삶을 위한 혁명은 한 사람 한 사람의 삶에 관한 투쟁이다. 삶을 위한 혁명은 사물지배가 억압하며, 실제적 지배가 추방하는 모든 것의 삶에 닻을 내린 죽음과 파괴의 논리를 넘어, 완전한 다른 삶을 위해 싸운다.

팬데믹 속에서 삶을 위한 혁명은 더욱 가시화된다. 비상사태로 갑자기 들이닥치는 것이 모두에게 일상과의 단절을 의미하지는 않기 때문이다. 1940년 발터 벤야민은 억압받는 자의 전통이 가르치는 것은 우리가 "비상사태 속에 살아가고 있음이 우리 삶의 원칙이라는 것이다."라고 썼다. 사회학자 바네사 에일린 톰슨은 흑인 여성주의의 시각에서 우리가 처한 현실에 이 원칙을 대입하며 "숨 쉬기를 불가능하게 만드는 것"이 오랫동안 흑인과 인종적으로 차별받는 사람들의 지식 아카이브를 통해 전해져 왔다고 지적한다. 코로나19가 확산되는 동안 우리 모두가 매일 밤잠에서 깨어 아직 숨을 쉴 수 있는지를 확인해야 했던 상태는 인종차별적 폭력을 당해 온 사람들의 오랜 경험과 견주어 보았을 때 한낱 메아리에 불과하다. "숨을 쉴 수 없다."라는 외침은 전 세계적으로 흑인의 실제 삶에서 통용되는 말이다. 아프리카계 미국인이자 집안의 가장이었던 에릭 가너가 2014년 여름 뉴욕시 경찰에 의해 비무장 상태로 목이 졸려 죽기 전까지 열한 번이나 반복한 말이기도 하다. 15년이 지난 지금도 데사우 경찰서 감방에서 우리 잘로가 중한 골절을 입은 상태로 매트리스에 묶여 불에 타기 전에 무슨 말을 했는지 알지 못한다. 어떤 관리자가 화재경보기를 껐고, 인터폰 볼륨을 줄였던 것이다.

2020년 5월 25일 잔인한 백인 경찰관의 무릎 아래에서 숨진 조지 플로이드의 유언 또한 "숨을 쉴 수 없어."였다. 흑인 해방 운동의 새로운 물결에서 이 말의 울림은 인종차별주의가 존재하는 세계에서 자유롭게 숨 쉴 수 있는 가능성이란 선택적이 아니라 체계적으로 차단된다는 것을 드러낸다. 듣지 않는 자의 귀에 닿은 구조 요청은 경찰과 교도소 그리고 자본주의적으로 축적된 부와 같이 그 귀가 복종하는 기관에 대한 소송으로 받아들여진다.

삶을 구하는 문제를 집단적인 과제로 선언하는 저항은 비상사태에서 허위로 정상 상태라 칭해지는 일상으로 돌아가기를 원하는 사람들에게 면역을 제공한다. 더 큰 열망을 위한 공간을 만든다. 모든 이가 숨 쉴 수 있는 세상을 향한 열망을 위한 공간을 만든다.

활 기 차 고   자 유 로 운   삶

오늘날 '흑인의 목숨은 소중하다'만큼 명확하고 정확하게 삶을 위한 혁명을 실천하는 정치 조직은 찾아보기 힘들다. 2013년 여름 비무장 상태였던 열일곱 살 트레이본 마틴을 살해한 범인이 무죄 판결을 받았을 때 흑인의 목숨은 소중하다가 조직되었다. 이듬해 미주리주 퍼거슨에서 마이클 브라운이, 뉴욕에서 에릭 가너가 경찰에 살해당했을 때 대규모 시위로 대항했다.

흑인의 목숨은 소중하다는 아프리카계 미국인 공동체에 오래 알려져 있던 경찰의 자의성과 잔인함이라는 사실을, 오늘날에는 비디오 녹화로 기록되고 공유되는 자료를 동원한다. 19세기 전반 미국 남부의 경찰은 탈출한 노예들을 잡는 임무를 맡은 백인 남성들 가운데 모집한 노예 정찰대에서 생겨났다. 남북 전쟁에서 남부의 패배와 1865년 노예제의 폐지는 백색 테러의 시기로 이어졌으며, 지금까지도 쿠 클릭스 클랜과 같은 조직이 이를 자행하고 있다. 남북 전쟁 이후 과도기는 다시 한 번 경찰력을 통해 흑인들의 삶을 통제하는 것으로 마무리되었다. 1870년대에 도입된 짐 크로 법은 남부 주에 인종 분리를 도입했으며,

이는 100여 년이 지난 후에야 흑인 민권 운동을 통해 극복되었다. 사물지배, 즉 흑인들에 대한 제도화된 소유권은 압제적인 환상소유로 변모했다. 남부의 백인들은 흑인 시민들에게 자리를 할당할 수 있는 우월한 위치에 있다고 여전히 착각할 수 있었다.

법률가 미셸 알렉산더가 흑인의 목숨은 소중하다 운동을 설명하는 분석에 따르면, 1960년대의 시민권 운동에서도 새로운 경찰권에 의해 중재된 새로운 제한이 뒤따랐다. 현재 백인 환상소유의 사회 기반 시설이 미국의 감옥 시스템을 형성하며, 세계 인구의 4.4퍼센트만이 미국에 살고 있음에도 불구하고 전 세계 수감자수의 약 20퍼센트가 미국에 있다. 이 중 상당수가 흑인이며, 사소한 마약 관련 범죄로 수감된 사람들도 포함되어 있다. 역사적으로 부의 상당 부분을 중독 물질인 담배와 럼주의 무역으로부터 축적한 국가에서 1980년대 초 특정 마약 범죄는 유일무이하고 선별적으로 범죄화되었다. 예를 들어 소수 아프리카계 미국인들 사이에서 흔히 거래되는 크랙 코카인 소지는 은행가나 정치인들, 영화배우들이 주로 소비한다고 알려진 분말 코카인을 소지하는 것보다 100배 높은 징역형을 선고받았다. 이와 동시에 갱단 소속 범죄라는 것이 만들어졌다. 백인 갱단, 특히 백인 테러리스트 집단과 대안 우익 네트워크 등이 존재함에도 불구하고 갱단 소속 범죄는 실제로 범행을 저지른 증거가 없는데도 비슷한 티셔츠를 입고 있었다는 이유만으로 흑인 청소년들을 범죄화할 수 있도록 배타적으로 사용되었다. 이로써 흑인에 대한 경찰의 통제를 통해 형벌 체계가 형성되었으며, 흑인 지역사회에는 감옥으로 향하는 화물용 비탈길이 설치되었다. 현재 미국에서는 남북 전쟁이 시작되던 시기에 노예가 된 사람의 수보다 더 많은 흑인 남성들이 감옥에 수감되어 있으며, 많은 경우 민간 기업이 운영하는 감옥에서 장기 노동을 하고 있다. 코로나19 팬데믹의 여파 속에서는 과밀화된 교도소가 감염의 온상이 되면서 자유의 박탈과 삶의 박탈 사이의 경계가 계속 허물어졌다.

흑인의 이동의 자유와 인간적 지위를 다루는 백인의 지속적인 월권은 그저 개인적인 편견에 근거하지 않는다. 백인의 지속적인 월권은 사회 제도 안에 존재하면서 어느 정도 백인 개인을 위해 더러운 일을 한다. 그들은 이러한 제도 내에서 우월성을 잃지 않으면서 개인적으로 '중립적인' 행동을 할 수 있다. 백인의 환상소유는 사회 기반 시설에 의해 보호된다. 따라서 일관된 반인종차별주의적 관점은 앤절라 데이비스와 루스 길모어 같은 선구자들이 말한 것처럼 "폐지주의적"이어야 한다. 반인종차별주의는 흑인들이 폭력, 횡포, 조기사망과 같은 일을 당하도록 하는 모든 제도를 폐지하는 것이 목표가 되어야 한다. 이 과업은 노예제의 폐지와 함께 시작되었지만, 대부분 본질적인 사회 문제들로 인해 사람들이 개인적으로 갇혀 있는 한 끝나지 않는다.

형벌 제도가 법을 위반하는 횟수를 감소시키지 못한다는 사실은 입증된 바 있다. 만약 그렇다면 우리 모두가 감금에 대한 공포 때문에 동의한다면 공동생활의 기반이란 무엇인지를 진지하게 고민해야 한다. 효과적으로 범죄를 예방하는 것은 가능한 일이다. 더 나은 의료 서비스, 부의 공정한 분배, 문화의 비무장화, 탈남성화를 통해 달성될 수 있다. 흑인의 목숨은 소중하다의 세 주창자인 알리시아 가르자, 패트리스 칸컬러스, 오팔 토메티는 현대 인종차별 철폐운동의 중심인물들이다. 미국의 흑인 여성으로서 그들은 다가오는 재앙에 대한 카산드라의 비난자가 아니다. 오히려 그들은 과거로부터의 재앙이 계속되고 있음을 증언하고 있다. 이론가 사이디야 하트만은 아프리카계 미국인의 저항을 "사유재산의 다음 삶"이라고 빗대어 설명한다. 이다음 삶은 흑인의 생명이 계속해서 위험에 처해 있는 "지속적인 예외상태로서의 현재"와, 생성을 멈춤으로써 애초에 과거로 빚어져야만 했던 "삶의 파편들"에 대한 관심을 요구한다. 이 둘 모두가 "삶의 파편"을 사유재산의 손아귀에서 해방시키는 것을 목표로 한다.

환상소유이자 사물지배의 지속인 사유재산의 다음 삶은 지금의 저항이 움직이는 틀을 정의한다. 경찰과 자칭 백인 민병대측의 폭행이 확대되면서 흑인들이 제지되고, 고문당하고, 극단적인 경우에는 린치당해도 된다는 입장을 고수하려는 시도가 동반되었다. 그들은 재산권을 내세워 이러한 입장을 뒷받침하고, 때때로 그들에게 수반된 슈퍼마켓 약탈을 강조함으로써 시위의 정당성을 훼손하려 한다. 흑인의 목숨은 소중하다의 대중적 기반이 지닌 평화성을 강조하기에 앞서 먼저 정황을 정확하게 보아야 할 것이다. 백인의 소유욕 그리고 흑인의 삶을 사유재산화할 수 있다는 환상이 식민주의, 플랜테이션 경제, 노예무역, 인종 분리로 빼앗긴 해방을 규정했다. 단지 미국 내의 정황만을 말하는 것이 아니나. 이러한 정황은 미래에 있을 투쟁의 근본이 될 것이다. 삶을 위한 혁명은 자유의 부활이 사유재산의 다음 삶을 털어내 버리는 지점에서 시작된다.

노예제 폐지를 외쳤던 혁명가들의 과제는 새것 같은 고대 인물들의 극 속에서 법적인 배척에 맞서 오빠의 장례를 품위 있게 치르기 위해 헌신했던 안티고네의 과제와 가장 닮아 있을지도 모른다. 페트리스 칸컬러스는 마이클 브라운의 살해에 비춘 그녀 오빠의 운명을 자신의 저항과 연결시켜 구체적으로 설명한다.

윌슨(마이클 브라운의 살해자)이 나중에 주장한 바로는, 몇 주 후에 대학에 들어갈 예정이었던 그 10대 소년을 마주했을 때 자신의 목숨이 위협받았다는 것이다. 그때 마이크 브라운은 비무장 상태였으며, 부검 보고서에 따르면 그가 손과 가슴에 총을 맞았다는 사실이 확인되었을 뿐 아니라, 증인들 간의 의견이 일치하지는 않지만, 그가 윌슨을 공격하려 한 것이라면 윌슨이 공격을 막기 위해 쏜 것으로 추정된다. 그러나 그는 머리에 총을 맞았다. 두 발.

마이크 브라운의 주검은 살인사건 이후 4시간 30분 동안이나 미주리 주의 뜨거운 태양 아래 그대로 있었다.

마이크 브라운, 그는 여러모로 나의 오빠 몬테를 생각나게 한다. 그의 체격과 피부색, 나이 때문에 경찰은 그를 죽이기 위해 쫓았다. 이 이야기는 이 나라의 많은 사람들에게 마치 충격적인 특수한 사건으로 여겨진다. 하지만 이 이야기는 내가 아는 사람들에게는, 길거리에서 공공연하게 당하는 폭행에 관한 것이다. 명백한 처형 행위로 여겨지는 것은 아닐지라도 말이다. 그리고 이건 우리 가족에 대한, 우리를 사랑하고 키워 준 사람들에 대한 공격이다. 나는 경찰에게 살해당해 몇 시간 동안이나 길거리에 방치되어 있었던 그 사람이 나의 형제일 수도 있었다는 것을 안다.

형제들에 대한 사후 비방에 대항하는 입장을 취하는 것은 반인종차별주의 활동의 한 부분이다. 칸컬러스는 마이클 브라운의 시신을 멸시하듯 대하는 태도를 비난한다. 지난해 폭스 뉴스의 진행자인 빌 오라일리가 비무장 10대 청소년 트레이본 마틴은 그가 입고 있던 후드티가 위협적으로 보였기 때문에 사망한 것이라고 주장하자, 활동가들은 '후드티 집회'를 조직했다. 흑인의 목숨은 소중하다의 활동가들은 안티고네 이상의 존재들이다. 그들은 테베의 여인처럼 왕조 내부의 불화 속에서만 투쟁하는 것이 아니라, 인종주의와 자본주의적 착취, 가부장적 부르주아 친족 규범 등 현대의 가장 거대한 제도적 폭력의 교차점에서 투쟁한다. 형제를 위해서만이 아니라 정치적으로 선택된 확대된 개념의 가족관계를 위해 끈질기게 연대하며 투쟁한다. 칸컬러스는 선택적인 가족을 만드는 과정이 그녀의 사회변화 이론에 기초가 되었다고 쓴다. 그리고 그녀의 구조 활동은 죽음 앞에서의 삶, 들이닥치는 사회적 죽음에도 불구하고 살아 냈던 흑인의 삶을 향한다. 흑인 형제자매와 조상 그리고 후손의 삶을 구제한다는 것은 그들을 백인의 환상소유로부터 벗어나게 한다. 이것은 오라일리가 치열하게 설명하듯 인종차별이 초래하는 죽음의 기본 값인 사물지배의 관념을 극복한다는 의미이다.

알리시아 가르자는 트레이본 마틴을 살해한 자가 무죄 판결을 받자, 페이스북에 '흑인에게 보내는 연애편지'를 올렸다. 이 글은 흑인의 삶을 중요하게 다루는 하나의 공식적인 출발점이 되었다. 이 편지의 마지막 문장은 "흑인의 목숨은 소중하다."였다. 패트리스 칸컬러스는 이 문구를 해시태그로 채택하고 오팔 토메티와 함께 로스엔젤레스에서 대규모 항의 집회를 조직했다. 급진적인 상호 교차성 흑인 페미니즘 전통을 따른다는 것은, 안티고네가 그녀의 여동생 이스메네를 낮춰 보았던 것처럼 여성 간 관계를 망쳐 버리지 않는다는 의미다. 흑인의 목숨은 소중하다는 트레이본 마틴을 위한 정의와 더불어 폭력적인 남편에 맞서 싸우려다 수감된 머리사 알렉산더의 즉각 석방을 요구했다. 얼마 지나지 않아 운동은 조직 내 트랜스젠더와 퀴어 여성의 선구적 역할을 명시적으로 인정했다. 시위에서는 경찰이 브레오나

테일러, 트랜스남성 토니 맥데이드를 살해한 사건도 구체적으로 공론화되었다.

2013년 로스엔젤레스에서 열린 대규모 시위에 앞서 주로 여성 조직원들이 모인 회의를 보고하는 칸컬러스의 글은 존엄한 삶의 토대가 될 통로를 획득하고자 하는 집단적 요구를 보여 준다. 가르자의 연애편지에 대한 집단적인 반향으로 읽히는 기록이다.

마을에서 열리는 회의에서 우리의 쟁점은 힘을 강화하며, 우리가 촉진하고자 하는 치유 과정 마련에 관한 메시지를 어떻게 전달할 것인가. 나의 경우 집에서 우리는 주로 여성들이 마땅히 받아야 할 것에 대해 이야기한다. 우리는 다른 것을 알 자격이 있다고 말한다. 그 앎은 내 삶이 길고 생동하며 건강할 것이라고 가정할 때라야 오는 것이다. 우리는 감옥과 처벌이 없는 세상을, 상호성에 기반하기 때문에 감옥과 처벌이 존재할 필요가 없는 세상을 꿈꿀 자격이 있다. ……

만일 자신과 주변 사람들이 살아남지 못할 것이라 가정한다면 개인, 국가 및 지역사회 내부에서 어떤 변화가 일어날 것이다. ……

우리는 50세에 심장마미, 뇌졸증, 당뇨병 또는 실명의 위험에 시달리지 않는 삶을 누릴 자격이 있다. 우리가 구할 방법을 알고, 경제적으로 감당할 수 있는 음식은 총알이 장전된 총과 같기 때문이다. ……

그곳이 감옥이거나 자유에 상응하는 공간이거나 상관없다. 우리는 동물의 우리가 아닌 주거 공간에서 생활할 자격이 있다. 우리의 역량의 화분에 물을 주어서 성장할 수 있는 그런 집 말이다. …… 우리는 우리만의 정원에서 정원사일 자격이 있고, 정원사를 가질 자격이 있다. 햇빛과 비를 가져다주는 멘토와 선생님을, 그리고 '자라라, 아가야, 자라렴' 하고 묘목에 속삭이는 목소리를 누릴 자격이 있다. 우리는 사랑받을 자격이 있다.

안티고네의 삶은 그녀가 산 채로 매장되면서 마감되었다. 흑인 활동가들은 인종차별주의적으로 가해지는 사회적 신분 하락의 압력에 맞서 흑인들의 삶을 주장하는 것이 무엇을 의미하는지 보여 준다. 흑인의 목숨은 소중하다나 '크리티컬 레지스탕스'와 같은 인종차별 철폐 운동은 삶, 호흡, 성장을 위한 혁명을 일으킨다. 그들은 주어진 상황에서 모든 생명이 공평한 대우를 받지 못하고 있으며, 그러므로 특정한 삶이 체계적으로 소모품으로 취급되며 상해를 입는 것이 아무렇지 않게 여겨지는 바로 그곳에서 저항이 시작되어야 한다는 사실을 아주 잘 알고 있다. 사물지배가 이들의 삶을 조롱하면서 창살 안에 몰아넣는 그곳에서 삶을 구하는 임무는 항상 두 가지다. 하나는 위협받는 삶을 격렬한 연대감으로 보호하고 북돋우는 것이다. 그리고 다른 하나는 삶의 자유와 숨을 빼앗는 모든 제도의 폭력을 부수는 것이다.

삶을 구하는 임무가 시작되는 각 지점에서 서로 다른 기반 위에서 함께하는 삶을 생각할 수 있게 된다. 6월 7일, 조지 플로이드가 살해된 미니애폴리스의 시의원 11명 중 9명은 경찰 당국은 개혁 불가능하다는 것이 입증되었으며, 따라서 경찰을 폐지하고 새로운 안전 문화를 도입하겠다고 발표했다. 이 역사적 순간은 다양한 활동가들과 흑인 공동체 구성원들이 주최한 파우더혼 공원의 공개회의에서 일어났다. 참석자들의 투쟁적인 정치 연설과 토론 이외에 합동 호흡 훈련도 진행됐다. 진행자는 햇볕이 잘 드는 공원에 흩어져 있는 청중들에게 "우리의 가능성을 들숨을 통해 들이마셔 봅시다."라고 말했다. "날숨에 우리가 허물려는 그릇된 장벽을 내보냅시다. 우리의 지역사회 안에 구축할 수 있는 안전을 들이마셔 봅시다. 우리는 서로를 위해 여기에 있기에, 품은 의심을 내보내 봅시다." 당연히 마스크를 착용한 상태였다. 루스 길모어는 한 인터뷰에서 노예제 폐지주의자의 비전을 장난스럽지만 단호하게 요약했다. "생명은 열렬한 사랑을 받는 곳에서 귀중하다."

가장 큰 조직적 폭력의 교차점을 다루는 것이 흑인 페미니즘의 오랜 전통이다. 레즈비언 페미니스트 단체 '컴바히 강 공동체'는 1977년 다음과 같이 썼다. "만약 흑인 여성이 자유롭다면, 그것은 모든 다른 사람들도 자유로워야 한다는 것을 의미한다. 우리 모두의 자유는 모든 억압 체계를 파괴할 것을 요구하기 때문이다." 사물지배가 모이는 곳의 순환을 끊었을 때에만 우리는 다음 억압의 메커니즘이 즉각적으로 다시 실행되지 않기를 바랄 수 있다. 자유는 위로부터 재분배되는 재화가 아니다. 알리시아 가르자 역시 인터뷰에서 이 점을 지적하면서, 개선을 위한 모든 시도는 삶에서 가장 고통스러운 시기에 시작된다고 강조한다. 해방은 위에서 아래로 흘러내리는 것이 아니라 위에서 솟아오르는 것이다. "발포!" 가르자는 외친다. 끓어오름, 위를 향해 뿜어져 나옴, 그리고 가득 차 넘치는 것이 바른 방향으로의 움직임이다. 생명은 귀중하게 여겨지는 곳에서 값진 것이다.

바 다 에 서 의 사 물 지 배

　　단일 민족국가의 국민이라는 이념이 출현한 것은 얼마 되지 않았다. 이것은 프랑스 혁명의 편협한 유럽적인 해석으로부터 유래한다. 바스티유 습격과 인권 선언은 포르토프랭스, 버지니아와 파리를 잇는 제국, 식민지 본국, 농노제와 노예제로부터의 대서양 해방을 위한 교두보가 아니라 민족국가 국민들의 주권 획득으로 이해되었다. 혁명 후 나폴레옹의 제국주의 시대에 이 모델은 특히 군사적인 강점으로 부각되었다. 혁명을 통해 달성된 국민 주권에서 정치적 자유는 국가적인 성숙이라는 제한된 형태와 결부되어 있다. 우리는 국가의 주주로서 민주적 권리를 가지고 있다. 집단적인 환상소유는 자기통치에 종속되지, 존재의 사실이나 개별 문제의 규모에 종속되는 것이 아니다. 우리 나라! 실제로 유럽에는 영토와 언어가 결합되어 국적을 형성할 수 있는 균일하게 구분되고 통제 가능한 지역이 거의 없었다. (프랑스는 오늘날에도 여전히 바스크족과 대립하고 있으며 사보이족의 분리주의를 의식하고 있다.) 대규모 이주와 국경 조정은 1차 세계대전 이후 군사 방어를 개선하기 위한 것이었지만, 무엇보다도 동질적인 국민이라는 틀 안에서는 문제로 보일 수밖에 없는 민족적 소수라는 현상을 만들어 냈다. 한나 아렌트에 따르면 동질화 시도의 실패로 인해 국민국가의 이념은 도입 과정에서부터 의구심을 살 수밖에 없었다.

유럽 전역에서 국민국가의 원리가 실현된 것은 국민국가를 더욱 불신하게 만드는 효과만을 가져왔다. 국민국가의 주권은 일부 민족에게만 주어졌다. 따라서 국민국가의 주권을 지닌 민족은 다른 민족 집단의 좌절된 열망에 맞서 처음부터 억압자의 역할에 설 수밖에 없었다. 억압받는 집단은 국가적 자기 결정권과 완전한 주권 없이 자유는 불가능하다는 확신을 갖게 되었다. 따라서 그들은 국가적 열망뿐만 아니라 인권이라 여기는 것도 기만당했다고 생각했다. 그리고 이런 감정으로 그들은 실제로 국민국가 전통을 정립한 프랑스 혁명을 증거로 들 수 있었다.

한나 아렌트는 민족주의적 소수의 문제에서 출발해서 민족국가 체제에 의해 완전히 배제된 무국적자라는 문제에 접근한다. 아렌트는 무국적자를 민족국가의 치명적인 산물로 간주하고 이를 통해 유명한 '인권의 역설' 명제를 입증한다. 인권의 역설이란 우리는 인간이기 때문에 인권을 가질 자격이 있지만, 실제로는 국가에 의해서만 인권을 보장받을 수 있다는 점을 가리킨다. 이는 인권이 가장 필요한 사람들, 즉 무국적자들이 보호받지 못한다는 의미다. 아렌트는 오직 "권리에 대한 권리", 즉 공동체에 속할 수 있는 모든 사람의 무조건적 요구만이 이러한 불공정한 상황을 해결할 수 있다고 본다. 이것은 일종의 반항적인 보편주의다. 헌법의 숲은 일반 국민에게 열려 있어야 한다. 그러나 이는 동일한 역설의 부정적인 이미지로 이어진다. 헌법은 민족적으로 동질적인 민족국가의 자치 기관이라는 것이다. 그리고 어떻게든 유사한 민족 집단이라는 상은 외부에서 새로 온 사람들을 문제시한다. 사실 인권의 역설은 즉시 해결될 수 있다. 국가가 존재하는 한 모든 무국적자는 언제든 다시 시민이 될 수 있다. 프랑스 위그노가 브란덴부르크 선거구에서 시민이 된 것처럼 말이다. 시민 수의 증가는 일반적으로 공동체에 유익하다. 왜냐하면 부르주아 경제는 더 많은 사람들과 공유하면 줄어드는 케이크가 아니라, 더 많은 사람들이 빵을 굽고 구매할 때 더 많은 빵을 판매하는 빵집이기 때문이다. 그럼에도 불구하고 유럽의 민족국가들은 대부분 이주민을 외면한다. 잠재적인 제빵사들은 그들에게 항상 이질적인 존재, 국가로부터 공유된 환상소유에 개입하려 드는 소수로 나타나기 때문이다.

국가사회주의의 인종적 사고에서 인구통계학적 동질성의 망상은 살인적으로 증가했고, 영토적으로 경계가 지어졌으며 민족주의를 넘어 유사 생물학적 집단으로 변모했다. 전체주의 통치는 이 집단을 모든 소유자의 위치에 놓았다. 전체주의 통치는 평가 절하된 동유럽 인구의 토지는 물론이고 잠재적인 도둑이나 국가 기관의 권위를 몰수한다고 간주되는 생명을 처분할 권리가 있었다. 유럽의 유대인, 신티 그리고 로마(나치가 학살한 소수민족), 유전병자, 장애인, 동성애자, 공산주의자. 이런 맥락에서 소수자는 대량 학살이라는 최종 해결책으로만 제거될 수 있는 '문제'다.

전후 인권과 소수자 보호는 민족적 동질화와 가혹한 위계화가 강행됨에 따라 여전히 취약한 상태로 남아 있었다. 노예제에 고착된 극단적인 인종 분류는 소수 집단을 형질적으로 분류하도록 백인의 시선을 교육시켰다. 중동과 중앙아시아 출신 이민자에 대한 인종차별에서 이러한 구분은 이슬람에 오래 투영되면서 심화된다. 무슬림은 항상 찬탈자로 여겨진다. 십자군 전쟁에서 예루살렘을 불법으로 소유한 자들 혹은 레콩키스타(이베리아반도를 탈환하려 한 기독교 운동)에서 이베리아반도를 침략한 자들. 오늘날에는 성적인 형태의 인종차별적 투영이 지배적이며, 이에 따르면 무슬림 남성들은 소유욕을 거리낌 없이 드러내는 경향이 있다. 히잡을 착용한 여성들의 머리에서는 누군가의 소유라는 표시가 읽힌다. 2016년 쾰른에서 열린 새해맞이 행사에서 일어난 폭행 사건은 독일 여성들의 안전이 위협받고 있다는 명목을 빌미로 이민자들을 반대하는 혐오 캠페인에 이용되었다.

파시스트적 사물지배의 우월성에 대한 환상은 과거의 일이 아니다. 네오나치 네드워크에 대한 수사는 더디게 진행되고 있으며, 경찰과 헌법 수호처 내부의 우익 동조로 인해 더욱 어려워지고 있다. 하나우의 가해자는 선언문에 전체 집단의 말살에 대한 환상을 펼쳐 내려갔으며, 이주 배경을 가진 사람들을 의도적으로 염탐하고 살해했지만 명확하게 식별할 수 있는 우익 테러리스트가 아니라 단독으로 범행을 저지른 것으로 확인되었다. 2020년 2월 19일 페르하트 운바르, 괴칸 귈테킨, 함자 쿠르토비치, 사이드 네사르 하셰미, 메르세데스 키에르파츠, 세다트 구르부즈, 칼로얀 벨코프, 빌리 비오렐 파운, 파티 사라소글루의 생명이 그에게 희생되었다. 살인적이고 인종차별적인 네트워크를 폭로하고, 그들에게 한계를 부과하지 않도록 연대할 의무를 다하지 못한 우리 사회는 희생자들에게 빚지고 있다. 그들은 결코 낯선 사람이 아니었다. 하지만 하나우 희생자, 나치 희생자, 할레 테러의 희생자의 유족들에게 덜 혐오스러운 사회로 어떻게 변할 수 있을까? 사유재산과 민족적 동질성의 내세에서 자유로워지고자 하는 모든 이들이 그들에게 덜 혐오스러울 수 있을까?

우리 사회는 새로운 유대를 형성하기는커녕 우리 자신으로부터 소외된 채 망명에 관한 인권을 외면하면서 외부 국경을 강화해 왔다. 많은 수용적인 공동체와 환대하는 문화의 광범위한 네트워크, 이주민 자체 조직이 존재하는 가운데 국경의 기능은 이제 백인 민족주의 환상소유의 기반으로만 쓰이고 있다. 유럽연합은 지중해의 지형과 리비아 고문가들을 활용해 치명적인 총격 사건 없이도 세계에서 가장 치명적인 국경을 확고히 한다는 목표를 달성하고 있다. 이동이 제한된 대상으로서 기대되는 역할을 따르지 않고 망명에 관한 권리를 주장하려는 사람들은 익사의 위험을 감수한다.

이주는 그 자체로 항상 삶을 위한 혁명이며, 더 나은 삶의 가능성을 위해 자신의 자유를 투입하고 절대적인 참여권을 주장하는 과정이다. 지중해의 상황은 인명구조 작업의 성패가 이주 가능성에 영향을 미치게 한다. 불안정한 풍선보트가 리비아 해안을 떠나 공해에 그 운명을 맡길 뿐이다. 마지막 남은 구조 작업은 범죄화에 맞서 싸우는 인권단체와 활동가들 그리고 바다와 오랫동안 연결되어 온 사람들에 의해 이루어지고 있다. 영국《가디언》과의 인터뷰에서 각각 4대째, 5대째 시칠리아 어부인 카를로와 가스파레는 상륙 금지에도 물이 새는 보트에서 난민을 구출해 시아카 항구까지 안전하게 데려왔던 일을 설명한다. 구조 활동에 대한 설명은 긴급 상황에 주목한다. 가스파레는 다음과 같이 말한다. "우리 정치인 중 누구도 공해의 어두운 밤에 도움을 청하는 필사적인 외침을 들어본 적이 있는지 모르겠습니다. 그들이 어떻게 했을지 궁금합니다. 선원이든 아니든 누구도 외면하지 않았을 겁니다." 긴급 상황에 대한 올바른 태도 외에도 카를로와 가스파레는 바다와의 올바른 관계라는 또 다른 모티프를 사용한다. "만약 내가 구조를 요청하는 외침을 무시했다면, 나는 다시는 바다를 마주할 용기를 낼 수 없었을 겁니다." 가스파레의 말이다.

어부의 미신은 우리 삶의 구조에 대한 근본적인 통찰을 제공한다. 조수의 영향을 받으며, 유동적이고 염분을 함유하고 있고, 어부들을 먹여 살리고, 대륙 간을 연결하는 힘인 바다는 무관심을 허용하지 않는다. 유럽연합이 현재 행하고 있는 것처럼 살인적으로 등을 돌리거나, 아니면 바다를 향해 서거나. '바다를 마주한다'는 것은 자신의 유한성을 인정하고 순풍에, 붙잡은 손에 의존하고 있음을 안다는 의미다. 바다를 향한다는 것은 이 앎에 부합하는 방식으로 행위한다는 의미다. 항해가 시작된 이후로 바다를 직시한다는 것은 어떤 상황에서도 익사 위험에 처한 사람들을 모두 배에 태운다는 의미다. 이는 해양법에서도 규정하고 있기 때문에 구조 활동이 영웅적으로 위대하다는 오만은 상실된다. 여기에서 우리는 흑인 조난자를 돕는 백인 영웅이 아니라, 모두가 바다와 올바른 관계를 유지하도록 하는 상호 작용을 마주한다.

이러한 태도와 죽음을 용인하는 조야한 에코파시스트의 선전만큼 큰 대조를 보이는 것은 없다. 구조 작전 혐의로 기소된 시워치 호의 선장 카롤라 라케테는 테드엑스 강연에서 네오나치의 사고 패턴에 대한 통찰을 제공한다. 한 파시스트 선동가가 일반적인 이주와 특히 라케테의 구조 활동에 관해 이렇게 말했다고 한다. "삶을 싫어하는 사람들은 모두가 가라앉을 때까지 물에 빠진 더 많은 사람들을 구명보트에 건져 올릴 것이다. 반면 삶을 사랑하는 사람들은 도끼를 들고 배에 매달린 사람들의 손을 잘라 버릴 것이다." 라케테는 두드러지게 나타나는 사물지배적인 사랑과 파괴의 방정식에 연연하지 않고 다음과 같이 말한다. "선장으로서 나는 스스로에게 묻습니다. 이 배에 무슨 일이 일어났나? 왜 구명보트에 사람들이 타고 있지? 무엇이 잘못되었고, 어떻게 하면 이 사태를 피할 수 있을까?" 이 경우에도 파시스트적 폭력의 분노에는 자신의 작위적 상처에 관한 이상한 동일시가 선행된다. 실제로 우리 별 지구는 몰락하지 않았다. 도끼가 달린 고무보트를 타고 어슬렁거리지 말고 함께 돌보고 즐기는 것이 어떨까.

다수의 백인 독일인과 유럽인이 어느 시점에서 공유하고 있는 이주 반대에 대한 '논거'는 그들 사회의 정체성을 드러낸다. 동시대인의 시선에서, 어쨌든 공공장소와 공직에 있는 사람들을 중 '우리'의 다수가 검은 피부색이거나, 무슬림이거나 혹은 억양이 있는 독일어를 사용한다면 우리는 우리 자신으로 남을 수 없을 것이다. 이러한 요소들을 근거로 이주 반대 행위에 동참하는 사람들에 맞서 우리는 열심히 논쟁할 수 있으며, 논쟁해야 한다. 그러나 이와는 별개로 다음도 사실이다. 물론 이미 그렇고,

이미 다른 나라가 되었다. 특히 이미 독일인이거나 독일 연방 공화국에 살고 있는 흑인, 무슬림, 다른 피부색을 가진 사람들은 더 이상 예외가 아닌 '용인'의 대상이 되어야 한다. 어떤 변화기 일어나든, 그것이 더 나은 것이 아니더라도, '우리'가 정체성을 잃더라도 그렇게 두어야 한다. 매주 60명의 사람들이 우리들 가운데 살아 있다는 사실을 아는 것보다 그들의 폐가 지중해 바닷물로 질식하게 두는 것은 어떤 종류의 '정체성'과 더 잘 부합하기 때문인가? 도대체 왜 이 정체성을 고수해야 하나? 더 나은 것을 상상할 수 없다는 것이 과연 가능한가?

생명을 구하는 기본적인 몸짓을 시작으로, 잃어버린 정체성으로 인해 생긴 공간은 완전히 새롭게 채워질 수 있다. 우리는 숨 막히는 제도를 해체하는 가운데 올바른 방향을 설정할 수 있고, 무조건적인 연결과 넘치는 자유를 지향할 수 있다. 우리는 삶과 올바른 관계를 맺으려 노력할 수 있다. 다른 생명을 지탱하는 삶은 사회적 죽음에 의존하는 정체성이 필요하지 않다. 삶과 올바른 관계를 맺게 되었을 때, 바다와 마주하고 그것을 열려 있는 눈으로 바라볼 수 있다.

바다와 올바른 관계를 맺는다는 것은 우리가 해난에 처할 수 있음을 인식하는 것을 의미한다. 이는 구조에 대한 희망을 가져야 할 이유가 있음을 알기 때문에 재난에 처할 수 있다는 상황도 인정할 수 있다는 뜻이다. 우리는 우리 자신을 지나쳐 항해하지 않을 것이다. 적어도 지나쳐 항해하지 않는 사람들에 대해 들어본 일이 있을 것이다. 이 앎은 값진 자유, 심지어 굳어져 버리는 두려움으로부터의 해방을 만들어 낸다. '배가 가득 찼다'고 말하는 사람들은 정확히 이 자유를 거부하고 있는 것이다. 그러나 생명이 값지게 여겨지는 곳에서 삶은 헤아릴 수 없을 만큼 귀중하다.

삶 이 란 무 엇 인 가?
바 이 러 스 공 포 대 버 섯 균

코로나 위기에 직면해 이탈리아 철학자 조르조 아감벤은 "사람들은 더 이상 어떤 대가를 치르더라도 구해야 하는 벌거벗은 생물학적 생명 외에는 아무것도 믿지 않는다."라는 자신의 오랜 판단을 다시 확인했다. 아감벤은 맨몸의 생명에 집중하는 정치가 몰락의 원인이라고 본다. 악의적인 생명주의에서는 인간 문화가 제공하는 의미, 공동체, 노동 등 모든 것이 사라지고 생존이라는 명목하에 모든 자유가 폭압적인 필수품으로 대체될 것이다.

이 경고는 인상적으로 들린다. 하지만 나는 삶으로의 전환에서 유쾌한 휘파람을 불었던 베르톨트 브레히트의 냉정한 유물론도 볼 수밖에 없다. "유혹에 빠지지 마라, 고단함과 허탈감에 빠지지 마라, 모든 동물과 함께 죽은 다음에는 아무것도 오지 않는다." 그리고 수년 동안 개인적으로 치료 사례를 경험한 후 코로나19 팬데믹은 한 가지 측면에서 큰 안도감을 가져다주었다. 적어도 이번에는 삶과 죽음의 문제가 공개되었다는 점이다. 드러난 정치의 모든 위험에도 불구하고, 생명의 문제가 비정치적인 것으로 여겨지고 사실적인 거버넌스를 가장하면서 사적으로 조용히 처리될 때가 훨씬 더 나쁘다. 그럼에도 특히 특권층의 삶에 대한 위협에 직면해 다른 생명이 희생될 때 생명 개념의 실행 가능성에 대한 의구심이 제기될 수 있다. "목숨을 잃는다는 두려움만으로 폭정을 세울 수 있고, 칼을 뽑은 괴물 리바이어던만이 폭정을 세울 수 있다."라고 아감벤은 말하지만, 누구의 목숨이 위태로운지는 묻지 않는다. 아감벤이 암시하는 홉스의 리바이어던, 즉 주권 국가는 하녀, 하인, 일용직 노동자, 여행자, 부랑자, 식민지 주민, 노예, 아내의 공포를 없애기 위해 세워진 것이 아니다. 그는 주인의 재산과 함께 주인의 생명을 보호한다.

1588년에서 1679년까지 살았던 토머스 홉스는 현대 정치 이론의 창시자로 여겨진다. 그는 정확히 민주주의 사상가는 아니었다. 그러나 군주의 권위에 대한 전통적인 정당성을 근본적으로 깨뜨렸다는 점에서 홉스는 민주적 자치 개념의 길을 열었다. 홉스는 이른바 사회계약론자 중 최초로 정부가 없는 '자연 상태'를 상상했다. 자연 상태에서 우리는 자신의 재산과 목숨과 사지에 대해 끊임없이 두려워해야 하기 때문에 자기 보존을 위해 어떤 대가를 치르더라도 벗어나고 싶어 할 것이라고 홉스는 말했다. 필요한 대가는 매우 광범위한 이전으로 구성된다. 우리는 모든 사람이 자기방어권과 함께 자신의 삶에 대한 완전한 주권을 정부 수장에게 넘기는 데 동의한다. "그러나 통치자에게 인간은, 자연 전체가 사회를 위해 존재하는 것처럼 도구가 된다." 『계몽의 변증법』에서 홉스에 대해 논의하는 대목에서 나오는 간결한 문장이다. 그런 다음 질서를 유지하는 데 도움이 되는 것은 무엇이든 주권자가 결정할 수 있는데, 홉스는 이를 성경에 나오는 바다 괴물의 이름을 따서 리바이어던이라고 불렀다. 필요한 경우 하인, 아내, 노예, 동물을 포함한 모든 소유물이 평상시에는 개인의 것이지만 비상시에는 국가의 절대적인 통치 아래 복종해야 한다. 홉스가 1651년에 쓴 동명의 책 표지에는 국가의 수장이 비늘 갑옷을 입은 몸 위에 앉아 있는데, 자세히 보면 계약의 대상인 수많은 작은 개인들로 구성되어 있다. 좌우로 주권자는 거의 모든 비늘을 한번에 지배할 수 있을 만큼 큰 칼과 홀을 들고 있다. 생명에 대한 두려움이 필연적으로 그런 괴물을 낳을까?

홉스는 그의 설득력 있는 주장의 출발점이 되는 두려움을 특징적으로 정의한다. 그것은 아주 현대적인 의미에서 우리의 평등에서 비롯된다. 그러나 영국 내전으로 충격을 받은 저자가 염두에 둔 평등은 누구나 상대방을 죽일 수 있다는 극도로 우울한 평등이다. 홉스는 심지어 신체적 힘의 차이가 이 평등을 상쇄하지 않는다고 설명하기 위해 수고를 아끼지 않는다. 서로가 서로의 등을 찌를 수도 있다. 무법 상태에서는 누구나 먼저 공격하면 이득을 기대할 수 있기 때문에 위협감이 고조된다. 모든 사람을 서로 분리하는 리바이어던의 칼에 의해서만 진정되는 바이러스 공포란 매우 시사적이다. 팬데믹은 주권이라는 인초적인 장면을 다시 현실화한다. 누구나 다른 사람을 감염시킬 수 있다. 어떤 나라들은 아무리 잔인한 성경도 용인할 정도로 약하지 않다. 지금까지 리바이어던을 민주적, 헌법적으로 길들여 온 일부 장벽을 허물고 국민을 서로 고립시키고 있는 국가들이다.

하지만 홉스는 왜 정부 없이 공존하는 사람들이 통제되지 않는 바이러스를 매개로 항상 이미 제안된 방식으로 행동한다고 생각했을까? 이러한 불신과 고립은 어디에서 비롯된 것일까? 홉스는 대표작인 『리바이어던』의 전작인 『시민론』에서 자신의 기본 가정에 대한 단서를 발견한다. 홉스는 자연 상태에서 출발하는 것은 인간을 "마치 버섯처럼 돋아나 서로에 대한 의무 없이 자란다고 간주하는 것"이라고 썼다. 이 아이디어는 태어나는 것이 아니라 땅에서 똑바로 자라난다는 남성주의적 환상에 재미있게 부합한다. 그러나 사실 버섯 숲에서 혼자 사는 사람조차도 태어나고, 먹이를 먹고, 반응을 했다. 그는 살해되지 않고 만져졌다. 우리는 버섯처럼 부드러우며 무엇보다도 다른 사람의 손이 우리에게 큰 의미가 있다는 뜻이다. 심지어 우리는 다른 사람에게 생존을 빚고 있다고 말할 수도 있다. 성인이 된 인간도 홉스의 개별 버섯과는 다르다. 서로 교환하며 살고 있으며 항상 다른 사람의 손에서 살고 있다. 암살자인 그물우산버섯은 아주 작은 예외이지만.

진짜 그물우산버섯, 살구버섯, 광대버섯도 홉스의 개별 버섯과 다르다. 버섯은 거대한 지하 분지, 여러 형태의 전체, 눈에 보이는 자실체가 자라는 곰팡이 실의 무한한 그물망이다. 버섯은 신경망처럼 거칠고 조밀하게 연결되어 있으며 서로의 생명과 사지를 얻으려 하지 않고 공유한다.

물론 홉스 이론의 타당성이 버섯에 대한 오류에 달려 있는 것은 아니다. 그는 은유를 바꾸고 계속 진행할 수 있다. 하지만 초기 자본주의의 인간에 대한 그의 경쟁적 그림에 맞는 자연의 은유가 하나도 없다는 점은 역시 놀랍다. 늑대도 사회적 동물이다. 대신 무생물의 은유로 돌아서면 흔들리는 양철 병사처럼 나란히 서 있는 사람들로 자연 상태를 설명할 수 있다. 그러나 이것은 아직 형성되지 않은 홉스의 거대한 존재가 이미 그들을 설정하고 있다는 것을 전제로 한다. 괴물이 존재하는 곳에서만 죽음에 대한 두려움이 폭정으로 향하는 경향이 있다.

홉스의 도식이 자리 잡을 수 있을지 여부와 관계없이 버섯과 함께 한동안 머물러 보는 일은 가치가 있다. 버섯은 홉스와는 정반대인 삶에 대한 이해를 보여 준다. 버섯은 균사체라는 뿌리 네트워크로 얽혀 있다. 자실체가 보이지 않을 때에도 균사체는 표면 아래에서 살고 있다. 아프리카계 미국인 작가 RL 왓슨이 제안한 '보이지 않게 키우기'은 흑인의 생명도 소중하다는 운동의 조직 방식에 해당하며, 리바이어던이 배양하는 것과는 다른 생명과의 관계를 상징한다. 연대에 기반한 커뮤니티 활동은 블랙 팬서의 아침 식사 프로그램부터 흑인들이 노예제와 병행하며 자유롭게 살아 온 마룬 공동체에 이르기까지 흑인 급진주의 전통의 많은 장면과 연결되어 있다. 야생이라는 뜻의 스페인어 시마론(cimarrón)에서 유래한 마룬(maroon)이란 주로 가출한 가축을 가리키는 말로 사용되었다. 마룬의 야생성은 식민지 판타지가 비유럽 사회에 투사하는 야생성이 아니며, 원산지나 자연 상태가 아니다. 그것은 사물지배로부터의 자기 해방의 결과이며, 개선된 조건하에서 낡은 제도에 재진입하는 것을 끈질기게 거부하는 것을 의미한다. 사물지배에 대한 대항 프로그램은 야생적인 연결성의 삶이다. 그것은 국경 요새를 약화시킬 뿐만 아니라 생활 환경에도 다르게 적응한다. 균사체는 소파풀이나 블랙베리처럼 자기 번식이라는 명목으로 무자비하게 계속 자라는 뿌리줄기가 아니다. 숲 토양의 균사체는 곰팡이에게 먹이를 줄 뿐만 아니라 스스로 먹이를 먹지 않는다. 생물학자들은 산림 생태계의 기본 구성 요소를 균근이라고 부른다. 균근은 나무뿌리와 균사체 사이의 신진대사를 한다. 나무뿌리에 붙어 있는 곰팡이 실은 나무가 스스로 흡수할 수 없는 미량 원소와 영양분을 흡수한다. 그 대가로 나무는 광합성을 통해 얻은 당분을 곰팡이에게 다시 내보내는데, 곰팡이는 이런 영양분의 흐름 없이는 살 수 없다. 균사체는 정보를 전달할 수 있어서 서로 다른 나무 사이의 통로 역할도 하므로 연구자들은 균사체를 '우드 와이드 웹'이라고 부르기도 한다. 예를 들어 나무가 병에 걸리거나 영양분이 부족하면 다른 나무가 균사체를 통해 당액을 뿌리 시스템으로 보낸다. 이 통신 경로는 나무조차도 개별적으로 '땅에서 자라는' 것이 아니라 숲으로 뿌리를 내리고 있음을 보여 준다.

인간은 무엇보다도 상징적 표현을 통해 자신의 행동을 성찰하고 결정을 내릴 수 있다는 점에서 버섯과 매우 다르다. 인간은 버섯과 같은 존재가 아니다. 오히려 버섯처럼 되기로 결정할 수 있는 존재다. 우리의 본성이 우리의 삶을 정의하지 않는다. 우리의 야성은 공포일 필요는 없으며, 육성하고 발산하는 자유가 될 수 있다. 이것은 또한 삶에 대한 두려움이 우리를 칼 아래로 곧장 달려가게 만들지 않는다는 것을 의미한다. 우리는 또한 지하 연결을 형성하고 가치 있게 채울 수 있다. 이런 식으로 우리는 서로의 생명뿐만 아니라 생명 자체를 구할 수 있다. 그것은 수동적인 소유가 아니라 맥동하는 연결이 될 것이다.

비 구 제   체 제

홉스의 자연 상태에 적용되는 것은 우리의 상황에 더욱 적용된다. 괴물은 여기에 있다. 팬데믹으로 인한 충격의 마비 상태에서 현재의 권력이 어떤 정치적 방식으로 현재의 사물지배를 작동시키는지, 특히 어떤 엄격한 조건하에서 삶을 통치하는지를 드물게도 명료하게 나타낸다.

바이러스의 위협에 직면해 주권의 운영이 갱신된다. 동시에 전염병학적으로 적절한 접촉 중단은 홉스의 리바이어던이 기초가 된 약속, 즉 국가가 우리를 분리해 줄 것이라는 약속을 너무도 현실적으로 제정하는 역할을 한다. 일반적으로 국가는 오로지 자기 보호에 위협이 된다고 간주되는 일부 사람들만을 감옥이나 국경 뒤에 가둔다. 그러나 팬데믹 비상 상황에서는 모든 사람이 서로 분리되어 하나의 물품으로 또는 가족 단위로 잘 포장되어 격리되어야 하며, 여기에서도 규칙이 드러난다. 미셸 푸코에 따르면 이는 규율 사회의 규칙이라고 할 수 있다. 푸코는 『감시와 처벌』에서 전염병 퇴치를 위한 초기 근대 검역 명령에 대해 자세히 설명한다. 하위 조항에서 그는 모든 시민이 자신의 아파트로 추방되어 창문에서 세어 볼 수 있는 구획으로 나뉘어 절대적으로 통제된 도시 공간을 자연 상태 개념과 연관시킨다. 그러나 푸코 자신은 주권자의 명령과 정당성에 대한 문제보다는 정치적 인구가 형성되는 방식에 더 관심이 있었다. 그는 칼의 힘에서 저울의 패턴으로 시선을 옮겨 전염병의 질서에서 새로운 유형의 권력을 본다. 그에 따르면 감금, 등록과 같은 격리 조치가 나병 환자 치료 모델인 이전 형태의 인구 통제를 대체했다. 나병 환자가 여전히 단순하고 과감한 배제를 통해 사회생활에서 추방되었다면, 이제 전염병은 새로운 포섭의 패턴을 드러낸다. 푸코가 말하는 포섭의 패턴이란 가능한 한 건강을 유지해야 하는 모든 시민을 파악하고 규율과 위생 의식을 내면화하려는 끈질긴 시도를 의미한다.

2020년 봄 코로나19를 직접 겪은 스페인의 퀴어 이론가 폴 프레시아도는 푸코의 분석을 상상력 넘치게 이어 간다. 그는 오늘날의 변화된 기술이 "생체 분자, 신체 침투 기술, 미세 보철물, 디지털 감시 기술의 종합을 통해" 공간적, 제도적 규율을 극복하고 모바일 캡슐화에 알맞게 활용되고 있다고 지적한다. 통제는 더 이상 감금을 통해서가 아니라 소비, 건강, 정량화할 수 있는 쾌락이라는 영구적인 자극을 통해 행사된다. 연결된 신체와 스마트 가정은 후퇴의 장소가 아니라 의사소통의 집중 지점이다. 근대 초기의 전염병 의사들은 음식 바구니를 가져와 동봉된 가족 구성원이 창문으로 완전히 나타나는지 또는 감염된 사람을 숨겼는지 확인했다. 이제 우리가 아마존에서 비타민 정제를 주문하고 리퍼란도(배달 앱)에서 다진 샐러드를 주문하는 동안 스마트폰 메타데이터가 자동으로 판독된다. 우리는 버섯 거미줄처럼 네트워크로 연결되어 있지만, 우리 사이를 연결하는 것은 우리의 뿌리가 아니라 착취의 통로와 권력의 안테나다.

일부 좌파 관찰자들은 팬데믹 상황에서 국가의 귀환을 신자유주의와의 단절로 환영했다. 그러나 정치학자 웬디 브라운의 말처럼 장벽을 높이는 것이 주권 약화의 신호라면, 방역에서 나타나는 국가 주권의 표출은 주권의 마지막 발악으로 읽힐 수도 있다. 한편 진정한 주권, 즉 국민의 삶에 스며들고 통치할 수 있는 힘은 맹렬한 디지털화 추진으로 거대 기술 기업에 넘어가고 있다. 베네치아의 단체인 라보라토리오 오쿠파토 모리온은 이런 의미에서 다음과 같은 글을 썼다. "우리가 보기에 이번 코로나 바이러스는 무서운 예행연습과 같다. 마치 창문을 통해 들여다보듯 우리가 맞이할 미래를 예고하는 것이다. 사회가 더욱 원자화되고, 개인화되고, 비물질화되고, 규율과 자제력을 갖춘 미래가 펼쳐질 것이다." 어쩌면 전염병에 대한 규율과 개별화된 격리의 작업은 수 세기에 걸쳐 매우 성공적이었기 때문에 보호라는 새로운 약속은 정반대로 작동할 수도 있다. 우리는 오랫동안 고립되어 왔다. 따라서 기술 주권을 가진 기업으로부터 우리는 이제 다른 사람들과 분리되는 것이 아니라 제한된 디지털 통신을 제공받는다. 따라서 우리는 읽지 않은 이용약관마다 사회계약을 혁명화하는 대신 조금 짜증스럽게 동의 버튼을 클릭한다.

그러나 나병과 배제, 전염병과 포함, 코로나와 디지털화로의 시대화가 놓치고 있는 것은 낡은 체제의 지속성이다. 이러한 체제는 대체되는 것이 아니라 재배치되고 보완된다.

나환자 식민지는 현대 유럽에서 사라졌을지도 모른다. 그러나 나는 시골 인구 사이에서 그들에 대한 기억이 완전히 사라지지 않았다는 일화를 확실히 기억한다. 우리 농장의 이전 세입자는 아버지에게 가장 가까운 마을을 향해 특정 밭을 너무 깊게 쟁기질하지 말라고 말했다. 그렇게 하면 국립 박물관의 고고학자들이 중세 나병원의 벽 조각을 발견할까 봐 괴롭혔기 때문이다.

특히 그 밭은 우리 농장에서 유일하게 치명적인 독을 가진 벨라돈나가 자라는 곳이었기 때문에 나는 항상 그 생각에 매료되었다. 그래서 우리는 이 이야기를 비밀로 했다. 하지만 마을 사람들은 우리를 데려다준 마리엔홀츠 도로를 계속 "두렵고 무섭다"라고 일컬었고, 양이 여러 마리 태어난 날 밤 우리와 함께 자겠다고 제안한 수의사는 아버지에게 거칠게 말했다. "이 밭에는 묻히고 싶지 않아요."

실제로 살아 있는 죽은 자로 취급되는 사람들이 모여 있는 으스스한 장소는 지금도 영구적인 자리를 가지고 있다. 프레시아도가 가상으로 묘사한 유선상의 고립은 도시 중산층에게만 영향을 미친다. 레스보스의 모이라 수용소와 리비아의 목조 난민 수용소에 집중된 유럽의 외부 국경, 전 세계 비행경로의 전초 기지에서 주권 국가 공동체는 철저한 배제의 모델을 실현하고 있다. 그곳에서는 깔끔하게 폐쇄된 사회를 보호한다는 명목으로 사람들이 서로 격리되지 않고 한데 모여 죽도록 방치된다. 따라서 터키의 지식인 제이넵 감베티에 따르면 격리 조치와 유럽 국경 및 해안 경비대 프론텍스는 같은 체제의 일부다. 이것은 우연히 함께 나타나는 것이 아니라 상호 작용을 통해서만 작동한다.

푸코가 드는 대표적인 예인 페스트는 실제로 그가 강조했던 한 체제의 다른 체제로부터 분리가 아니라 포함과 배제의 동시성을 보여 준다. 1630년 베네치아에 페스트가 창궐했을 때 개별 가정 격리와 동시에 죽음의 장이 계속 존재했고, 일부 병자들은 라자렛 섬의 라자레토 베키오로 이송되어 비참하게 죽어 갔다.

이러한 배제는 포함을 통한 보호의 약속도 그 안에서 제한된다는 공공연한 비밀을 드러내는 것이다. 이는 모든 사람에게 적용될 수는 없다. 고립된 개인은 자신만의 일상적인 생활을 유지하기 위한 필수 물품을 확보하지 못할 뿐만 아니라 어떤 종류의 자급도 보장할 수 없다. 격리된 사람들 중 일부는 계속 일해야 한다. 그들의 업무는 시스템과 관련된 것으로 인식되며, 그들 자신은 마치 없어서는 안 될 존재인 것처럼 취급된다. 또한 외부에서 칼을 들고 시행하는 격리에는 막대한 인력이 필요하기 때문에 이들을 모두 함께 격리하는 것도 불가능하다. 경찰은 그 어느 때보다 바쁘고 누구를 격리하고 누구를 감시해야 하는지, 누구를 격리해야 하는지 구분할 수 있어야 한다. 아마도 괴물성에 내재된 계산에 따라 노숙자와 무국적자는 제도적으로 관련된 사람들보다 더 나쁜 대우를 받아야 할지도 모른다. 배제 대상은 단순히 다른 사람이 아니라 뿌리 깊은 인종차별적 집단 분류에 의해 파괴적인 지배 대상으로 지목된 사람들이다. 환상소유의 체제에서 삶의 주인으로 보장받지 못하고 잠재적 재산으로 취급되거나 도둑으로 간주되는 사람들.

치명적인 배제의 모델이 주권적 보호 아래 고립된 사회 내부로 되돌아오는 경우에 착취 시스템이 비생산적인 배제 대상으로 표시하는 사람들, 즉 노숙자, 시설에 갇힌 노인, 장애인, 우리 사회 조직이 '집으로 가라'고 거부하는 집단에도 영향을 미친다.

그리고 감염률이 빠르게 증가하면서 인공호흡기와 집중 치료를 받을 수 있는 사람과 그렇지 않은 사람을 결정하는 데 사용되는 기준에 대한 의문이 모든 곳에서 발생한다. 심각한 질병이 진행되는 동안 같은 침대에 누워 있는 고령의 고위험 환자는 감금 체제에서 격리 체제로 장소를 바꿔 이동할 수 있다.

리바이어던의 약속은 건강한 인구의 바이러스 감염에 대한 공포에만 응답할 수 있다. 그러나 좋은 보살핌, 배제로부터의 보호, 위험을 짊어지는 정의를 원할 때, 그 수단은 한계에 다다른다. 리바이어던은 자신이 치유할 수 없다는 것을 은밀히 알고 있기 때문에 두 팔을 벌릴 수 없다. 그의 손은 무기로 꽉 찼으며, 오직 분리만 할 수 있다. 그는 감염으로부터 일부 생명을 보호한다. 그나마 그렇다. 그러나 단 하나의 생명도 구하거나 양육하거나 낳지 않는다.

현대 주권을 지배하는 삶은 완전히 다른 외부 충동에 의해 유지된다. 진정으로 구원적인 모든 행위에는 바이러스에 대한 공포와는 다른 동기가 처음에 존재한다. 구조는 폐쇄와는 다른 두려움에서 시작된다. 연결성에 대한 신뢰가 불확실성에 직면할 수 있다는 두려움이다. 그것은 바다에 맞서고 설탕을 재분배하는 방법을 알고 있다. 그것은 여전히 두려움이지만 언제 어디에서나 연결되어 있는 삶 자체를 통해 가라앉을 수 있는 두려움이다. 종종 돌아서서 분리할 필요가 있지만, 구조는 연대를 통해 거리를 유지하고 피하고 가리는 것을 의미할 수도 있다. 구조는 구조를 조직하는 것을 의미한다. 이를 위해서는 시간과 주의가 필요하며 사물지배의 분열과 살육 체제에서 벗어나야 한다. 칼은 필요하지 않다.

숨 을 쉴 수 있 다 는 것

루스 길모어는 인종차별을 인명 손실과 직접적으로 연관된 방식으로 정의한다. 그녀는 인종주의란 때 이른 죽음에 대한 취약성에 따른 집단 간의 차이를 생산하거나 착취하는 것이라고 말한다. 따라서 그녀는 인종차별을 사물지배의 사후 세계가 아니라 현재의 결과라고 생각한다. 인종주의는 일부 집단이 더 일찍 죽는 방식으로 우리의 공존을 조직한다. 그래서 이러한 죽음이 덜 놀랍게 받아들여질 가능성이 높다. 길모어의 정의를 의역하자면, 인종주의는 일부 집단의 숨통을 체계적으로 끊어 놓는 것이다.

전염병은 인종차별의 수단으로 오랜 역사를 가지고 있다. 브라질과 같은 몇몇 국가들에서는 전염병을 통해 원주민 인구의 상당 부분이 소멸되었다. 자이르 보우소나루 대통령은 현재 코로나19 팬데믹에 맞서 아무것도 하지 말라고 권고한다는 것은, 유럽계 부유층이 원주민 인구의 죽음을 대가로 광물 자원을 채취하여 이익을 얻었던 과거의 식민 정책을 이어가는 일이라고 말한다.

영국은 보리스 존슨 총리가 말했듯이 정부가 바이러스를 회오리바람으로 내버려 두는 것을 잠시나마 고려한 국가 중 하나이다. 테오도르 아도르노는 『미니마 모랄리아』에서 "고령자를 죽이는 것은 나치의 상징적인 잔학 행위 중 하나"라고 지적했다.

최근 연구에 따르면 영국 흑인 및 기타 소수 민족 여성이 코로나19에 걸릴 위험이 더 큰 것으로 나타났다. 이들의 사망률은 백인 대조군보다 네 배나 높으며 빈곤이나 직업적 위험과 같은 요인으로 완전히 설명할 수 없는데, 이러한 요인에는 인종차별적 패턴도 반영되어 있다. 인종적 스트레스(예를 들어 영국 백인보다 40배나 더 자주 경찰의 제지를 받는 것)가 면역 체계를 약화시키지 않는다면 그야말로 놀라운 일일 것이다.

폐렴과 경찰 무기가 빠른 속도로 우리의 숨을 앗아 가고 있다. 그러나 동시에 모든 폐가 자유롭게 숨을 쉴 수 있어도 공기가 불균등하게 부족해지는 생물권의 상태는 해마다 악화되고 있다. 착취의 나선은 지구 생명체를 관통하며 시장성 있는 상품 외에도 엄청난 양의 온실가스, 독극물, 미세먼지를 배출한다. 이러한 추세가 계속된다면 전 세계 육지 면적 중에서 평균 기온이 29도 이상인 지역이 주로 사하라 사막에 위치한 0.8퍼센트에서 50년 후에는 19퍼센트가 될 것이다. 우리는 바다뿐만 아니라 사막과 마주하는 법을 배워야 할 것이다. 남미, 아프리카, 동남아시아, 호주 북부에 새롭게 더운 지역이 형성되고 있으며 전 세계 인구의 3분의 1의 삶이 황폐해질 것이다. 유럽인들은 식민지배 하에서 빼앗은 땅의 일부를 마지못해 반환했지만, 자본주의 생산 방식을 통해 땅을 영원히 파괴하고 있을지도 모른다.

하지만 50년을 기다릴 필요는 없다. 대기 오염으로 인해 매년 700만 명이 사망하고 있다. 이리한 사상은 모두 사회적으로 발생하고 있다. 다른 생산 과정과 삶의 맥락을 통해 이러한 죽음은 피할 수 있다.

기후 재앙은 생명 단축의 인종차별적 역학을 강화한다. 이는 화석 자본주의의 혜택을 계속 누리는 사람들이 고무보트에서 도끼를 휘두르는 선원들과 동등해질 것이라고 경고한다. 사람이 살 수 있는 세계의 가장 기본적인 요소인 숨 쉴 수 있는 공기의 상실은 이 경우에도 전 지구에서 비동시적으로 발생한다. 세계의 상실은 분할된 선형 범위에서 만료되는 것이 아니라 특정 재생산 주기의 파열로 인해 시간을 상실하는 일이다. 기후변화의 결과로 특정 장소에서 더 이상 나무가 자라지 않고 특정 시간에 비가 내리지 않거나 특정 독소가 분해되지 않는다는 사실은 특정 신체가 자유롭게 움직이거나 안전하게 분비할 수 없다는 사실과 얽혀 있으며, 그 상실이 모든 사람에게 재앙으로 나타나지 않는다는 사실과 얽혀 있다. '숨을 쉴 수 없게 만드는 것'은 긴 사회적 과정이다.

이는 또한 생명을 구하는 일이 세상의 모든 상실을 역전시킬 수 있다는 것을 의미한다. 사물지배의 원이 교차하는 곳에서 생명이 타오르고, 양육되고, 유지되는 모든 곳에서. 야생의 연결성이 사물지배를 깨뜨리는 모든 곳에서.

따라서 삶을 위한 혁명은 이미 출발점인 생명을 구하는 것, 즉 특정 폐에 물이 차는 것을 막는 모든 손잡이, 국경, 감옥, 공장 굴뚝, 자금이 부족한 보건 체계 등 숨 쉬는 공기를 불공평하게 분배하는 모든 제도에 대한 거부다. 서로를 향한 구원에서 출발하는 다른 삶의 이미지로 퍼져 나간다.

삶을 위한 혁명은 죽음에 맞서 싸우는 것이 아니다. 사회적 죽음, 차별, 때 이른 죽음에 맞서 싸우는 것이다. 엄밀히 말해 사회적 평화 속에서 특정한 방식으로 죽을 수 있도록 싸우는 것이다. 그것은 자신의 삶이 타인의 죽음에 기반하지 않음을 아는 것을 의미한다. 또는 죽음의 시간이 사회적 불의에 의해 앞당겨진 것이 아님을 아는 것이다. 사회적 죽음이 아닌 자연스러운 죽음으로 생을 마감한다는 것은 인간 생명의 의식적 재생산에서 아무것도 잃지 않고 맹목적으로 재생산되는 물질적 순환으로부터 비폭력적으로 전환한다는 것을 의미한다.

애초에 삶을 위한 혁명은 계속 숨을 쉬는 것, 자유와 야생의 연결성을 정복하는 것이다. 구한 생명이 다음 순간에 지배에 의해 포섭되지 않으려면 반드시 확장해야 한다. 단 한 번의 행동으로 생명을 구할 수는 없다. 따라서 다시 받아들인 세계를 안정시키고 삶과 우리의 관계를 구원하는 형태로 영구히 확립하기 위해서는 또 다른 작업이 필요하다.

7

(노동을)
재생하다

삶을 위한 혁명은 단숨에 세상을 구원하는 것이 아니다. 그 것은 인간이 발산하는 힘에 맞서는 것이지만, 그 힘을 모두 수용 하지는 않는다. 오히려 이전과 같은 방식으로 이러한 힘을 사용 하는 것과 폭력 행위를 힘으로 미화하는 것에 반대한다.

삶을 위한 혁명은 실제적 사물지배에서 상실된 세계를 대 상으로 한다. 그것은 일상적인 사회생활과 글로벌 착취 사슬을 가로지른다. 모든 곳에서 단절된 생활 관계를 다른 경제로 전환 시킨다. 삶을 위한 혁명은 피로와 모멸감에 맞서 싸우고 모든 사 람, 무엇보다도 노동자 자신을 살리는 일을 위해 싸운다.

페미니스트로서 삶을 위한 혁명은 돌봄 또는 재생산 노동 에서 시작된다. 생명을 유지하는 데 직접적으로 연관되어 있으 며 사물지배의 그늘에서 끊임없이 저임금으로, 무료로 수행되는 활동이다. 사회철학자 레아리카르타 프리가 정의한 "다른 일"이란 그러나 어떻게든 향상되어야 하는 원래 생산의 배경 조건이 아니다. 시간을 팔지도 않고 새로운 공간을 지배하지도 않는 "다른 일"이 바로 진짜 일이다. 그것은 현재의 비참한 생산을 변화시킬 수 있는 실마리를 제공한다. 모든 일이 "다른 일"이어야 한다. 그래야 생명을 구하는 일과 재화를 공유하는 일 사이에서 지치지 않고 자유롭게 움직일 수 있다.

우 리 는 살 아 있 기 를 원 한 다 !

라틴아메리카와 남유럽 일부 지역에서는 이미 페미니스트 혁명이 일어났다. 다방면에 걸친 운동이 "한 여자도 잃을 수 없다."라는 단호한 슬로건 아래 하나로 모이고 있다.

이 공식은 전 세계적으로 폭력이 집중된 지역, 즉 자유무역 지대로 지정된 멕시코와 텍사스의 국경 지역인 시우다드 후아레스에서 시작되었다. 이 지역에 위치한 거대한 조립 공장은 가능한 한 저렴하게 상품을 생산하는 중간 단계를 담당하고 있다. 마킬라도라라고 불리는 이 공장들은 대부분 남부의 가난한 지역에서 이주해 온 여성 노동자들을 고용한다. 이들의 노동력을 최대한 저렴하게 착취하기 위해 모든 것이 설계되어 있다. 이들은 기간제 계약을 맺고 열악한 근무 조건에서 고된 노동에 시달린다.

임금은 식민지 시대에 제분업자가 곡물을 갈아 주는 대가로 받았던 식사비라는 뜻의 마킬라도라에 불과하다. 오늘날 식사비란 불안정하고 여성화된 노동에 대한 대가다. 여성 노동의 일부가 환상소유물로 현금화되고, 남은 노동력은 언제든지 퇴출될 수 있다는 위협 속에서 폐기물로 평가 절하된다. 그럼에도 노동자들은 임금을 통해 새로운 자유를 얻었다. 농촌의 빈곤 속에서 무형이었던 창조의 공간과 삶의 기회를 얻게 된 것이다. 그러나 시우다드 후아레스 지역에서는 1990년대 중반 이후 여성들이 잔인한 여성 살해의 희생양이 되는 일이 빈번하게 발생하면서 수백 명의 여성들에게 이러한 자유는 사물지배의 함정에 의해 영원히 봉쇄되었다. 이에 지역 페미니스트 활동가들은 더 이상은 안 된다는 뜻의 '니 우나 마스(Ni una mas)'라는 구호를 만들었고, 이 구호를 거꾸로 한 사람도 안 된다는 뜻의 '니 우나 메노스(ni una menos)'로 바꾸어 산 사람부터 세기 시작했다. 이후 아르헨티나를 비롯해 칠레, 과테말라, 페루, 스페인, 이탈리아에서 페미니스트 동원의 대명사가 되었다.

한 여자도 잃을 수 없다는 구호는 폭력의 극단적인 지점에서 모든 조건이 바뀌어야 한다고 주장한다. 이주노동자, 트랜스여성, 성노동자를 위해 싸우는 동시에 살인적인 폭력이 사회적 변두리의 문제가 아니라 이성애자 부부 관계라는 중심 제도의 문제임을 드러낸다. 납치와 폭행이 더 많은 관심을 끌지만, 전 세계 여성 살인의 대부분은 친밀한 관계에서 파트너 또는 전 파트너에 의해 저질러진다. 독일에서는 매일 한 남성이 아내나 여자친구를 살해하려 시도하고, 사흘에 한 명꼴로 성공한다. 그리고 계산되지 않은 채 남아 있는 것은 여성이 폭력의 발발을 막기 위해 처음부터 복종적으로 행동하기 때문에 그런 행위가 발생하지 않는 모든 날짜와 시간이다. 여성은 환상소유물이다.

소유적이고 가부장적인 성별 관계에서 여성은 항상 생식 능력, 특히 성적 자기 결정권을 잠재적으로 박탈당한 상태로 움직인다. 이러한 이동의 기반 구조를 유지하는 동안, 그들의 성 정체성을 유지하기 위해 두 성의 사이에 있는 기관은 수술로 절단되고 트랜스섹슈얼한 신체는 숨겨진다. 환상소유의 관계에서 남성의 질투나 상실에 대한 두려움은 신체적 재산 방어로 연결된다. 여성이 적어도 부분적으로 자율적인 존재로 인식되는 한 폭력은 여성에게 영향을 미친다. 그녀는 재산이자 도둑이다. 다리가 집에 머물도록 머리를 베어야 한다.

여성이 절반의 주체이자 절반의 객체가 되는 역설은 여성 살해 폭력을 구조화할 뿐만 아니라 문화적 분류도 구조화한다. 2008년 연방 대법원은 여성 살해가 별거에 대한 반응으로 "별거는 범죄 피해자로부터 비롯되며 피고인은 그 행위를 통해 실제로 잃고 싶지 않은 것을 박탈하는 경우 살인이 아니라 단순한 과실 치사 범죄"라는 판결을 공식화했다. 결국 가해자는 별거에 대한 절망 속에서 실제로 파트너를 지키고 싶었다는 것을 증명했다. 따라서 그가 "그녀를 강탈"한 살인은 의도적일 수 없었다. 이

판례는 다음이 바로 범죄 동기라는 것을 인식하지 못한다. 그렇다, 그는 그녀를 지키고 싶었지만 살리지는 않았다.

여성살해는 여성을 '획득'하고 유지하는 것의 성공 여부에 따라 남성성을 판단하는 문화에 의해 조장된다. 누구도 '남자'로 태어나지 않는다. 남성은 먼저 사물지배자로 만들어져야 한다. 부분적으로 죽은 것처럼 보이는 여성을 곁에 두는 것이 자신의 지위를 높이는 문화에 대한 대안이 없는 게 아니며, 이 문화는 당연한 것도 아니다. 아르헨티나의 인류학자 리타 세가토는 식민주의와 수탈주의, 즉 자원 강탈 경제가 진행되는 과정에서 삼위일체적 "폭력의 교육학"이 어떻게 확산되는지 연구했다. 이러한 맥락에서 폭력은 공식적인 통화, 즉 "소유의 성명"이 된다. 이는 영토를 구분하고, 재산이 없는 남성에게도 '명령'으로 남성성을 형성하는 역할을 한다. 세가토는 가부장제를 최초의 폭력 학교라고 부른다. 어린 시절부터 일상생활의 모든 곳에서 주체의 지위가 무자비한 행동 능력을 소유하는 방식을 훈련하기 때문이다. 세가토는 가부장제를 첫 번째 학교이자 어떤 의미에서 폭력의 원형이라고 말한다. 반면에 현대의 젠더 관계는 적극적이고 직접적인 폭력 행사의 마지막 보루로 이해될 수도 있다. 그것은 인간이자 노동하는 자연인 남성을 착취하고 무용지물로 만드는 힘의 저장실을 제공한다. 따라서 한 여자도 잃을 수 없다 투쟁은 살인 세력의 여성혐오적인 출구를 차단할 뿐만 아니라 체계적인 여성 배제 정책의 전반적인 구성에 대응하는 것이다. 여성과 일반 대중이 실제로 안전하게 살기 위해서는 수탈주의, 신자유주의, 식민주의 질서 또한 무력화되어야 한다.

한 여자도 잃을 수 없다 시위는 남성이 여성성을 죽은 자원으로 지배하도록 가르치는 사물지배에 반기를 든다. 그들은 자신의 삶과 욕망이 사물화되는 것에 대항한다. 그리고 보호가 필요한 희생자라는 여성 역할을 거부한다. 폭력에 반대하는 이들의 구호 #NosMueveElDeseo(우리는 욕망에 의해 움직인다), #VivasNosQueremos(우리는 살아 있기를 원한다)는 서로를 향한 격렬한 연대를 표현한다.

2016년 10월 초 아르헨티나 로사리오에서 열린 전국 여성* 집회에서 라틴 아메리카 최초의 대규모 시위가 촉발되었다. 며칠 전인 2016년 10월 3일 폴란드에서는 수십만 명의 여성이 낙태 전면 금지에 반대하는 시위를 성공적으로 치렀다. 아르헨티나 페미니스트들이 모이는 동안 아르헨티나에서 또 다른 잔인한 여성 살해 사건이 발생했는데, 이번에는 10대 소녀 루시아 페레즈였다. 회의에 참석한 여성들의 슬픔과 분노, 공포는 조직적인 행동으로 이어졌다. 회의 참가자 중 한 사람은 부에노스아이레스의 대학에서 가르치는 사회과학자 베로니카 가고였다. 가고는 자신의 이론 연구에서 운동 경험을 명시적으로 강조하며, 이를 통해 행동주의에 관한 참조 지점을 제시한다. 앞서 언급한 리타

세가토와 마찬가지로 이탈리아의 반파시스트이자 공산주의자인 안토니오 그람시가 정의한 '유기적 지식인', 즉 운동의 사상가이자 운동에 의한 사상가 역할을 페미니스트 운동에서 하는 베로니카 가고는 전국 여성*집회에서 처음의 외침이 어떻게 집단적 운동으로 전환되었는지를 감명 깊게 추적한다.

2016년 10월 19일 첫 번째 전국 여성*파업을 조직했을 때 빗속에서 거대하고 고동치는 집합체를 하나로 묶어 준 것은 말이 아니라 진동 소리였다. 입에 주먹을 날리는 것 같은 비명 소리가 났다. 무리의 울부짖음. 호전적인 기질. 고통의 음모 속에서. 몸이 부서지고 움직이는 수렁에서. 단호한 호흡법으로 터져 나오는 아주 오래되고 새로운 비탄.

10월 16일의 파업은 아르헨티나 역사상 최초의 여성파업이었으며, 곧 전국적인 파업으로 확대되었다. 우리 모두가 협력하여 단 한 시간 만에 국가를 멈추게 했지만, 하루 종일 수천 가지의 서로 다른 방식으로 서로 연관된 방식으로 진행되었다. 우리는 시간을 떨게 만들었다. 하루 종일 함께하기 위해 우리 자신을 조직하는 것 외의 다른 일은 피했다. 과잉의 실천을 통해 우리는 전 세계 여러 곳에서 수천 명의 여성들을 동원해야할 필요성, 사적인 슬픔이 우리에게 강요하는 감금에서 벗어나고 싶은 필요성에 의해 함께 모였다는 것을 깨달았다.

이 구절은 시위대의 열정과 주장이 얼마나 깊은 곳에 자리 잡고 있는지 추적하기 때문에 주목할 만하다. 첫 문장의 고리타분한 은유에 의구심을 가질 수도 있지만, 말을 할 수 없는 트라우마 속에서 저항을 시작하는 문제에 대한 해답을 찾을 수도 있다. 말은 그 뒤에 이어지는 것이다. 베로니카 가고는 소셜 미디어에 표현된 모든 분노와 연민에 대한 응답이 "집회에서 만나자."였다고 말한다. 이것이 파업의 시작이었다.

문학이론가 카트린 팔은 페미니스트 시위 레퍼토리에서 '코러스적인' 측면을 지적했다. 코러스는 원래 고대 그리스에서 춤추는 무대를 가리키는 이름이었다. 그러다가 비극 극장의 무대 액션에서 특별한 역할을 맡게 되었다. 때때로 대사를 한목소리로 말하기도 했지만 대부분 노래를 불렀던 코러스는 등장인물의 은밀한 소망과 두려움 등 중요한 배경 정보를 제공하며 드라마를 양방향으로 전달했다. 코러스가 보이지 않는다는 점은 여성에게 고정된 생식 노동, 생계 제공을 어느 정도 표현한다. 그러나 코러스는 배경에 머물러 있지 않으며 뒤에서 세상을 조달하는 역할만 하는 것도 아니다. 동시에 무대 가장자리(또는 고대 무대에서는 원)를 넘어 앞으로 나아가는 매개체 역할을 한다. 코러스는 일어난 일을 분류하는 방법을 가장 잘 알고 있기 때문에 모범적인 판단으로 청중에게 방향을 제시할 수 있다. 민주주의에 정통한 그리스 연극의 정치적 핵심을 형성하는 것은 영웅이 아니라 코러스다.

라틴아메리카 시위 중 콜렉티브 라스 테시스는 강간 경험을 조명하는 댄스 공연으로 유명해졌다. 예를 들어 가해자를 신고하려는 여성이 경찰 앞에서 옷을 벗고 무릎을 굽히는 모습을 보여 줌으로써 경찰과 국가 당국이 가해자와 공모한 사실을 분명히 드러냈다. 이러한 대우에 대한 분노로 가해자 신고가 일반화된다. 안무의 제목인 '강간범이 오는 중'은 칠레 경찰의 광고 슬로건인 '친구가 오는 중'을 가리킨다. 번역하면 '당신의 친구이자 강간범'이 될 것이다. 후렴구에서 페미니스트 운동은 '강간범은 바로 당신이다'라고 가부장적 사회를 비추는 거울을 들고 있다. '당신'은 또한 다른 여성과 자기 자신을 살리려는 욕망에 움직이지 않는 여성이다.

코러스는 특정 집단성을 의미한다. 이 합창은 여성파업 과정에서 공식화된 "우리가 살고 싶은 세상으로 만듭시다."라는 요청을 따른다. 그리고 이 세상은 연대의 세상이어야 한다.

퀴어 공산주의 철학자 비니 아담차크는 연대를 특별한 지지의 약속으로 정의했다. 그녀는 시민 데데 아이비와 아른트 폴만의 목소리를 콜라주한 글에서 이렇게 썼다. "연대는, 당신은 혼자가 아니고, 단지 나하고만 함께 한다는 의미도 아니다." 폭력적인 친밀한 파트너의 공포에 맞서 다른 보호자나 고립은 도움이 되지 않으며, 각자는 시장에서 개별적으로 닳아 없어진다. 지배는 광범위하고 자유로운 다른 관계를 맺음으로써 극복된다. 코러스는 여성들이 안전하게 춤을 출 수 있는 장소를 제공한다. 우리가 살고 싶은 세상을 그리는 페미니스트 집단은 군대식 동기화나 대중의 열광에 기반하지 않는다. 코러스로서 세상을 만드는 일을 정치화하고 창의적인 개성이 발현될 수 있는 공간을 제공한다. "연대는 …… 관계 속에서 이루어진다."라고 아담차크는 말한다. "그것은 우리 사이에서 일어나는 일이다. 연대의 실제 생활 분위기는 …… 더 무질서한 맥락의 셋, 넷, 다수를 형성한다." 뻗어 나가는 관계성 형성, 즉 코러스 일은 '한 여자도 잃을 수 없다'가 삶의 혁명을 몸짓으로 이끄는 투쟁의 한 형식이다.

유 동 적 인 파 업 력

'흑인 레즈비언 페미니스트 어머니 시인 전사'라고 자신을 묘사한 아프리카계 미국인 작가 오드리 로드는 베를린을 정기적으로 방문한 덕분에 아프로 독일인 운동에 큰 영감을 주었다. 일련의 상징적인 사진에 반제에서 노를 젓는 그녀의 모습이 담겨 있다. 티셔츠에는 에마 골드만에게서 따온 문구가 프린트되어 있다. "내가 춤을 출 수 없다면, 나는 당신의 혁명에 동참하고 싶지 않다." 혁명 후에는 군사적 규율과 가부장적 위안을 거부한다는 태도를 나타낸다. 그럼에도 혁명이 춤으로 용해되는 것은 허용하지 않는다. 혁명은 여기저기 춤판을 만드는 것만이 아니라 모든 관계를 '떨리게' 하고 연대적인 관계로 다시 쓰기를 원하기 때문이다. 니 우나 메노스가 거듭 강조하듯이 "모든 것!"을 바꾸기. 이를 위해 운동은 파업이라는 검증된 수단을 사용하지만 자세히 살펴보면 "모든 것!"을 바꾼다.

단체 교섭이자 노동쟁의로서 파업은 노동조합 조직이 소속된 정규적인 고용 관계를 전제로 한다. 그러나 여성 노동의 상당 부분은 서로 다른 조건에서 이루어지고 있으며, 실제로는 파업할 수 없는 딜레마에 직면해 있다. 마킬라도라와 같이 불안정한 계약과 악의적인 해고 관행이 노동조합 조직을 약화시키는 공장, 성노동처럼 부분적으로 범죄화된 암흑 노동 시장, 무급의 가족 또는 이웃 돌봄 관계에서는 더더욱 작업 중단을 통해 경영진을 협박하는 것이 불가능하다.

돌봄노동이 공공이나 민간 부문에서 유급 노동으로 수행되는 경우, 협박의 가능성은 '너무 크다'고 할 수 있다. 의료와 복지 부문에서의 파업은 즉각 생명을 앗아 갈 수 있으며, 어떤 의미에서는 돌봄이 필요한 사람들을 인질로 잡는 것과 같다. 코로나19 팬데믹과 같은 위기 상황에서는 이러한 딜레마가 청소 서비스, 식품 거래, 배달, 쓰레기 수거, 농업에서도 작동한다. 저임금은 이러한 분야에서 할 수 있는 행동이 거의 없다는 것을 의미한다. 그러나 단기간의 진정한 '아무것도 하지 않는 것'도 재앙임이 밝혀졌다. 체제와의 관련성이라는 운명은 사회적 분업 속에서 소모되는 동안 각각의 일은 필수 불가결한 것으로 간주된다는 데에 놓여 있다. 그렇다면 파업을 할 수도 있고 전혀 할 수 없는데 어떻게 해야 하는가? 재생산노동자들의 수명을 단축시키고 있다는 사실에 반대하는 파업을 해야 하나? 그리고 그들의 생명에 맞서서도?

여성*파업의 영감의 원천은 1990년대 아르헨티나의 신자유주의 구조조정 이후 실직자들이 결성한 피케테로스로, 과격한 피켓과 거리 봉쇄다. 실업자 협회는 공공 주방을 조직하고 서로를 위해 일종의 파업자금을 마련했다. 2001년 12월 시위가 절정에 달했을 때 피케테로스들은 슈퍼마켓과 중산층의 집을 약탈했는데, 그곳에서 미리 장식된 크리스마스 트리는 사라졌다. 노동을 불필요하게 만들고 삶을 거의 불가능하게 만드는 시스템에 대한 파업은 작업 중단으로도 수행할 수 없었다. 반면 연합과 반란의 혼합 속에는 아나키스트 전통에서 '적극적 파업'이라고 부르는, 즉 다른 일상을 시도하기 위해 일을 중단하거나 더 적절하게는 다른 일을 시도하기 위해 일상을 중단하는 분명한 순간이 있다.

1913년 사회주의 연맹의 팸플릿에서 독일계 유대인 출판가인 구스타프 란다우어는 적극적인 총파업을 다음과 같이 혁명적 전략으로 설명한다.

무엇이 우리를 사회주의로 이끕니까? 바로 총파업입니다! 그러나 저녁에는 박수를 치고 아침에는 공장으로 돌아가는 선동가들의 입과, 빠르게 열광하는 대중의 마음에는 평소와는 완전히 다른 종류의 총파업이 존재합니다. 일반적으로 설교되는 총파업은 노동자와 자본가 중 누가 더 강하고 더 오래 버틸 수 있는지 팔짱을 끼고 기다리는 것을 의미합니다.

하지만 우리는 공개적으로 말합니다. 자본가들은 견딜 수 있지만 노동자들은 견딜 수 없는 상황들이 기업가들의 조직을 통해 점점 더 많이 발생될 것입니다. 작은 파업에서는 이렇게 진행되고 큰 파업에서는 훨씬 더 그러하며 수동적인 총파업에서도 다르게 진행되지 않을 것입니다. ······

노동자 여러분, 우리는 적극적인 총파업을 선포합니다! ······ 아직 아무것도 사회주의를 위해 이루어지지 않았고, 사회주의에 의해 조금도 이루어지지 않았습니다. 당신은 무엇을 위해 싸우고 자신을 죽이고 싶습니까? 그러면 아마도 그들이 원하는 것을 알게 될 일부 지도자들의 통치를 위해? 그들이 무엇을 하겠습니까? 그들이 당신의 일과 필요한 물품의 분배를 어떻게 명령합니까? 이 모든 것을 여러분이 직접 알고 실행한다면 더 좋지 않겠습니까? 일하는 사람들의 행동은 일이라고 불립니다! 적극적인 총파업에서 노동자들은 더 이상 자본가를 위해 일하는 것이 아니라 자신의 필요를 위해 일하기 때문에 자본가들을 굶겨 죽일 지경에 이릅니다.

자본가 여러분, 돈이 있습니까? 종이가 있습니까? 비어 있는 기계가 있습니까? 그것들을 먹어 치우고, 서로 거래하고, 서로에게 팔고, 원하는 대로 하세요! 아니면 일하세요! 우리처럼 일하세요. 우리한테서 더 이상 일자리를 얻을 수 없으니까요. 우리 스스로를 위해 일해야 합니다. 우리는 더 이상 당신들의 말도 안 되는 경제의 틀 안에서 노동하지 않을 것이며, 우리는 우리의 노동을 사회주의의 조직과 공동체를 위해 사용할 것입니다.

마지막으로 여성*파업, 기본적으로 페미니즘 운동 전체는 다른 관계와 행동 방식을 기대하는 적극적인 파업이다. 파업을 조직하는 것 자체로 다른 일, 자신의 필요를 위한 일, 돌봄노동을 약탈해 온 사람들을 굶주리게 하는 일이다. 이 불평불만 하는 자들아, 계좌도 장바구니도 친구도 있니? 다 먹어 치우고, 엿 먹고, 마음대로 해. 아니면 일하든가! 당신 스스로를 위한 일을 하고, 연대하며 해방을 위해 일을 하란 말이야. 우리처럼. 우리와 함께.

적극적인 파업은 애초에 파업이 실제로 가능한 조건을 요구한다는 역설에서 비롯된다. 연대적 관계의 다른 일은 모든 곳에서, 포괄적으로, 보편적으로 기대할 수 없기 때문이다. 그렇지 않다면 혁명은 이미 성공했을 것이다.

따라서 여성*파업을 조직할 때 파업을 연구 수단으로 이해하는 것이 거듭 강조된다. 각 개인은 '당신은 어떻게 파업할 것인가?'라는 질문에 직면하게 된다. 지배가 강요하는 활동을 거부하며, 당연하다고 여겼던 기대를 깨는 일을 적어도 하루 동안 당신은 할 수 있는가? 파업의 방법에 대한 질문을 열어 두면 때때로 가장 파업하고 싶은 일을 단순히 배제할 수 없다는 사실을 인정할 수 있다. 인간은 아이들을 그렇게 쉽게 놓아 버릴 수 없다. 중환자실에서 단결해 걸어 나올 수도 없다. 그러나 일단 파업에 대한 욕구를 인정하고 나면, 시위는 소모적인 부문의 집단적 재조직, 즉 노동자의 요구와 해당 업무에 의존하는 사람들의 요구가 함께 우선시되는 재조직을 요구할 수 있다. 대부분의 경우 이것이 바로 일을 고통스럽게 만드는 이유이다. 일반적인 조건에서는 누구에게도 시간이 충분하지 않기 때문이다. 간병인이나 환자와 아이들에게도 마찬가지다. 따라서 삶을 위한 사회적 돌봄이 어떤 모습이어야 하는지에 대한 의문을 열어 주는 것은 바로 불가능한 파업이다.

브란덴부르크에 사는 나의 이웃은 독일 통일 후 요양원에서 청소부로 일했다. 그녀는 그곳까지 가는 데 두 시간이 걸렸다. 그녀는 매일 돌아오는 길 내내 울었다고 말했다. 그녀는 절망에 빠진 요양원 거주자들이 몰래 손빨래한 기저귀를 말리려던 라디에이터를 청소했다. 무엇이 잘못되었는지는 명확하지만, 잘못을 저지르고 싶지 않은 마음이 어떻게 효과적인 저항으로 이어지는지는 불분명할 때가 많다. 결국 여성들의 파업은 다양한 착취와 굴욕의 경험을 다루기 위해 고안된 것이다. 베로니카 가고의 말처럼, 이 파업에는 고립된 슬픔을 거대한 저항의 힘으로 통합할 수 있는 무언가가 넘쳐 난다. 베로니카 가고는 또한 로자 룩셈부르크가 노동자들의 자발적인 대규모 파업을 옹호했던 것을 떠올린다. 룩셈부르크는 파업을 변화에 대한 모든 욕망이 흘러들어 갈 수 있는 바다와 같은 원초적인 힘으로 묘사했다.

때로는 제국 전체를 가로지르는 거대한 파도처럼 흐르기도 하고, 때로는 가느다란 물줄기로 쪼개지기도 하며, 때로는 지하에서 솟아오르는 샘물처럼 솟구치기도 하고, 때로는 땅속으로 완전히 스며들기도 한다. 정치 및 경제 파업, 대규모 파업과 부분 파업, 시위 파업과 전투 파업, 개별 산업의 총파업과 개별 도시의 총파업, 조용한 임금 투쟁과 거리 전투, 바리케이드 투쟁. 이 모든 것이 서로를 통과하고, 나란히 흐르고, 서로를 가로지르고, 서로에게 넘쳐흐르며 끊임없이 움직이고 변화하는 모습의 바다다.

"움직이고 변화하는 모습의 바다"로서 파업은 그 자체로 일종의 거울이며, 자신과 사회의 삶을 새롭게 바라보는 데 도움이 된다. '어떻게 파업할 것인가?'라는 질문은 '변화의 관점에서 당신의 삶은 어떻게 보이는가?'라는 질문이기도 한다.

영국계 독일 작가이자 싱어송라이터인 로라 타이스는 파업 성찰이라는 사고 연습을 동화적인 방식으로 설명하는 데 사용할 수 있는 발라드를 작곡했다. 그녀의 노래 「바다에서 멀리 떨어진적이 없어」에서 우리는 성찰에 바쁜 인어를 만난다.

> 내 연인, 산에 사는 남자
> 그는 인어를 아내로 데려왔고
> 나는 이 남자를 사랑하지만
> 여전히 고소공포증이 있다
> 최선을 다해 하루를 끝내고
> 나는 매일 밤 샤워를 한다
>
> …… 욕조에 몸을 던지고
> 피부에 소금을 뿌린다
> 끝없는 방황을 견딘다
> 나는 수영만을 원하지만
> 아무도 이해하지 못하는 것 같다
> 내가 빠진 곤경을

　인어는 자신이 가장 좋아하는 수영을 제대로 할 수 없는 것 같다. 자신의 선택에 의해 그녀는 현재 상황에서 특별히 억압되지는 않았지만 자기 자신의 요소에서 찢어지고 고립되고 오해받는 전형적인 부르주아 아내 역할에 처한 듯하다. 시몬 드 보부아르가 적절하게 지적했듯이 페미니스트 반란을 복잡하게 만드는 또 다른 사실은 여성 그룹이 "남성들 사이에 흩어져" 살고 있으며 개별 가정으로 깔끔하게 나뉘어 있다는 것이다. 여성은 공간상 서로 분리되어 있으며 남편의 계급적 이해관계와 동일시하는 경향이 있다. 그러한 생물들이 룩셈부르크의 영역에 자신을 넣을 수 있을까? 타이스의 발라드에서 인어는 자신을 바다의 딸이라고 선언하기에, 이는 명백히 반가부장적인 계보적 재수용을 통해 일어난다.

내 할머니는 사이렌이었다
그녀는 나에게 못된 짓 하는 법을 가르쳐 주었다
내 할아버지는 뱃사람이었다
이곳에서 나를 볼 수 있다면
그는 물속 무덤 너머에서
눈을 굴릴 것이다

…… 바다는 누구의 여자도 아니니
그녀는 당신을 뱉어 낼 수도 산 채로 먹을 수도 있다
바다는 누구의 암캐도 아니니
그녀는 당신을 애무할 수도 익사시킬 수도 있다
그리고 당신은 정확히 무슨 일이 있었는지
결코 알 수 없을 것이다

페미니스트 파업은 삶과의 특별한 계약에 기반한다. 그것은 존재하지 않는 여성적 본성에서 비롯된 것이 아니라 여성성과 재생산 노동의 역사적 결합에서 비롯된 것이다. 아무리 사물지배가 돌봄노동의 능력을 재구성하더라도, 아무리 '다른 일'의 생명력을 빼앗아 사용 가능한 상태로 유지하더라도, 이 노동은 여전히 생명과의 특별한 관계를 유지한다. 완전히 억제할 수 없고 궁극적으로 사용할 수 없는 힘, 사람을 들어 올리거나 가라앉힐 수 있는 힘이다. 돌봄노동은 이미 살아가는 데 무엇이 필요한지 알고 있고 실천하고 있다. 효과적으로 파업하기 위해 누군가를 협박할 필요가 없다. 그것은 실행된다. 그것은 바다와 연결된다. 더 이상 통치자의 이익과 욕망을 위해 일하는 것이 아니라 합창단의 필요를 위해 일한다. 총파업은 시연이다.

연 대 적 인 관 계 방 식

연대는 모두에게 버림받지 않는다는 것을 의미한다. 하지만 연대는 단순히 연결됨을 의미하는 것이 아니라 우리의 연결을 조직하는 구체적인 방법을 의미하기 때문에 지원 약속 그 이상이다.

2018년 국제 여성*파업을 촉구하는 성명서에서는 파업의 대상이 되는 여성을 다음과 같이 정의했다. "원주민 여성, 이주민, 노인, 소녀, 청소년, 사파티스타, 페미니스트 게릴라, 흑인 여성, 난민, 학생, 정치범, 범죄자, 어머니, 장애 여성, 주부, 가사 노동자, (의료) 종사자, 성노동자, 연금 수급자, 강사, 의사, 공무원, 노동조합원, 비공식 경제 종사자, 무장 세력, 실업자, 불안정한 자, 실종자, 예술가, 택시 기사, 배관공, 그리고 다양한 '여성'의 끝없는 목록이 있다." 이 미완성 목록을 하나로 묶는 것은 특정한 주체의 위치나 추상적인 공통의 목표가 아니다. 이들을 하나로 묶어 주는 것은 목록에서 언급된 경험들, 우리 모두와 마찬가지로 자신과 씨름하고 있는 주체들 전반에 걸쳐 펼쳐져 있다. 베로니카 가고에 따르면 여성들의 파업이 집단적인 형태로 대응하는 것, 즉 "개인의 고통과 조직적인 박탈의 정치"를 포착하지 않는 사회적 관점은 없다. 아마도 지구상의 그 누구도(그리고 이 책을 읽는 그 누구도) 실제적 사물지배, 사유재산의 고착화, 이윤 극대화에 전혀 영향받지 않는 삶을 살지는 않을 것이다. 창살과 인력 발전기가 우리 존재를 관통하고 있다. 파업 작업은 우리가 할 수 있는 한 최선을 다해 이 존재에 대항하는 것으로 구성된다. 기존의 조건은 장기적으로는 누구에게도 도움이 되지 않고 단기적으로는 소수에게만 도움이 된다. 그럼에도 이러한 구조는 제약과 착취를 통해 많은 사람들에게 확실한 전망과 보상을 약속하며 참여를 유혹한다.

지배의 가치 창출 모델은 분열 그리고 경멸을 조장하는 것이다. 따라서 연대에 기반한 집단은 먼저 배제의 논리를 깨뜨리는지 여부로 확인된다. 실업자와 정식 신분증이 없는 사람들(비정규 이민자나 난민)을 나중에야 돌볼 수 있다고 생각하는 사회주의, 창녀와 트랜스젠더, 레즈비언은 우선은 덜 드러내고 싶어 하는 페미니즘은 그들을 소외시키는 것이지 제도적 축출 앞에 바리케이드를 쌓은 것이 아니다.

하지만 우리는 더 나은 것을 만들 수 있다. 그리고 우리가 연대를 구축할 때, 수많은 집단을 열거하려는 쉬운 노력도 사라진다. 오드리 로드는 멋진 공식으로 이 점을 우리에게 상기시킨다. "차이를 단순히 용인해서는 안 되며, 우리의 창의성을 변증법적 불꽃을 일으킬 수 있는 필수 불가결한 반대의 자금으로 간주해야 한다." 차이는 동질성의 관점에서 볼 때만 문제가 된다. 문제는 우리가 함께 어떤 단결을 이루는지가 아니라 어떤 세상을 만들 수 있느냐다. 협력이라는 훨씬 더 분명한 관점에서 보면 차이는 전혀 문제가 되지 않는다. 그러나 그 자체가 성과는 아니다. 진정한 성취는 수많은 다양성을 서로 올바른 관계에 놓는 것이다. 결국 우리는 단지 다르기를 원하며, 나 자체이기를 원할 뿐 아니라, 살아 있으며 자유롭고 싶다. 여기에는 더 광범위한 전제 조건이 있다: 우리는 삶의 토대가 보존되어야만 살아 있고, 함께할 때만 자유롭다.

그렇다면 연대적 관계란 무엇일까? 다소 어렵게 느껴질 수 있지만 연대를 뜻하는 용어 중 하나는 상호주의다. 특히 아나키스트 전통에서 상호주의 개념은 모든 관계의 바람직한 기본 방향, 즉 상호 도움을 명시한다. 서로 돕는 것은 많은 인간 사회에서 사실상 불가능하다고 하더라도 거의 모든 인간의 도덕성을 시사한다. 이 도덕을 일관되게 준수하는 것은 사실상 불가능하다. 그러나 상호성이라는 결심에 따라 도움의 성격이 달라진다. 그것은 자선 행위가 아니라 공동의 약속이다. 힘이 불평등하게 분배되어 있는 상황이더라도 우리는 평등하다는 것을 알고 있다. 우리는 서로 번갈아 가며 도울 수 있다. 상호성은 또한 적어도 현재의 인지 연구에 따르면 상대방의 관점을 수용하는 특별한 인간 고유의 능력을 의미한다. 인간은 대략 4세부터 다른 사람이 알고 있는 지식을 바탕으로 상황을 해석할 수 있다. 특정 행동이 다른 사람의 의도에 유용하리라는 것을 알아차리고 자발적으로 뛰어들기도 한다. 예를 들어 누군가가 두 손을 가득 들고 문을 향해 가는 것을 보고 문을 열어 주거나, 자리에 앉아 있을 때 앞에 서 사람의 짜증스러운 표정을 이해한다. 상대방은 당신이 자신을 도울 방법을 알고 있다는 것을 알고 있다. 그 이면에는 도움을 되갚지 않아도 된다는 암묵적 동의가 있다. 그럼에도 서로를 알고 함께 사는 것에 대한 다양한 반응이 열려 있다. 내가 면책 특권으로 그들을 공격할 수 있다는 것을 알면 분명히 나를 치명적으로 사전 방어하리라고 예상할 수 있다.

지배 없는 세상을 추구하는 아나키즘은 과실이나 보상 없이 서로를 돕겠다는 '무상의무'를 바탕으로 공존의 기반을 다시 세우는 데 달려 있다. 표트르 크로폿킨이나 구스타프 란다우어와 같은 사상가들은 상호주의 사회화의 예로 육지나 바다를 여행하는 사회에서 위험한 일을 할 때 서로에게 특별한 도움을 약속하는 것을 자주 인용한다. 한 사람에게 불행이 닥치면 모두가 그 피해에 대해 책임을 져야 한다는 뜻이다.

아나키스트 지평은 구체적인 관계에 초점을 맞추지만 연대와 친밀함을 혼동하지 않는다. 사람들은 상호주의적 여행 동반자 관계를 형성하기 위해 서로 닮을 필요도, 서로를 잘 알 필요도 없다. 상호 도움은 관계를 만드는 것이지 관계를 전제하지 않는다. 상호주의적 관계를 맺어야 할 설득력 있는 이유가 없다는 사실은 자유에 대한 아나키즘의 자유로운 이해에 정확히 부합하는 것이다. 물론 살인과 약탈도 할 수 있다. 그러나 자신을 없앨 수는 없는 법이다. 정말 살인자와 함께 살고 싶은가? 차라리 연대하는 동료 여행자를 선호하지 않을까?

마르크스적인 사회주의는 연대의 관계가 생산의 수준에서 직접 실현되고, 착취의 방앗간에서 공급의 창조로 전환되기를 원한다. 마르크스주의의 관점에서 볼 때 이러한 창조 속에서만 우리는 진정으로 인간 본성을 실현할 수 있다.

자유로워지는 것은 인간 본성의 일부다. 자유는 자신에 대해 아는 인간의 특성에서 비롯된다. 우리의 의식과 언어로 투영된 생각은 내장된 거울과 같은 것이다. 거울은 우리가 반성하는 데 도움이 된다. 그리고 우리는 이런 방식으로 자신을 '보기' 때문에 우리가 어떻게 보이고 싶은지 결정할 수 있다. 옷차림만이 아니라 행동도 우리가 선택한다.

하지만 앞서 언급했듯이 우리가 서로를 인식하는 것은 인간 본성의 일부다. 우리의 행동은 우리 자신을 결정하며 우리가 어떤 관계에 서 있는지를 결정한다.

이 영역의 자유는 공유된 자유다. 내가 당신의 눈을 가리지 않으리라는 것을 당신이 알고 있는지 여부는 우리 둘 다에 달려 있다. 그리고 우리 둘 다 지금까지 우리 사이에 일어난 일을 바탕으로 이 사실을 알게 될 것이다. (내가 당신의 눈을 가리지 않겠다고 말할 때 당신이 나를 믿을지 여부는 아마도 내가 지금까지 정직했는지 여부에 달려 있기 때문이다.) 그렇기 때문에 란다우어가 말했듯이 "아직 아무것도 하지 않은" 연대 경제에서는 그렇게 쉽지 않다.

사실이다. 우리는 아직 시작도 하지 못했다. 하지만 다른 한편으로는 서로를 알아 가는 거의 모든 순간에 연대에 대한 갈망을 알고 있다. 서로를 위해 무언가를 할 수 있고, 서로에게 좋은 의미로 다가갈 수 있다는 갈망을 알고 있다.

가장 기본적인 의미에서 '서로를 이해하는 것'은 연대를 향한 첫 번째 단계로, 서로가 원하는 것이 무엇인지 아는 것이다. 두 번째 단계는 이러한 욕망을 지배가 아닌 자유를 창출하는 방식으로 서로 연관시키는 것이다. 사회주의 경제는 우리가 일에서 이러한 관계를 만들 수 있다는 사실에 기반을 두고 있다. 자본주의에서 우리는 생존을 위해 일하고 자본가가 이윤을 기대하는 물건을 생산한다. 이러한 것들은 사물지배에 의해 결정되며, 우리는 그들과 함께 거울 앞에 서서 "이게 바로 내가 하고 싶었던 일이고, 이게 바로 내가 평생을 쓰고 싶었던 일이다."라고 말할 수야 없다. 그러나 우리가 자유롭게 제작한다면 우리의 작업 결과물 자체가 일종의 거울이 될 것이고, 나는 그 안에서 나의 자유와 능력을 모두 인정하게 될 것이다. 이것 봐! 나는 내 시간에 코드를 프로그래밍하고, 딸기를 따고, 다음 챕터를 쓰는 일을 했어! 하지만 연대의 개념이 약속하는 것은 사람들이 훨씬 더 멋진 자유를 알고 있다는 것이다. 바로 다른 누군가가 자신의 능력을 누린다는 것, 그리고 자신이 생산할 수 있는 것보다 더 많은 것을 누릴 수 있다는 것. 그리고 우리의 일이 생산한 결과물은 곧장 이 또 다른 자유를 반영한다. 우리가 함께할 때만 누릴 수 있는 자유다.

1844년 영국의 경제학자 제임스 밀에 관한 아주 초기의 노트에서 마르크스는 자유를 통한 욕구 충족이라는 사회주의의 기본 사상을 네 가지 방식으로 전개했다. "우리가 인간으로서 생산한다고 가정해 보자. 우리 각자의 생산에서 우리 스스로와 다른 사람을 이중으로 긍정할 것이다." 이는 자본주의를 대체할 사회적인 관계에 대한 설명을 시작하기 앞서 두 사람 간의 관계를 보여 주는 첫 문장이다.

이 두 가지 이중 '긍정'은 우리의 자유가 연대 노동에 반영되는 네 가지 방식으로 이어진다. 첫 번째 성찰은 이미 언급했듯이 자유로운 업무 수행 속에서 자신의 효율성을 경험하는 일이다.

나는 1. 생산에서 나의 개성과 특이성을 객관화해 활동하는 동안 삶의 개별적인 표현을 즐기고, 대상을 바라볼 때 나의 개성을 객관적이고 감각적으로 지각할 수 있으며 따라서 의심할 여지 없이 숭고한 힘으로 아는 개인적인 기쁨을 즐길 것이다.

의심할 여지 없는 힘이란 다소 거창하게 들리지만, 사실 우리가 무언가를 '성취'했을 때만큼 현실감을 느끼는 경우는 드물다. 마르크스의 사고의 요점은 우리가 방금 만들어 낸 것을 자기애로 바라보는 순간을 넘어서도록 우리를 이끄는 것이다.

우리가 하는 일의 현실성은 다른 사람과의 관계 속에서, 즉 케이크가 맛있게 느껴질 때에만 비로소 확인된다.

2. 당신이 나의 제품을 즐기거나 사용할 때 나는 내 일에서 인간의 욕구를 충족시켰다는 의식, 즉 인간 존재를 객관화했다는 의식과 다른 인간의 욕구에 상응하는 대상을 제공했다는 의식 모두에서 즉각적인 즐거움을 느낄 것이다.

이 두 번째 구절의 핵심은 여기에서 다른 사람이 내 제품을 즐길 뿐만 아니라 노동자로서 나 또한 내가 이것을 할 수 있다는 것, 즐거움과 사용을 위해 무언가를 만들 수 있다는 것을 아는 독특한 기쁨을 누린다는 것이다. 마르크스가 여기에서 말하는 '즐거움 또는 사용'도 중요하다. 마르크스주의의 관점에서 적극적으로 충족시킬 수 있는 욕구는 기본적 욕구가 아니라 우리가 가질 수 있고 충족시킬 수 있는 모든 욕구이기 때문이다. 마르크스주의는 자본의 증가라는 특정 형태의 성장과 결별한다. 자본주의는 진정 검소하지 않다. 오히려 새로운 욕구의 풍요로움은 인간의 창조적 힘의 증가로 정확하게 포착된다. 우리의 교환은 인류 전체가 이전보다 더 많은 것을 할 수 있다는 것을 분명히 보여 준다. 따라서 세 번째 긍정은 함께함을 초월하여 인류 전체와의 어떤 관계를 긍정하는 것이다. 그러니까 나는 당신을 위해 적절하게 조직된 전체, 당신을 돌볼 수 있는 인류와의 연결을 대표한다. 그러므로 나는 이렇게 나 자신을 인정한다,

3. 너와 종 사이의 중재자로서 너 자신의 존재에 보완이자 너 자신의 필요한 부분으로 알고 느끼게 되며, 따라서 너의 생각과 사랑 모두에서 확인된 나를 아는 것.

직접 만나지 않으며, 다른 사람의 노동은 죽어서 비닐 포장지에 싸여 상품으로만 남는 사물지배와 달리 연대하는 노동에서

우리는 직접 닿아 있다. 우리를 취약하고 의존적으로 만들 수 있는 배고픔과 사랑이 바로 지금 우리에게 힘을 주는 것이다. 누구도 다른 사람의 노동 없이는 살 수 없다는 사실은 '경제적 독립'보다 훨씬 충만한 자유의 토대가 된다. 무언가가 변할 때, 새로운 것이 필요할 때, 무언가가 깨질 때, 이 새로운 욕구도 연대해서 충족시킬 수 있기 때문이다. 그리고 상대방은 불행이 닥쳤을 때 나에게 책임을 지겠다고 약속했기 때문만이 아니라 기부에 대한 자신의 재능을 인정하기 때문에 그렇게 한다. 서로에 대해 아는 것을 즐기고 창조할 수 있는 인간의 능력을 경험한다. 이것이 우리를 함께 자유롭게 만든다.

마르크스에 따르면 욕구 지향적 일에서는 주는 것과 받는 것의 차이가 궁극적으로 사라진다. 욕구를 충족시키는 것 자체가 욕구가 될 수 있고, 그 안에서 자신의 힘을 사용하고 관계성을 즐길 수 있으며, 마르크스가 네 번째 진술에서 말했듯 나는 다음을 긍정한다.

4. 나의 개별적인 삶의 표현에서 내가 너의 삶의 표현을 직접 창조했다는 것, 즉 나의 개별적인 활동에서 나는 나의 진정한 존재, 나의 인간적인 것, 나의 공동체를 직접 확인하고 실현했다는 것.

일하는 존재, 즉 서로에 대해 알 수 있는 존재로서 우리는 그 누구도 우리를 가둘 수 없는 정치의 열쇠를 가지고 있다. 다르게 일할 수 있는 인간의 능력에 무한한 부가 숨겨져 있다는 사실은 마르크스가 이 네 번째 항목의 마지막에 쓴 문장으로 요약할 수 있다. "우리의 생산물은 우리 존재가 자신을 향해 비추는 수많은 거울이 될 것이다." 자유로운 개인 활동에서와 마찬가지로 연대 작업에서도 우리는 우리 자신을 본다. 그러나 우리는 훨씬 더 많은 것을 본다. 마치 두 개의 거울이 서로를 비추는 방식으로 유지되는 것처럼 관계는 배가된다. 그 안에서 개인은 여전히 알아볼 수 있다. 하지만 그 사이에는 무한대가 존재한다.

주고받음이 서로 합쳐질 때 나타나는 무궁무진함의 모티프는 '풍요의 경제'에 해당한다. 밀물 같은 물결이 맛볼 수 있는 넘침이다. 항상 빈손으로 남겨질까 두려워해야 하는 희소성의 경제가 아니라, 삶과 훨씬 더 잘 어울리고 손이 맞물리자마자 발생하는 풍요로움의 경제다. 일부 페미니스트들은 풍요의 경제를 "여성 경제"라고 명시적으로 부른다. 프랑스 철학자 엘렌 식수는 "주는-창조하는" 것을 강조하며 동등성에 대한 모든 관념의 위반을 설명한다. "그녀는 더 많이 준다. 그녀는 자신이 주는 것에서 무언가를 얻을 것이라는 확신 없이, 심지어 예상치 못한 이득도 얻지 못한다. 그것은 살고, 생각하고, 변화시키는 데 도움을 준다." 연대에 기반한 노동의 무한한 재생력은 무궁무진한 이미지로 해석된다. 마찬가지로 근본적으로 가부장제에 반대하는 정신분석학자 루스 이리가레는 풍요의 유토피아를 공식화한다.

　　많으면 많을수록 비축량도 줄어든다. 자연은 지치지 않고 스
스로를 소비하고, 노동 없이 스스로를 교환하고, 인간의 거래로
부터 보호받으며 공짜로 자신을 내주었다. 무상한 쾌락, 고통
없는 번영, 소유 없는 쾌락의 삶. 자연은 이율배반적이다. 계산,
저축, 다소 약탈적이고 폭력적인 전유, 힘든 자본 축적에 직면
한 아이러니.
　　유토피아? 아마도. 그러나 이러한 교환 방식이 항상 무역 질
서를 훼손해 온 것도 사실일 수 있다.

　이러한 아이디어는 자극적이지만, 여성성과 재능 사이의 연
관성을 유지함으로써 마르크스의 인간 존재의 사회적 공동생산
에서 이미 느낄 수 있는 불편함을 불러일으킨다. 참, 마르크스,
페미니스트라면 여성들은 300년 동안 당신이 지향한 욕구 지향
적인 방식의 노동을 해 왔어요. 전기차, 건축 자재, 호흡용 마스
크 생산도 연대해서 조직하는 것이 합리적일 것이다. 하지만 이
를 위해서는 생산 수단뿐만 아니라 재생산 수단도 사회화해야
한다. 역사가 진행되어 왔던 것처럼, 타인의 필요를 바라보는 눈
과 그것을 충족시킬 수 있다는 즐거움은 보편적인 능력이 아니
다. 그것은 많은 남성이 버린 자산이며 많은 여성에게 부담으로
부과되었다. 잠깐 설거지 좀 해 줄래요, 마르크스? 내가 계속 집

필할 수 있게 말이에요!

　욕구 지향적 노동은 돌보는 사람들이 어떤 일을 할 때 아무도 혼자가 되지 않고 모든 사람이 자신의 욕구를 인정받는다는 것을 알 수 있도록 사회화될 때만 자유롭다. 일에서 생명이 조금이라도 위태로워지는 순간(합리적인 사회에서는 더 이상 쓰레기가 생산되지 않을 것이기 때문에 이런 순간이 일의 많은 부분을 차지할 것인데) 자유롭지 못한 결과가 다시 발생할 수 있다. 욕구가 있는 사람은 더는 자유롭지 않은데, 욕구를 인식하고 충족시킬 수 있는 사람의 자비에 달려 있기 때문이다. 가부장제는 일부 궁핍한 사람들에게 재산권을 부여함으로써 이 문제를 해결하려고 노력해 왔다. 그러나 추가적인 지배가 없더라도 욕구를 인식하고 충족시키는 사람들은 더는 자유롭지 못하다. 그들은 떠날 수 있지만 의심스러운 경우에는 살인자로만 떠날 수 있다. 사건을 맡을 다른 사람이 없다면 말이다. 욕구 충족을 실천하는 집단이 항상 같은 집단인 한 연대는 효과가 없다. 모든 사람이 훈련된 역할을 떠날 수 있다고 진정으로 느낄 때, 그리고 갑작스러운 소유권 주장 없이도 그 역할을 다시 맡을 수 있을 때에만 연대는 자유로워질 수 있다. 물질의 착취 강박뿐만 아니라 사물지배의 가용성 강박으로부터도 자유로울 수 있다. 다시 말해 연대적 탈소유다. 돌보는 능력이 일반화되고 돌봄을 받는 것도 일반화되는 사회, 그래서 노동이 스스로 소진되지 않고 재생 능력으로 작용할 수 있는 사회. 우리는 모든 공장, 모든 기관, 모든 가정을 이 요구와 비교해서 측정해야 한다.

그러고 나서 우리는 그들을 공격해야 한다. 적극적 재생산 파업이 보여 주는 것처럼, 노동 분리 위원회를 차단하고 지배에 의해 강요되는 노동을 보이콧하고, 연대 코러스와 집단을 구성해서 이미 누구도 혼자 고민하지 않는다는 것을 확인하고, 모든 노동이 재생산 노동이며 모든 재생산 노동이 자유로운 사회를 요구하는 방식으로 파업을 다르게 해야 한다. "우리는 파업 중이다."라는 말은 기본적으로 "우리는 오랫동안 다르게 일해 왔다. 여러분은 비켜 주기만 하면 된다."라는 의미다.

고 립 된 삶

6장에서는 국가의 주권적 생활 정책에 대해 자세히 설명했다. 이 정책은 고립의 형태로 보호를 약속하고, 개인을 서로 분리하고, 일부는 포함시키고, 다른 일부는 배제한다. 팬데믹은 다른 곳에서도 마찬가지인 사실을 극명하게 보여 준다. 이러한 삶의 정치는 궁극적으로 무력하다는 것이다. 그것은 분열시킬 수는 있지만 치유할 수는 없다. 체력, 근면성, 다산을 전파하는 곳에서도 건강한 사람들을 활용하고 그들 중 일부 사람들(체계적으로 관련된 일을 하지 않는 사람들)을 감염으로부터 보호하는 방법만 알고 있다. 재생하는 일만이 출산하는 사람, 돌보는 사람,

양육하는 사람, 궁핍한 사람, 부상자, 감염자 등 결국 우리 모두에게 도움이 된다. 이 자원은 서로에 대해 알 수 있는 사람들이 있는 곳이라면 어디에서나 사용할 수 있지만 자본주의에서는 희소하고 끊임없이 고갈될 위기에 처해 있다. 노동이 상품이며 생명을 재생하는 곳이 아니라 가치와 쓰레기를 생산하는 곳에서 대가를 지불하기 때문이다. 우리 삶의 경제 영역을 민주 정치에서 배제하는 리바이어던은 재산을 보호하는 칼로 후퇴하고 자본주의 경제의 손을 놓아준다.

적극적인 총파업은 착취로부터 노동을 분리하고 노동을 정치화하는 분수령이 될 수 있다. 그렇게 할 때 리바이어던만이 아니라 삶의 반대적인 정치에도 맞선다. 삶을 위한 혁명이 아니라 백인 부르주아로 무장한 삶의 정치가 그것이다. 위로부터의 리바이어던이 안보를 명분으로 시민들을 상대방으로부터 고립시킨다면, 아래로부터의 사민주의적 삶의 정치는 시민들을 분열시킨다. 그것은 스스로 구축한 요새, 제한된 일상에 대한 도전적인 미화 뒤에 자리 잡고 있다. 포함과 배제는 개인에게 영향을 미치는 것이 아니라 개인에게서 비롯된다. 작은 지점을 요새화해서 나머지 세상으로부터 방어한다. 사회적 모든 것, 심지어 국가의 보호 정책조차도 평화를 방해하는 것으로서만 개별 캡슐 앞에 나타난다. 제도의 규율 체제가 아니라 토지의 사물지배 체제다. 가정된 개척자 환상이 아니다. 네 개의 벽인 마차에서 원하는 대로 할 수 있고, 특히 일반적으로 이 네 벽을 채우는 황량함과 지루함에 대해 누구에게도 책임을 지지 않는 것, 그렇게 보호하겠다는 약속이다. 주로 남성의 환상소유이지만, 스스로 먹이가 되지 않을 때는 여성도 아주 편안하게 번데기 껍질 안으로 들어갈 수 있다. 광범위한 착취의 시대에도 음모는 여전히 사적인 작은 것으로 꾸며져 있다. 모든 피곤함에도 불구하고 관리할 수 있는 약간의 자유 시간, 생활 공간과 핵가족. 그 보상으로 모든 캡슐은 아무리 작더라도 미디어에 비추어지는 호화로운 궁전의 화려함을 만끽할 수 있다.

요새화된 삶은 높게 평가된 재산을 갖고 슈퍼리치들과 동맹을 맺으며 의심스러울 때는 자기방어를 선호한다. 오랜 기간 미국 하원의원을 지낸 폴 브라운은 2020년 4월 초 조지아주 공화당 하원의원으로서 하원에 재입성하기 위한 캠페인 영상을 공개했다. 이 영상에서 일흔세 살의 노인은 숲 가장자리에서 반자동 권총을 무차별적으로 쏘며 총기의 장점을 강조한다. "지금처럼 불확실한 시기에는 자신과 가족, 재산을 보호할 권리가 무엇보다 중요합니다." "애틀랜타에서 약탈하는 무리"에게든 워싱턴의 폭압적인 정부에게든 영상이 끝날 때 추첨되는 AR-15 소총보다 더 좋은 "자유 기계"는 없다. 사회계약 대신 톰볼라 소총, 리바이어던 대신 자유 기계. 완전히 반대되는 두 가지 결론이지만, 재산 관계로 공개적으로 드러나는 생명에 대한 동일한 두려움에서 비롯된 것이다.

집단과 개인 주권, 고립된 국가의 칼과 강화된 개인의 권총

이 노골적인 모순에 빠지는 것은 코로나19 대유행의 흥미로운 효과다. 일반적으로 그들은 공공질서와 자본주의 착취를 통해 가능한 한 많은 가족과 환상소유에 주권을 부여할 수 있도록 스스로를 잘 정리한다. 그러나 격리 조치는 갑옷을 입은 일상생활을 아주 적절하게 방해한다. 특히 직장을 잃거나 사회적으로 단절된 사막 한가운데에서 쇼핑을 할 때 항상 손을 씻고 입에 천 조각을 대고 걸어 다녀야 하는 것은 마음의 평화가 아니다. 폴 브라운은 이미 오바마케어의 도입, 즉 의료보험의 보장 확대를 양키가 남부 주를 상대로 부당하게 벌인 남북 전쟁과 비교한 바 있다. 독일의 '위생 데모' 참가자들은 이제 의무 예방 접종을 쇼아와 동일시한다. 그러나 덜 망상적으로 역사를 위조하는 일부 시민들도 전염병의 죽음으로부터 자신을 성공적으로 보호해서 실제로 위험을 느끼지 못하게 한 정부에 대해 분개한다. 어차피 아무것도 느끼지 못하기 때문에 자기만의 껍질 안에 품고 있는 이 성가신 유령의 고통을 제외하고는 아무것도 느끼지 못하고, 그전이 더 나을 수 있다는 증거로 해석한다.

해방과 변화의 물결이 요새를 흔든다면 화가 있을 것이다! 그런 다음 어떤 대가를 치르더라도 부지를 방어해야 하며, 그렇게 해서 가치가 다시 분명히 드러나면 그 자체가 자기방어로서의 갑옷이자 자체적인 목적인 것이다. 그렇게 되면 파괴에 대한 욕구를 외부로 분산시킬 핑계를 얻을 수 있다. 이 부지에 침입하는 사람은 누구든 총에 맞을 수 있다. 우익 포퓰리즘 정치는 이렇게 구성된 부지에 연료를 공급하는 것 외에는 아무것도 하지 않는다. 그들의 지도자들은 그 부지에서 면책 없이 행동하고 싶은 만큼 보기 흉한 행동을 함으로써 정확하게 지도자가 못 될 자격을 갖추게 된다. 그들은 나쁜 모범을 보이고, 수사를 꾸며 스스로를 치켜세우거나, 적의 이미지를 꾸며 내 스스로를 추천한다. 그리고 혼란을 정리해야 한다고 생각하면 사악한 페미니스트들이 파괴하고 싶어 하는 가족을 찬양한다.

페미니즘이 요새화된 삶의 반사신경이 반응하는 표적으로 인기 있는 것은 우연이 아니다. 갑옷을 외부만이 아니라 일상생활의 내부에서도 의심스럽게 만들기 때문이다. 그러나 여성 인권의 성공 사례인 페미니즘은 오래전부터 집단적 환상소유의 일부가 되었다. 공식적으로 사람들은 우리의 업적을 자랑스럽게 생각한다. 이를 통해 백인 독일인들은 이슬람 문화에 대한 경멸을 진보에 대한 옹호로 은폐할 수 있다. "우리는 이미 그들보다 훨씬 앞서 있다." 이러한 반동적 전유와 병행해 페미니즘의 실체 없는 형태가 첫 번째 혐오의 대상이 된다. '젠더'란 여성운동의 환상이라는 식이다. 이것은 일부 이론가들의 삶을 웃음거리로 만들고 성별 신체와 가족 패턴에 고정된 전유의 인프라를 다시 신성하게 만드는 압력으로 작용한다. 이러한 반발은 페미니스트가 거둔 성공의 한 증상이다. 요새에 균열이 생겼다. 그러나 또한 정치적 재앙이기도 하다. 정확히 이러한 형태로 거의 꿈도 꾸지 못했던 우익과 파시스트 동맹의 구심점이 되기 때문이다. 정통 가톨릭, 네오나치, 독일 극우파가 완전히 공개적으로 동의하는 곳이 또 어디 있을까?

이들의 팔랑크스에 대해서는 공격 외에는 다른 옵션이 없다. 그렇다. 물론 페미니즘은 가족을 파괴하기를 원한다. 페미니즘은 사물지배의 장인 가족을 파괴하기를 원한다. 페미니즘은 역할 분장에 의해 유지되는 축소된 공산주의인 가족을 파괴하기를 원한다. 그러나 그렇게 함으로써 페미니즘은 보살핌과 연대의 제한된 관계를 손상시키는 것이 아니라 해방시키고 싶어 한다.

많은 사람들에게 가족을 매력적으로 만드는 것은 개척자의 환상 그 이상이다. 가족은 사적인 영역일 뿐만 아니라 결국은 쉼터이자 따뜻한 보금자리이기도 하다. 돈을 내지 않고도 수년 동안 사람들을 돌볼 수 있는 유일한 곳이다. 이 영역을 유지하기 위해 사람들은 불평 없이 기꺼이 일하러 간다. 그리고 일이 너무 빡빡해지면 잠시 벗어나 자신을 돌볼 수 있다는 사실에 두 번 시장에 감사한다. 일이 너무 힘들면 건강을 위해 저축하고 집에서 '휘게'를 한다. 직장에서의 동료애 외에도 가족은 많은 사람들이 연대를 경험하는 맥락이다. 주어진 상황에서 이러한 연대는 지배와 매우 밀접하게 연관되어 있다. 이것은 예를 들어 페미니스트 비판을 표명하는 등 도움을 주는 대신 불평하는 사람이 마지막 행복을 망친다는 인상을 준다. 지붕 위의 해방보다 손안의 자유 기계가 더 낫다!

이러한 방어적인 반응에서 벗어날 수는 없지만, 그 반응에서 시작해 삶을 위한 혁명이 연대의 경험 외부에 있지 않으며 지배에 타협하지 않는 것임을 반복해서 보여 줄 수가 있다. 연대는 재산에 가려진 비좁은 조건에서 몇 번이고 싹을 틔우지만, 또한 그곳에서 시들고 가치 평가의 제약에 의해 반복적으로 빼앗기고 착취에 의해 닳아 없어지는 경향이 있다는 것 역시 탐색적인 파업이 밝혀 준다. 우리가 알고 있는 가족은 연대를 인식할 수 없을 정도로 단절시킨다. 돌봄이라는 일이 지치지 않고 재생될 수 있을 만큼 충분히 광범위하지는 않다. 기브 앤 테이크는 이혼한 상태로 남아 있다. 돌봄은 대가 없이 제공되지만 결코 공짜가 아니다. 모든 희생에는 이자가 빚으로 발생한다. 아이들은 청구서를 지불할 필요가 없지만 부르주아 가정에서 재산 관계를 유지하는 데 명시적으로 도움이 되는 기대와 요구에 압도당한다. 단순히 상속을 폐지하는 것은 상상할 수 없다고 선언되었지만 내부적으로는 상속인이 합당한지를 두고 끊임없는 저울질이 있다. 후손이 의도한 대로 기능하지 않으면 가족은 후손을 파괴할 수 있는 무수한 방법을 찾는다.

사람이 자신을 위해서가 아니라 가족의 일원이기 때문에 돌봄을 받고 있다고 느끼게 만드는 방법은 수천 가지가 있다. 이것은 연대가 실천되는 방식이 아니라 유전적 소속에 따른 계층화다. 기껏해야 가족은 축소된 공산주의이며 최악의 경우 파시즘의 핵이다.

그러나 가부장적 지배와 재산 보존의 세대 관계가 부분적으로 해체되는 곳에서도 다음 세대의 환상소유는 남아 있다. 자녀를 자유롭고 생명력 있는 존재가 아니라 거울로만 바라보는 경우가 얼마나 많은가? 마르크스가 "재현적이고 감각적으로 볼 수 있으며 따라서 의심의 여지가 없는 힘"으로서 우리의 성격을 알려 준다고 쓴 작품처럼 말이다. 자손으로 객관화된 아이는 부모의 소유다. 부모는 간단하고 통제할 수 없게 학대나 '그저' 평가 절하로 이어질 수 있는 독점적인 처분권을 가지는데, 혐의를 사지 않는 한 아무도 건드릴 수가 없다. 정신분석학자 엘리자베스 영브뢸은 '아동차별주의'가 젊은이들을 새로운 출발점으로 인정하지 않고 부모의 영역으로 규정하기에 알맞은 명칭이라고 평한다. 기존의 가족 형태와 친족 관계 규범을 공격하는 페미니즘은 또 다른 출산과 탄생, 즉 자유로의 진입을 가능하게 하려고 한다.

페미니즘 혁명은 사물지배의 요새를 씻어 내지만 삶을 압도하지는 않는다. 그것은 개인과 참조 그룹, 공동체를 칼과 자유 기계로부터 해방시켜 지금까지 고립되었던 연대가 성장할 수 있게 한다. 모든 어머니의 사랑은 공산주의에 대한 갈망이다.

서 로 를 세 상 으 로 데 려 오 기

돌봄을 목적으로 조직된 사회는 다양한 형태를 취할 수 있다. 가장 일관되고 급진적인 형태 중 하나는 최근 소피 루이스가 저서 『지금 완전한 대리모』에서 공식화한 것이다. 안타깝게도 아직 번역되지 않은 첫 번째 논문에서 루이스는 유물론적 페미니스트 논쟁에 완전히 새로운 차원의 정치적 결단력과 변증법적 정교함을 단숨에 부여했다. 그녀의 퀴어 공산주의 비전이 미국 대중에게 가시적인 스캔들을 일으킨 것은 놀라운 일이 아니다.

루이스에게 "생식 공동체"는 부유한 제1세계 부부를 위해 아이를 낳아 주는 남반부의 대리모 시장이 성장 중인 냉혹한 현실에서 등장한다. 이러한 시장의 존재에서 알 수 있듯이 임신은 인간의 상태가 아니라 노동이다. 루이스는 이를 양막 기술이라고 부른다. 사물지배에서 재생산을 착취하는 상업적 대리모는 임신이 영원히 목가적인 사물지배의 지대에서만 일어날 필요가 없음을 보여 준다. 양수 분만 역시 사회적이며 전이될 수 있다.

이 책은 핵가족이라는 비에서 판매용 어린이라는 안개로 전환하는 것을 권장하지 않는다. 루이스가 제시하는 두 가지 형태의 정지는 '완전한 대리모'이자 대리모일 뿐이다. 어떤 의미에서 분업에 기반한 정보 사회에서 우리는 언제나 이미 서로의 생산자이다. 이런 사회에서 우리가 그에 따라 행동할 수 있다고 상상하려면 제도적 상상력이 필요하다. 하지만 우리가 진정으로 상호 생산자라는 사실을 인식한다면, 물에 빠진 사람처럼 한 어머니에게만 매달릴 필요가 없을 것이다. 바다 전체가 영양분을 공급하고 따뜻한 보금자리를 제공할 것이다. 그리고 무엇보다도 모든 어머니를 낳고 부양할 것이다. 이것은 한때 탯줄로 연결된 두 몸 사이에 친밀한 관계가 발전할 수 없다는 것을 의미하지는 않는다. 이 관계를 배타적으로 유지할 이유가 없다는 의미다. 그것은 재산 관계가 아니다.

삶을 위한 혁명은 그 자체로 완전한 대리모를 실천한다. 그것은 버려지고 거부된 것을 되찾음으로써 세상의 상실을 역전시킨다. 그러나 세상에 관한 것인 동시에 세상의 주관화된 부분도 고려해야 한다. 삶을 위한 혁명은 또한 모든 상황에서 서로를 세상으로 끌어들이는 것을 의미한다. 우리는 공동의 재산에 대한 접근을 위해 싸울 뿐만 아니라 재산을 서로에게 공동인 것으로 만들어야 한다. 환상소유 청구권을 배 밖으로 던져 버리고, 노동의 고통을 지원하고, '오래된 바다'의 파도를 함께 부수기다.

멀리 떨어진 곳에서 서로 돕는 것은 무한한 자원이다. 진기한 무혈의 양막 기술을 생각하면 연대를 너무 조화롭고 대칭적으로 상상하지 않는 데 도움이 된다. 루이스는 난각의 껍질을 뜻하는 '양막'이 그리스어로 양을 뜻하는 단어에서 유래했다는 점을 지적하며, 이는 관용과 연관된 것으로 오해할 소지가 있다고 일축한다.

나는 즉시 양떼를 떠올린다. 내가 기억하는 첫 번째 직업은 아마 네 살 때 병에 든 양에게 젖을 먹이는 일이었다. 양들은 어린 양을 받아 주지 않는 경우가 종종 있는데, 그때는 '손수' 양을 키워야 한다. 사업적인 관점에서 보면 수익성이 좋을 리 없지만, 이 작은 새끼들을 문지르지 않고, 코에 남은 달걀 껍데기를 뜯어내지 않고, 온도를 확인하기 위해 직접 우유병을 한 모금 마신 후 먹도록 가르칠 수밖에 없었다. (아이들이 동참했다는 사실만 봐도 그 시간이 정말 힘들었음을 알 수 있다.) 아이들이 가끔 도축소에 이름을 붙이지 말라는 규칙을 잊어버리면 수익성이 떨어졌다. 한번은 농장에서 아직 완전히 자란 숫양 한 마리가 있었는데, 아주 영리하게도 아버지의 두 번째 이름을 땄기 때문이다. 수컷 어린양은 온순하지 않다. 내가 여덟 살이나 아홉 살이었을 때 요하네스는 무릎, 팔꿈치, 손바닥이 모두 피투성이가 되도록 머리로 나를 마당에 넘어뜨린 적이 있다. 우려의 보편화는 지금부터 우리가 신성한 거품 속에서 걷는다는 것을 의미하지는 않는다. 다만 부상을 좀 더 유동적인 맥락에서 바라보게 될 뿐이다. 황소는 제 힘을 사용했고 나는 달려가서 위로를 받을 수 있었다. 모든 대리 권력은 충분하다. 정의는 언제나 다양한 경로를 통해 배려하는 사회 전반에서 회복될 수 있다. 결국 포괄적인 대리모는 부모가 자녀를 버릴 수 있는 진정한 자유가 있음을 의미한다. 결국 그들만이 유일하지는 않다. 동질성과 지배는 고립된 저항의 순간에 자극을 받고 있지만, 야생 연대는 상당한 반향을 불러일으킬 수 있다.

그런데 혁명 이전에도 그랬다. 내게 가장 인상 깊었던 시위 경험 중 하나는 2019년 4월 베로나에서 열린 대규모 반파시즘 시위였다. 이탈리아판 니 우나 메노스인 논 우나 디 메노(NonUnaDiMeno)의 지역 단체가 '트랜스 페미니스트 도시'라는 모토로 시위를 조직했다. 이 행사는 급진 우파와 근본주의 종교 네트워크가 주최한 '세계 가족 회의'에 반대하는 시위였는데, 마테오 살비니도 연사로 참여했다. 나는 전날 페미니스트 모임에서 작은 연설을 하고 베오그라드의 동료이자 친구인 아드리아나 자하리예비치와 함께 밀려드는 군중 속에서 놀라움에 도시를 걸어 나갔다. 이 시위는 1년 전 이탈리아 북부동맹이 연립정부에 들어선 이후 가장 큰 규모의 반파시스트 시위였다. 놀랍도록 결단력 있고 신중한 논우나디메노의 활동가들뿐만 아니라 거친 회색 갈기를 가진 이탈리아 페미니즘의 노련한 베테랑들, 나팔을 든 당파 협회 대표단, 어린이와 손자, 신경과학자들. 이전에 시위에 참여한 적이 없지만 이번에는 자신의 분야에 대해 거짓을 퍼뜨리는 동성애혐오자이자 젠더를 부정하는 선동가들에게 너무 짜증이 난 신경학자 등 모든 면에서 놀라운 구성이었다. (가족 회의가 열리기 전에 1936년 발표된 한 편의 '연구' 논문을 근거로 뇌 연구와 성 정체성에 대한 반페미니스트 행사가 꽤 많은 소도시에서 열렸다.) 시위 행렬이 길모퉁이를 돌았을 때, 섬뜩할 정도로 아름다운 한 여성이 가톨릭 협회 발코니에 서서 끈질기게 춤을 추고 있었다. 그녀의 배에는 "Salvini, non mollare!"라고 적힌 종이가 붙어 있었다. 내가 알아낸 뜻은 "살비니, 포기하지 마세요!"였다. 이 댄서는 이탈리아에서 꽤 유명하며 북부동맹 지지자로 이름을 알렸다. 성전환자이자 터키 이주 배경을 가진 성노동자인 그녀는 사람들이 자신의 집단적 이익에 반대하는 정치적 입장을 취할 수 있다는 역설을 조금 더 반짝이는 버전으로 제시한다. 그날 내가 지나치게 쾌활하고 승리에 대한 자신감이 넘쳤다는 것은 인정한다.(그리고 그녀가 정말 아름답다고 생각했다.) 하지만 나에게는 군중이 폭동을 일으키지 않고 노래 「벨라 차오」를 부르는 이 댄스 공연이 시위의 최고의 영광이었다. 결국 이것이 연대 집단과 파시스트 집단을 구별하는 요소, 그러니까 반대자들도 그 속에서 안전하게 춤을 출 수 있다는 점이기 때문이다.

돌봄노동은 결코 복잡하지 않으며 혁명 이후에도 저절로 재생되지 않을 것이다. 그리고 우리는 아직 서로를 거의 낳지 않았다. 연대의 틀 안에서도 개별적인 관계는 찢어질 수 있으며, 연대의 틀 안에서 욕구를 어떻게 해석하고 고려해야 하는지에 대한 분쟁이 일어날 수 있다. 이러한 분쟁은 일의 일부이며 많은 목소리의 코러스를 형성하는데, 일부는 '나'만 외치고 다른 일부는 숨을 쉴 수 없는 합창단이 아니다. 지렁이에서 아기에 이르기까지 대부분 목소리가 없는 사람들에 대한 결정을 내려야 하는 경우가 많기 때문에 이러한 분쟁은 각 사람이 자신을 대변하는 것만으로는 해결할 수 없다. 특히 우리가 처한 환경 파괴의 후기 단계에서는 단순한 보호만으로 재생을 달성할 수 없다. 우리는 독소와 온실가스에 대응해 무엇을 할 것인지, 침입종에 어떻게 대응할 것인지, 인간 종은 물론 지구 생태계 전체에서 연대를 실천하는 것이 어떤 모습일지 정치적으로 결정해야 한다. 따라서 생식 세계 공동체는 우리가 가능한 한 가장 광범위한 상호 관계를 이해하기 위해 서로 고군분투하는 목소리의 함성이 될 것이다. 서로를 세상으로 끌어들이는 것은 폴란드 작가 올가 토카르추크가 노벨상 수상 연설에서 묘사한 다정한 서술자의 관점, 즉 생명의 상호 연결성을 최대한 드러내는 관점을 채택하는 것을 의미한다. 이러한 지식을 바탕으로 우리는 어떤 생명 주기를 육성하고 유지할지, 어떤 지배의 주기를 끊을지, 무엇을 풀어 주고 무엇을 '손수' 키울지에 대해 신중한 결정을 내릴 수 있다.

지구는 소유물이 아니며, 심지어 우리가 '우리'의 아이들에게서 빌려온 것도 아니다. 지구는 우리에게 공동 대리모를 허락한다. 그리고 바다는 누구의 여자도 아니다.

8

(상품을) 공유하다

세상은 조류의 집합체다. 세상은 생명이 물질을 변화시키는 주기로 구성되어 있다. 인간의 노동은 의식적으로 생명 주기를 재생산할 수 있지만, 생명은 외부의 목표 없이 '자연적으로' 스스로를 재생산하기도 한다. 이 주기는 무한히 얽혀 있으며 호흡 주기, 식생 주기, 생산 주기 등 매우 다른 시간대에 걸쳐 확장된다.

인간의 노동은 의도적으로 세상을 생산한다. 양을 젖병으로 길러 내고, 마이크로칩을 프로그래밍하고, 화물용 자전거를 용접하는 등 특정 흐름에 영양을 공급하고 에너지를 형성한다. 계획된 모든 사물 생산은 대사 주기 안에 위치하며, 우리는 그 전체를 거의 보지 못한다.

연대해서 일한다는 것은 서로를 위해 세상을 만들어 간다는 것을 의미한다. 인간의 창의성은 새롭고 세련된 욕구를 충족시킬 수 있게 해 준다. 그럼에도 일은 여전히 욕망과 쾌락의 순환을 재생산한다. 인간의 신중함은 또한 우리가 직접적으로 표현된 욕구뿐만 아니라 자연계의 번식 조건을 고려하거나 서로 다른 욕구 사이의 균형을 맞출 수 있게 해 준다.

그러나 자본의 착취 소용돌이가 재생의 흐름에 아랑곳하지 않고 생명 순환에서 자원을 빨아들이는 한 방향이 바뀐 노동조차도 언제나 자본주의적으로 착취될 수 있다. 우리는 서로를 돌보고 세상을 더 널리 돌볼 수 있지만, 계속해서 이익을 얻고 시간을 벌며 세상의 몫을 밀어내는 것은 깔때기 소유주들이다. 그렇기 때문에 다른 작업은 다른 상품 흐름에 의존한다. 지속적인 고갈로부터 세계를 진정으로 구하려면 조수를 통해 순환하는 물질에 접근할 수 있어야 한다.

출판인 자비네 누스는 『소유는 해결책이 아니다』라는 설득력 있는 제목의 저서에서 연대하는 사회의 공동 재산인 사회적 재산을 다음과 같이 설명한다. "부를 실제로 생산하는 사람들이 생산 수단에 대한 처분권을 갖고 새로운 목적, 즉 보다 생명 친화적인 조건에서 재생산하기 위해 헌신하기 때문에 사회적 재산은 더 이상 '사유'가 아니라 '사회적'인 것이 될 수 있다."

자본이 계속해서 세상을 약탈하지 못하도록 하려면 자본을 다른 형태의 소유권으로 전환해야 한다. 이미 분열된 세계를 가장 잘 구축할 방법을 민주적으로 결정할 수 있는 소유권으로 말이다. 사회적 소유권이란 기계에게 세상에 아무것도 남지 않을 때까지 항상 같은 깔때기를 파헤치는 무의미한 일탈이 아닌 다른 흐름을 가르칠 수 있다는 의미이기도 하다.

땅 에 남 겨 두 기

엔데 겔렌데 활동 동맹은 독일 반핵운동의 유산을 이어받아 환경 문제와 자본주의 비판을 결합한 시민불복종이라는 직접 행동을 취하고 있다. 엔데 겔렌데는 2007년 발리에서 지구 남쪽의 활동가들이 '지금 기후정의'라는 이름으로 결성한 기후정의 운동 네트워크의 일부다.

독일 환경운동 내 분업은 2019년 6월 기후행동 주간에서 특히 인상적이었다. 2019년 6월 19일에서 24일까지 아헨과 그 근교에 총 40만 명의 젊은이들이 거리로 쏟아져 나왔다. 미래를 위한 금요일에 등록된 시위 행렬은 가르츠바일러 노천 갈탄광의 북쪽 가장자리를 따라 행진했다. 그곳에서부터 엔데 겔렌데 활동가 1500명이 금색 스프레이 페인트가 칠해진 보호 작업복과 마스크를 착용하고 채석장 가장자리로 뛰어 내려갔다. 진압봉을 앞세운 경찰 바리케이드를 통과한 이들은 구덩이에서 신나게 춤을 추기 시작했다.

구덩이란 달 같은 풍경을 축소해서 표현하는 단어다. 11헥타르에 달하는 분화구가 단계적으로 준설되어 이미 수천 명의 마을 주민의 집과 농지, 삼림지대를 삼켜 버렸다. 흙먼지가 날리는 텅 빈 대지. 거인들을 위한 원형 극장에서 활동가들은 눈부신 의상을 입고 개미 크기로 축소되었다. 물론 이 황무지에는 계획과 기술을 암시하는 웅장한 무언가가 있다. 지구를 어딘가로 옮기는 일이 본질적으로 잘못된 것은 아니며, 나는 이러한 기계로 작업하는 것이 매력적이라는 점을 잘 알고 있다. 거대한 굴삭기 운전석에 앉아 있는 모습을 상상하면 가슴이 저릿저릿해진다. 멈춰야 할 것은 굴삭기를 운전하는 일이 아니라(결국 재생 노력에도 사용될 수 있으니) 지구의 광물 자원에 대한 회사 경영진의 통제다.

근본적으로 잘못된 것은 수백만 년에 걸친 조력의 일을 수십 년 안에 태우기 위한 해체다. 녹색 식물이 이탄이 되고 마침내 갈탄이 된 석탄화의 결과는 비교할 수 없을 정도로 의미 있는 인간의 공동 행위를 이루기 위해 이곳에서 파괴되는 것이 아니다. 단지 몇몇 기업의 이익이 걸려 있을 뿐이다. 화석 연료를 대체할 수 있는 시대가 도래했고, 연소 폐기물이 지구를 지옥으로 만들고 있다는 사실을 우리는 오래전부터 알고 있었다.

이 달의 풍경은 인간의 기적을 위해 만들어진 것이 아니라 잔혹함의 연장선상에 있다. 석탄 화력 발전은 자연에 대한 과도한 착취를 연장시키는 데다가 북반구 산업화 국가의 안락한 백인의 생활과 식민주의로 점철된 지구 남쪽의 삶 사이의 착취 관계를 악화시킨다. 라인란트에 있는 다섯 개의 석탄 화력 발전소는 노천 광산에서 채굴된 갈탄과 콜롬비아의 열악한 환경에서 채굴된 경질 석탄을 사용한다. 다국적 광산 대기업이 운영하는 콜롬비아 북동부의 엘세레혼 광산은 가르츠바일러의 여섯 배에 달하는 규모로, 이미 6만 명의 주민들이 삶의 터전에서 쫓겨났다. 석탄 채굴은 콜롬비아 최대 원주민 집단인 와유족 서식지를 파괴하고 란체리아 강을 더럽히며 수은과 미세먼지로 지역을 오염시킨다. 독일 발전소의 최종 연소 과정에서 배출되는 이산화탄소조차 현장에만 머물지 않는다. 온실가스는 대기 전체에 분포되어 배출량이 상대적으로 적은 지역에서 가장 치명적인 결과를 초래한다.

라인란트 지방의 상황은 콜롬비아의 상황과 비슷하지만 규모는 더 작고 제한적이다. 노천 채굴 지역의 미세먼지 오염은 유럽의 제한선을 훨씬 웃돌고 있으며, 루사티아 지방에서도 마을이 강제로 개발되고 경작물이 말라죽을 위기에 처해 있다. 일반적인 지구온난화 외에도 광산을 건조하게 유지하기 위해 막대한 양의 지하수를 라인강으로 끌어 올려야 하기 때문에 지역의 물 공급이 고갈되고 있기 때문이다. 그럼에도 독일 정부는 재산법에 따라 이 파괴의 현장을 에너지 기업인 RWE의 사유재산으로 간주해서 대부분의 합리적인 사유재산(자전거, 주택, 핸드백)이 보호받는 것보다 더 잘 보호할 의무를 가진다.

2019년 여름 저항활동 기간 동안 엔데 겔렌데 활동가들은

20킬로미터 떨어진 캠프에서 각기 다른 색깔로 구분된 '핑거'로 조직되어 석탄 인프라의 각 지점으로 걸어서 출발했다. 핑거는 전술적으로 업무를 분담하고 내부적으로 운동을 차별화할 수 있게 한다. 소규모 기계 점거와는 달리 대규모 항의 행동의 과정은 세부적으로 계획되고 사전에 민주적으로 합의된다. 이 운동의 민주주의 이해에 따르면, 공통된 행동 방침에 대한 합의가 있어야 한다는 뜻이다. 모든 사람이 명시적으로 동의하는 일만 실행되며, 최종 공개 결정은 캠프 내 총회에서 이루어진다. 이러한 절차는 시간이 많이 걸리지만, 진정으로 공유된 합의를 바탕으로 공동 행동을 취할 때 놀라운 역동성을 만들어 낸다. 그리고 때로는 매우 빠르게 일어날 수도 있다. 2019년 6월에는 캠프에 입주한 후 휠체어를 탄 사람, 어린이 그리고 더 긴 행진과 무모한 등반 행동을 원하지 않는 사람들이 시위에 참여하는 '다양한 손가락'을 추가로 구성하자고 자발적으로 결정했다. 앞서 언급한 황금 손가락 외에도 붉은 손가락이 남쪽 끝에서 구덩이로 들어간 것은 다양한 손가락이 경찰의 길을 차단하고 도로를 봉쇄한 덕분이었다.

직접 행동으로 저항하는 신체들에게 자원은 매우 효과적으로 공유되고 있다. 그러나 깔때기와 굴삭기의 사회화는 그렇게 빨리 일어나지 않고 있다. 이번 시위를 통해서는 대기업이 석탄을 온실가스로 전환해서 이윤을 창출하는 경제가 종식될 가능성이 열렸을 뿐이다. 석탄 인프라를 점거하는 구체적인 시위 형태는 2019년 6월에 단 몇 시간, 아니 이틀 동안 실행되었지만, 이 운동을 이끌고 미래를 위한 금요일과 결합하는 요구는 이랬다. "석탄은 땅에 남겨라!"

'땅에 남기라'는 말은 광물 자원만이 아니라 나무뿌리, 특히 세 곳 중 가장 큰 함바흐 노천 광산의 일부인 함바흐 숲의 나무뿌리도 의미한다. 함바흐 노천 광산은 라인란트에 있는 세 갈탄 광산 중 가장 크다. 지속적인 시위와 독창적인 저항 방식인 '나무에 앉기'는 천 년 동안 숲이 우거졌던 이 지역의 개간에 스캔들을 일으켰다. 2018년 10월 뮌스터 고등행정법원은 삼림 벌채를 마지막 순간에 중단시켰다. 그러나 단계적 성공은 기업이 지구에 대한 사물지배력을 확보할 수 있는 한 자연 보호는 무의미하다는 점을 지적한다. RWE가 숲 가장자리에 너무 가깝게 채굴하고 있어서 지하수 공급이 차단되고 나무가 말라 가고 있다.

크고 작은 작업 과정에서 굴삭기와 컨베이어 벨트에 활동가들이 몸을 묶는 점거 농성은 잠시 공사를 멈추게 한다. 최소한 비상 브레이크가 어디에 있는지 알려 준다. 활동가들은 주민들에게 이해를 구하는 편지와 행동 영상에서 유머와 자신감을 가득 담아 호소한다. 이 젊은이들은 마비된 모습을 지켜보기보다 행동하기를 선호하며, 반복해서 말하듯이 '몸으로 석탄 인프라를 막는 것'을 즐긴다는 사실을 알 수 있다.

기후 운동가들이 보호복을 입고 구덩이로 뛰어들거나 철거 위협을 받고 있는 함바흐 숲의 덤불에 자리를 잡을 때 그들은 고풍스러운 이미지를 전달한다. 점령군은 석탄이 있어야 할 대지에서 온 복수자들처럼 보인다. 그리스 신화에서 오레스테스의 학살을 비난하기 위해 일어났던 분노의 신들처럼, 활동가들은 화석 자본주의로 인해 사회가 망가지는 것을 거부한다. 여러 측면에서 너무 늦었기 때문에 그들은 포기하지 않는다. 석탄이 여전히 연소되고 채굴되고 있더라도, "우리가 원하는 것은 무엇인가? 기후정의! 우리는 언제 그것을 원하는가? 지금 당장!" 기후정의 운동의 목표는 지구온난화를 줄이는 것만이 아니기 때문이다. 정의에 대한 요구는 기후위기의 결과에 연대해서 대처해야 한다고 주장한다. 이것은 정의에 대한 이해에 완전히 새롭고 매우 사악한 차원을 도입한다. 우리에게는 재분배해야 할 부만 있는 것이 아니다. 우리는 또한 독극물, 재난, 조류에 휩쓸린 돌멩이들도 되찾아야 한다. 불의를 그냥 지나치기를 거부하는 분노한 사람들은 세계 구원이 더러운 일이라는 것을 알고 있다. 시베리아의 영구 동토층이 녹고, 소말리아, 에티오피아, 케냐에서 메뚜기가 농작물을 파괴하고, 인도에서 식수가 부족하고, 브라질, 볼리비아, 베네수엘라, 콜롬비아, 파라과이, 페루에서 아마존이 불타는 동안 비상사태의 가해자들이 조세 피난처에서 부를 낭비해서는 안 된다.

일부 활동가들이 상대적으로 번영하고 좋은 교육 기회를 누리며 자랐다고 해서 세상의 파괴를 보상할 수는 없다. 그들은 그렇게 쉽게 달래지지 않는다. 오히려 그들 중 일부는 "압류 기준치 이하의 삶"을 상상할 수 있기 때문에 기계가 고장 나지도 않았음에도 RWE가 거는 끔찍한 손해 배상 청구에 대한 두려움을 던다. 손해배상. RWE는 왜 실제로 기후변화의 영향을 가장 많이 받는 지역에 보상금을 지급하지 않을까? 좋은 질문이다. 답은 RWE가 더 이상 존속할 수 없기 때문이다. 광산 주변 마을, 폐수 속 수은, 지역 주민의 폐를 오염시키는 미세먼지, 빙하가 녹은 물 한 방울 등 무분별하게 폐기물로 버려지는 것이 없는 곳에서만 가치가 창출될 수 있다면 어떤 자본주의 기업도 현재 이익을 낼 수 없을 것이다.

하지만 그 어떤 돈으로도 전 세계의 손실을 보상할 수는 없다. 온난화로 인해 피해를 입은 지역이 전체적으로 '불행이 닥친' 것도 아니다. 부자들은 계속해서 스스로를 부양하거나 팔 수 있지만 가난한 사람들은 기본적인 생식 주기가 무너지는 것을 보게 될 것이다. 미세먼지를 흡입한다. 수은을 마신다. 왕겨를 수확한다. 외국에서 산다. 따라서 석탄을 땅에 남겨 두는 것은 단순히 흙더미와 준설 삽 사이에만 국한되지 않는 더 광범위한 투쟁의 일부다. "구덩이에는 평화를, 궁전에는 압박을."

점 거 하 기 와   뿌 리 내 리 기

고대 극에서 분노는 법정 설립되어 범죄를 재판하고 정의의 주장이 받아들여질 때 진정될 수 있다. 하지만 분노의 원인은 단 하나의 범죄였다. 삶의 형태로 유지되는 파괴적 맥락을 어떻게 조정할 수 있을까? 유죄 판결이 내려져도 그 파괴는 전혀 영향을 받지 않고 계속 작용할 것이다. 단 한 번의 보상으로는 이 상황을 정의롭게 해결할 수 없다. 생계가 위협받는 세상에서 정의는 다른 일을 계속하고 기본 재화와 파괴된 조류 모두를 사회화할 때만 존재한다. 정의는 교정하는 방식으로 기능하는 것이 아니라 새롭고 연대적인 공동체를 통해서만 가능하다.

이러한 관점에서 점거를 새롭게 바라볼 수 있다. 일시적인 석탄 채굴 봉쇄가 아니라, 당분간은 집단이 가져다주는 것보다 훨씬 더 적다 할지라도, 진정으로 세상을 공유하려는 반항적인 보편주의의 출발인 점거. 엔데 겔렌데는 활동가들이 개별적으로 시위에 참여하지 않고 참조 그룹을 형성한다는 점에서 공동체 자체가 되는 과제를 안고 있다. 이 기본 단위는 연대와 합의의 원칙에 따라 3~7명으로 구성되며, 함께 지내면서 서로를 살피고 함께 행동을 준비하고 후속 조치를 취한다. 참조 그룹을 위한 실용적인 체크리스트에서 다음과 같은 조언을 찾을 수 있다.

서로의 필요에 대해 이야기하세요.

☐ 서로에게 무엇을 원하나요?

☐ 행동에 관해 개인적인 한계는 무엇인가요?

☐ 참조 그룹이 여러분의 기대와 한계를 어떻게 대해야 하나요?

☐ 몸이 아플 때 참조 그룹 멤버가 무엇을 해 줄 수 있나요?

☐ 참조 그룹 멤버에게 특정 약이 정기적으로 필요한가요? 집에서 약을 찾을 수 있는 위치를 멤버에게 보여 주거나 설명해 주세요.

의사 결정 방식에 동의하세요.

☐ 수신호(동의, 거부, 방향 지시, '모여서 논의하자' 등)에 대해 합의하세요.

☐ 일상생활이나 캠프에서 합의에 기반한 빠른 의사 결정을 연습합니다. (맥주를 마실까, 아니면 잠을 잘까? 등)

이러한 점을 고려하면 아마도 모든 협력과 인류애가 향상될 것이다. 감옥이 폐쇄되거나 국경이 열리거나 회사가 사회화되는 등 사물지배의 제도가 무너지는 곳이라면 어디에서든 이런 방식으로 시작해야 할 것이다. 또는 기존 질서 내에서 어떤 자리가 열리는 곳에서도 마찬가지이다. 여러분의 필요에 대해 이야기하세요. 어떤 방식으로 결정을 내릴지 합의하세요.

유대계 프랑스 철학자 시몬 베유은 제2차 세계대전이 한창이던 말년에 인간의 의무에 대한 선언을 썼다. 아나키스트로서 그녀는 권리에 기반한 정치 질서가 무력 사용에 대한 국가의 독점과 너무 밀접하게 연결되어 있다고 생각했다. 가톨릭 신비주의자였던 그녀는 인간의 선함은 소유가 아닌 공동의 민주주의에서만 작동할 수 있다고 생각했을 것이다. 베유는 연대와 같은 인간의 의무를 인간의 필요에 닻을 내린다. 각각의 의무를 욕구에 할당하고 욕구 전체를 '신성한 것'으로 선언한다.

신학 사상가 베유는 자신이 나열한 필요의 역사성에 대해 다시 생각하지 않는다. 그녀는 필요를 계시로 간주하므로 시간이 지나도 그에 대한 의무는 동일하게 유지된다. 그녀에 따르면 우리는 항상 음식과 쉼터가 필요하고, 항상 평등과 위계가 필요하며, 항상 안전과 위험이 필요하고, 항상 질서와 자유가 필요하다. 하지만 지구 전체의 연대는 더 역동적일 수 있다. 그것은 무한한 선의 외부적 원천을 의미하는 것이 아니라, 나의 욕구 충족이 곧 나의 욕구가 될 때를 의미하기 때문이다. 즉 욕구가 의무를 설정하는 대신 서로에게 반영될 때 발생하는 무한한 상호성이다. 베유는 "다른 모든 것을 초월하는" 욕구, 즉 뿌리에 대한 욕구를 설정한다는 점에서 "뿌리내림"이라는 욕구의 개념에 매우 근접해 있다. 뿌리를 내린다는 것은 한 사람이 공동체에 실질적이고 적극적이며 자연스럽게 참여하는 것을 의미한다. 베유는 다시 한 번 전통적인 예를 선택하지만, 이는 단순한 공동체가 아니다. 영혼이 우주와 접촉할 수 있는 공동체여야 한다. 따라서 뿌리는 좌파 헤겔주의자 마르크스의 자유와 매우 유사한 개념으로, 자유를 실현하는 사회적 형태의 조직에 참여하는 것을 의미한다. 하지만 주어진 것이 지배의 조건이라면 어디에 뿌리를 내려야 할까? 그렇다면 뿌리 없는 항의, 지구로부터의 격렬한 분출 외에는 아무것도 남지 않을까?

엔데 겔렌데의 안내서는 이렇게 말한다.

> 우리는 파괴와 불의가 일어나는 곳에서 이를 멈추고 고발하고자 한다. 행동이 우리 운동의 꽃이라면 조직화는 우리의 뿌리다. 그래서 우리는 기후정의 운동에서 특별하게 보이는 공동 작업과 신중한 조직화의 아름다움을 축하한다. 우리에게는 이 부분이 매우 중요하다. 우리가 조직하는 방식, 서로를 대하는 방식, 함께 행동하는 방식은 우리가 얼마나 많은 것을 바꿀 수 있는지를 결정할 뿐만 아니라, 우리가 어떻게 행동해야 하는지를 보여 주기 때문이다. 또한 우리가 미래에 어떻게 함께 살고 싶은지에 대한 그림도 그린다.

조직화는 항상 서로를 향한 단순한 행동 그 이상이다. 그것은 소통하고 정리할 수 있는 통로를 형성할 뿐만 아니라 자료를 교환할 수 있는 통로를 형성한다. 조직화된 운동으로서 엔데 겔렌데는 행동 물품을 구비하고 있다. 물품은 시위에 필요한 곳에, 또는 시위보다 더 긴급하게 필요한 곳에 전달된다. 2020년 봄, 운동의 의상으로만 사용되던 보호복(재난을 시각화하면서 활동가를 가려 주는 투명 망토)이 코로나 사태로 인해 갑자기 완전히 새로운 의미를 갖게 되자, 운동은 캠프를 해체하고 물품을 EU 외부 국경에 있는 모이라 난민 캠프로 보내기로 결정했다. 세계의 사회화는 더디게 진행될 수 있다. 하지만 일어나고 있다.

시위 이후에 굴삭기가 여전히 회사 소유로 남아 있더라도 다른 많은 것들은 이미 연대 유통에 들어갔다. 공동 캠프 주방의 당근, 인터넷의 정보 문자, 기계를 점거하기 위한 자전거 자물쇠 등. 활동가들의 연결성은 야생의 연대로 이어진다. 야생의 연대는 사물을 공동재로, 관계를 새로운 공동체로 변화시킨다. 이런 식으로 뿌리와 뿌리 토양이 함께 등장한다. 영양을 공급하는 부식질은 결국 그 자체로 식물의 산물이다.

자연철학자 에마누엘레 코치아는 최초의 식물에게는 뿌리가 없었다고 지적하기도 했다.

일상 언어만이 아니라 문학과 예술에서 뿌리는 종종 가장 기본적이고 원초적인 것, 고집스럽게 안정되고 움직이지 않는 것, 실제로 필요한 것에 대한 상징이자 알레고리다. 뿌리는 식물의 기관 중 가장 뛰어난 기관이다. 그러나 생명체가 역사 속에서 창조하고 채택한 형태 중에서 이보다 더 모호한 형태를 찾기는 어려울 것이다. 뿌리는 유기체의 다른 부분에 비해 개체의 생존에 더 이상 필요하지 않으며, 순전히 진화론적인 관점에서 볼 때 광합성과는 달리 식물 생성물의 기원이 아니다. 그들이 가져다주는 이점은 네트워크의 이점이지 고립과 분화의 이점이 아니다.

뿌리는 모호하다. 뿌리는 나무에 물을 공급하며 광합성을 통해 얻은 당 용액의 형태로 햇빛을 지구의 가장 깊은 구석까지 가져와 서로 교환할 수 있는 통로망으로 연결한다. 뿌리를 내리는 것으로 간주되는 참조 그룹의 점유는 실제적 지배와 사물지배의 틈새에서 콘크리트와 굴착기 사이의 재생산 주기를 함께 압축하고 재연결해서 삶의 토대를 방어할 뿐 아니라 창조하는 기술이다. 이러한 재생산 주기는 가치를 자본에 묶고 나머지를 떨어뜨리기 위해 사물을 휘젓는 자본주의적 착취가 아니라 버섯실을 가진 숲 바닥의 패턴을 따른다. 참조 그룹은 미래를 바라보며 연대하여, 광산 습격을 행한다. 그리고 그들은 현재를 만든다.

아이스퀼로스의 『오레스테이아』에서 모성적 분노는 제도적 보호를 받자마자 '선의를 가진 자'인 에우메니데스로 변모한다. 어머니를 살해한 자의 양심은 마침내 평온을 찾게 된다. 이것은 헛된 가부장적 희망일 수 있다. 재산을 보존하는 정치 혁명에서와 마찬가지로, 연대하는 삶은 신화에서 아직 그 자체로 등장하지 않았기 때문이다. 그렇다면 왜 스스로 길들여지는 것을 허용해야 할까? 아마도 극작가는 대지 여신의 이중적인 성격을 인식하지 못했을 것이다. 그들은 항상 선의를 가지고 행동하는 존재로 남아 있을지 모르지만, 지하 세계의 공동체로 존재한다. 지금도 마찬가지일 것이다. 광산을 지배하는 자는 빗지 않은 머리를 하고 분노하는 자들을 본다. 숲의 감정사들은 그들의 뿌리를 뻗어 나간다.

기 부

석유, 석탄, 나무뿌리와 관련해 사회적으로 올바른 사용에 대한 질문에 대한 답은 간단할 수 있다. 그들은 토양에 남아 있어야 한다. 결국 이산화탄소를 묶어 두는 토양이 우리에게 좋은 일을 하는 곳이기 때문이다. 그런데 이 명확한 진술로 인해 완전히 새로운 차원의 사회화에 대한 논의가 벌써 시작되고 있다. 사회화라는 것이 항상 모든 사람이 그것을 누릴 자격이 있다는 의미는 아니다. 사회화는 또한 우리가 어떤 것을 내버려 두기로 결정할 수 있다는 의미이기도 하다. 사회화는 재화에 대한 민주적 선택의 자유를 부여한다. 그러나 사회화를 다르게 볼 수도 있다. 사회화는 우리가 원하는 것보다 더 많은 이산화탄소가 이미 대기 중에 있으므로, 더 이상 원하지 않는 것을 의식적으로 다시 받아들이는 것으로 볼 수도 있다. 그래서 우리는 이산화탄소를 배출하는 석탄 화력 발전을 중단해 석탄이 땅에 남아 있도록 한다.

전 세계가 온실가스와 독성 물질의 배출을 막는 것이 첫 번째 단계라면, 두 번째 단계는 온실가스와 독성 물질로 인해 피해를 입는 기业 재화의 배타적 전유를 막는 것이다. 공기와 물은 모두의 것이어야 한다. 그러나 이러한 기본 자원이 있더라도 현재와 같은 파괴의 역학 관계에서는 대지주와 기업으로부터 빼앗기면 더는 문제없이 사용하거나 나눌 수 있을 것이라고 가정하기 어렵다. 재생 노동에 관계없이 숨 쉴 수 있는 깨끗한 공기와 마실 수 있는 식수원은 충분하지 않을 것이며, 가장 필요한 곳에 항상 있지 않다. 시장이 희소성을 조장하고 악용하는 거을 지켜만 보지 않으려면 새로운 유통 메커니즘을 찾아야 한다.

시장에 대한 대안을 생각한다고 해서 시장을 완전히 폐지하자는 것은 아니다.(이는 권위주의적 감시 메커니즘을 통해서만 달성할 수 있는 목표다.) 일부 재화에 대한 제한된 시장은 거의 모든 사회에서 존재해 왔다. 그럼에도 생산이 시장에서의 최대 이윤이 아닌 사회적 필요를 지향하는 한 사회주의 경제도 양립할수 있다. 실제적 지배의 문제는 시장이 존재한다는 사실에서 발생하는 것이 아니라, 시장이 상품의 생산과 유통을 통제하도록 내버려 두기 때문에 발생한다.

시장에 대한 대안이 반드시 국가 계획인 것도 아니다. 거의 모든 공개 토론에서 현실 사회주의라는 이 유령은 자본주의에 대한 대안을 모색하는 일을 결론 없이 차단하는 역할을 한다. 특히 국제 경쟁이 존재하는 한 국가가 쉽게 독점 자본가가 되도록 하는 국가 계획 경제를 옹호하는 데 나는 크게 신경 쓰지 않는다. 그러나 계획 경제의 억지성은 코로나 위기를 경험하면서 눈에 띄게 사라진 듯하다. 어떤 무거운 정치기관도 병원의 호흡 마스크와 산소 장비에 대한 수요를 시장 경제보다 더 빨리 충족시킬 수 있었을 것이다. 그러나 정부는 시장 경제를 구하는 것으로 그러한 기적을 이루려는 엄청난 노력을 계획적으로 기울이고 있다. 독일의 항공 산업은 이제 국유화되었다고 할 수 있을 정도로 보조금을 받고 있지만, 국가가 산업을 형성하고 이익을 분배하는 권한을 기꺼이 포기했을 뿐이다. 수익성 없는 석탄 화력 발전은 2038년까지 보조금이 지급될 예정이지만, 의료 서비스 급여를 개선하기 위한 예산은 여전히 부족하다. 마스크를 충분히 구할 수 있는 까닭은 사람들이 집에서 바느질해서 나눠 주기 때문이었다.

계획 경제에서 잘못된 것은 계획이 아니라 경제였다. 사회주의 경제라고 해도 사물지배의 패턴을 충분히 깨뜨리지 못했다. 동독 시민권 운동이 반복해서 경고했듯이 무자비한 환경 파괴가 자행되었다. 인민의 재산에서 재산을 남용할 권리는 중단되지 않았고, 노동력 역시 사회적 처분에서 자유롭지 못했다. 오히려 그 사용은 경찰에 의해 강제될 수 있었다. 동독 형법 제249조에 따르면 사람들은 "정규 노동을 고집스럽게 회피"할 경우 "비사회적"으로 분류되어 징역형을 선고받을 수 있었다.

반면 삶을 위한 혁명은 혁명의 구성원들에게 자유와 자발성을 높이는 계획에 의존한다. 그것은 공유자의 민주주의에서 비롯되어야 하며, 사물지배와 착취로부터 자유로운 공유를 유지해야 한다. 우리가 명시적으로 참조 그룹으로 파악하든 그렇지 않든, 기본 수준에서 우리는 죽은 것을 상품으로 유통시키는 착취와는 다른 방식으로 상품을 움직일 수 있다. 필요를 중심으로 삼는 상품 교환의 한 가지 가능한 형태는 증여하기다. 증여의 행위에서 우리는 물건을 직접 무료로 제공한다. 인류학자들 사이에서는 '주고받기'에 대한 활발한 논쟁이 벌어지고 있다. 주고받기의 매력은 인간관계에 근본적으로 영향을 미치며 자본주의와는 다른 논리를 제공한다는 사실에서 나온다. 그런데 증여가 이익과 단절되는 것은 분명하지만, 또 다른 의존의 원칙인 부채의 원칙을 그대로 유지하지 않는지는 여전히 불분명하다. 기부는 우리에게 대가를 지불할 의무를 부과하는 한, 선물과 교환물을 구별하는 관대함을 다시 잃을 위험이 있다. 증여와 되갚기의 과잉 경쟁에 빠지는 것을 피할 수 있다고 해도, 우리는 계속해서 상품의 가치를 평가하고 서로를 비교한다. 그러나 참여자의 관점에서 보면 동등성의 논리가 다시 훼손될 수 있는 절차도 등장한다. 교환 참여자의 태도에 따라 모든 역기부는 대가가 아닌 새로운 시작으로 간주될 수 있다. 그러면 두 번째 선물은 프랑스 현상학자 폴 리쾨르가 말한 것처럼 "두 번째의 첫 번째 선물"로 반복해서 나타난다. 역선물을 받은 사람은 그것을 선물로, 놀랍고 기쁜 관심으로 받아들여야 한다. 이것은 빚을 갚는 방식이 아니라 관계를 확인하는 방식이다.

주고받기의 미묘함에 관심이 있는 사람이라면 전근대적인 것으로 추정되는 이국적인 문화를 연구할 필요가 없다. 이러한 의식들은 일반적으로 시골에서는 물론 아직도 낡은 계획 경제의 영향을 받고 있는 동독 지역에서 찾아볼 수 있다. 기부의 미덕 중 하나는 처음부터 죄책감을 느끼지 않도록 설정하는 것이라는 사실을 간파하지 못하면 그 과정에서 많은 실수를 할 수 있다. 이것이 내가 이 교환의 우주에 입문하면서 얻은 가장 중요한 교훈이다.

'보답'을 받는 사람만이 아니라 모든 첫 번째 기부자는 죄책감을 없애기 위해 노력한다. 이런 식으로 보답의 자발성, 즉 두 번째로 하는 첫 번째 기부의 성격은 이미 첫 번째 기부의 태도에 보존되어 있다. "여기, 남은 콩이 있어요." 우리 농장에 방문객이 많다는 것을 알아차린 이웃이 말했다. "이 콩으로 뭘 할 수 있을지 모르겠어요. 그냥 두면 거름이 될 테니까요." 빈 양동이를 다시 가져다주며 콩이 맛있다고 칭찬하자 이웃이 웃으며 이렇게 말했다. "제가 가장 좋아하는 채소예요."라고 말했다. 그 이후로 나는 무언가를 제공할 때는, 크리스마스 시즌의 마케팅 전략이 아니고서야, 미리 기부의 가치를 떨어뜨리는 것이 중요하다는 것을 몇 번이고 관찰했다. 기부가 심각한 필요를 충족시킬 수 있을 때 그 결과 나타나는 의존성에 대응해야 하기 때문이다. "어차피 못 써서요." "재활용 센터로 가는 길이라 혹시 쓸 데가 있는지 물어보려고요." "방해가 된다면 부활절 모닥불 위에 올려

놓으세요." 이런 식으로 비난에 대한 강박은 나중에 "안 그래도 되었을 텐데요."라는 보답에 놀란 척하는 것으로 상대화된다. 아니, 처음부터 추방된다. 첫 번째 선물이 중요하지 않았기 때문에 두 번째 선물이 첫 번째 선물이 될 수 있다. 이렇게 해서 주고받는 제스처를 이어서 유지할 수 있다. "여기, 잼을 다 넣기엔 선반에 공간이 좀 부족하네……!"

그런데 이 패턴은 좀 우울하다. 자유를 보존하는 방식으로 제공할 수 있으려면, 어떤 의미에서는 상품 가치가 없는 물건을 대하는 시장에서의 제스처를 반복해야 할 필요가 있을까? 우리가 일반적으로 죄책감의 지배를 받는 한 이러한 시늉은 필요한 것일까? 아니면 이러한 선물의 무효화가 실제 선물로 남을까? 이것은 받는 사람에게 가장 큰 호의를 베푸는 것이 아닐까? 죄책감으로부터 자유로울 뿐만 아니라 실상 기쁜 마음으로 받아들임으로써 상대방의 행위에 가치를 부여하는 사람, 즉 주는 사람이 될 수 있는 자유를 누리는 것이 아닐까?

첫 번째 선물이 '첫 번째 두 번째 선물'이 될 수 있는 방식으로 준다는 것은 실제로 항상 마지막 선물을 줄 준비가 되어 있다는 것을 의미한다. 그러면 모든 선물에는 애착의 선물뿐만 아니라 떠날 수 있는 선물도 포함된다. 누군가에게 이별의 선물을 주는 것, 즉 '도네 르 데파(donner le depart)'는 프랑스어권에서 거장 중의 거장, 예술가 엘렌 식수의 제스처를 일컫는 말이다.

때때로 나는 우리가 이 평가 절하의 의식을 훨씬 더 진지하게 받아들여야만 제대로 된 나눔을 할 수 있지 않을까 생각한다. 사물에 대한 폄하, 특히 가식적인 폄하가 아니라 관대함에 대한 자기 성찰로 말이다. 정말 이 물건과 헤어질 수 있을까? 미련 없이 포기할 수 있을까? 대가를 기대하지 않고, 내 취향을 확인받기 위해서도 아니고, 상대방을 확실히 기쁘게 해 줄 것이라는 추측도 하지 않고? 이 좋은 것, 내가 투자한 이 시간을 조건 없이 내어주는 진정한 풍요로움으로 삼을 수 있을까? 물론 착취와 상품화의 세계에서 대답은 대개 '아니오'다. 희생을 감수할 수야 있겠지만, 정말 여유가 있는 사람이 있을까? 하지만 이런 종류의 풍요로움만이 진정한 부일 것이다. 기부를 자유롭게 할 수 없다는 것은 관대함이 부족해서가 아니라, 세상에서 진정으로 공유할 수 있는 자원이 부족하다는 의미다. 여전히 충분하지 않을지도 모른다는 두려움을 가지고 있다. 아직은 베풀지 못하고 계속 고군분투해야 한다. 하지만 빚진 것을 갚기 위한 투쟁보다 더 보람 있는 것은 연대적 관계의 방식을 확장하기 위한 투쟁, 즉 더 많은 사람들과 영양가 있는 교류를 하고 실제적 사물지배에서 재생적 사회화로 더 많은 재화를 이전하기 위한 투쟁일 것이다. 적극적으로 파업하고 참조하며 점거하자!

익 명 의 사 랑

자본주의적 착취는 모든 소비가 진부하게 느껴지는 연대적 관계 맺기의 즐거움과 창조적 범위를 잊게 만들기 위해 모든 노력을 기울인다. 그러나 지금까지 설명한 상호적이고 개인적인 형태의 다른 교환에는 높은 수준의 주의가 필요하다. 우리는 일과 분배의 모든 과정에 그토록 많은 따뜻함을 적용하고 싶을까? 마르크스의 관계에 대한 네 가지 긍정, 선물 교환에서 상품의 우선적 평가 절하, 필요 중심의 상품 교환은 사실상 친밀한 의사소통을 전제로 하는 것 같다. 이로부터 연대적인 돌봄은 소규모로만 성공할 수 있으며, 많은 소규모 참조 그룹은 가능하지만 세계 공동체는 불가능하다는 결론이 빠르게 내려진다.

그러나 자세히 살펴보면 자유를 창출하는 욕구 지향이 소규모에서는 실제로 더 쉬울 것이라는 가정은 의심스러운 것 같다. 결국 우리는 가족과 공동주택에서 연대와 지원을 목적으로 하는 친밀한 관계에서조차도 끊임없이 실패하며 과중한 부담을 안고 있는 상황을 확인한다. 가족 드라마가 없는 상속은 거의 없다. 질투와 수많은 오래된 이야기가 항상 중요한 역할을 하는 '작은 규모의' 공산주의와 민주주의를 만들기가 훨씬 더 쉽다는 것은 예견된 결론이 아니다. 70억 명이 아닌 7억 명만 동의하면 대안적인 실험을 더욱 쉽게 시도해 볼 수 있다.

모든 수준에서 지나친 소통과 '따뜻함'으로 인한 과부하 문제가 발생한다. 공동체 관계는 그 범위와 상관없이 연대에 기반한 분리를 허용해야 한다. 인정받고 싶지 않지만 단순히 충족되고 싶은 욕구, 갖고 싶지만 누구에게도 빚지고 싶지 않은 욕구도 있을 수 있다. 공동의 쇼핑 목록에는 없지만, 혼자 슈퍼마켓에 갈 때 직접 사 들고 오는 양주나 초콜릿 브랜드가 있다. 시장을 중앙 유통 메커니즘으로 극복하고자 하는 사회주의 경제는 개인적 거리 두기 욕구를 충족하는 인프라를 제공해야 한다. 시장조차도 항상 성공하는 것과는 거리가 멀다. 옷 가게에서 점원에게 성추행을 당하지 않고 싶고, 슈퍼마켓에서 이웃을 만나지 않고 싶고, 온라인 쇼핑 후 업무용 노트북에서 란제리 광고를 없애고 싶은 욕구를 모르는 사람이 있을까?

사회주의가 성공하려면 따뜻한 베풀기만이 아니라 냉정한 받아들이기도 배워야 한다. 대부분의 사람들은 후자를 훨씬 더 어렵게 생각한다. 모든 것이 무료라는 것은 불가능해 보인다. 이런 점에서 관계가 풍부한 점거 운동은 물론이고 밤에 가면을 쓴 채 슈퍼마켓을 약탈하는 일에도 자유세계에 대한 기대가 있다. 사람들은 방해받지 않고 원하는 것을 얻을 수 있어야 한다. 생산수단이 사회화된 이후에는 진열대에 물건을 채워 놓는 물류 문제는 그전보다 어렵지 않다. 오히려 더 이상 돈을 지불할 필요가 없다는 생각에 익숙해지는 것이 어렵다.

약탈에 대한 생각은 일반적으로 현상 유지에 도움이 되는 공포를 퍼뜨린다. 그러나 재산으로 인한 두려움은 사실 재산에 대한 두려움이다. 부르주아적이고 부르주아화된 머리에서 나오는 결과 없는 도둑질에 대한 단순한 생각인 댐 파괴 시나리오는 주어진 질서에 의해 우리에게 암시된다. 사실 두려움은 사물지배라는 익숙한 폭력을 향한 것이지, 그 너머의 예측할 수 없는 삶에 대한 것은 아니다. 재산이 더 이상 보호받지 못하게 되자, 우리 앞마당으로 달려들어 포효하는 이 사람들은 도대체 누구인가? 이것은 이미 매우 구체적인 인종차별적 투영에 근거한 원초적인 두려움이 아닐까? 우리는 우리 자신이 순종할 틀을 지어 놓은 사람들의 봉기를 두려워하는가?

아니면 정원 울타리를 짓밟고 칫솔로 사유재산에 대한 권리를 부정하는 것으로 추정되는 백인 멍청이를 향한 혐오일까? 사유재산 반대자들에 대한 두려움은 사실 견제받지 않는 자산가의 권력에 대한 두려움이다. 사유재산의 고착화는 누가 어디를 파괴하고 남용할 수 있는지를 제한할 뿐이다. 이러한 제한을 위반하는 사람은 다른 사람에게 부여된 권한을 스스로에게 허용한다. 그런 사람이 무분별하게 행동하는 것을 어떻게 막을 수 있을까? 분명히 반란자에게 재산은 신성하지 않으므로 아마도 그녀는 당신을 직접 쫓을 것이다. 하지만 우리는 환상소유에 불과할 뿐 아닌가? 우리는 왜 미니애폴리스 경찰서, 슈퍼마켓 진열대, 거대한 굴삭기와 자신을 동일시할까? 분노한 자들의 분노의 표적은 당신이나 내가 아니라 그들이다. 재산권을 침해하는 사람들이 사악하고 성장에 집착하는 기업이나 파시스트 소유주가 아니라면 도미노 효과는 일어나지 않을 것이다. 약탈자들이 재산 지배 게임을 하는 것이 아니기 때문에 침입한 것은 전혀 자의적이지 않다. 그들은 단지 이 특정 물건으로 다른 일을 할 수 있다고 생각할 뿐이다. 슈퍼마켓 물품은 커뮤니티 센터에서 음식을 제공하는 데 더 잘 사용될 것이다. 석탄은 땅에 남아 있어야 한다.

공황 상태에서 벗어날 수 없다면, 약탈 불안의 원인은 자신의 욕망 아닐까? 너무 지루해서 가끔 약탈당하고 싶을 때가 있습니까? 아니면 스스로 약탈하고 싶은가요? 정말 재미있을 것 같지 않나요? 잠시 후 지루해질 수도 있을 겁니다. 세상을 온전하게 유지하고 더 아름답게 만드는 생산 기술과 유통 채널을 공동으로 조직하는 것이 더 흥미로울 것이다. 모든 댐이 터지는 것을 보고 싶지 않으려면 세상이 어떤 모습이어야 할까? 쇠지렛대로 재분배하고 싶은 유혹을 더 이상 느끼지 않는 세상이 되어야 할까?

사실 자본주의는 사람들이 앞마당과 칫솔을 잃을 위험을 감수하는 질서 그 자체다. 굳이 전 지구적인 관점을 취하지 않더라도 우리는 이를 알아차릴 수 있다. 우리 모두는 어느 순간 일자리를 잃고 더 이상 공과금을 낼 수 없는 노숙자 동료들에게 둘러싸여 하루하루를 살아간다. 우리는 그들의 운명은 우리가 상관할 바가 아니라고 스스로에게 말하지만, 우리도 길을 잃을 수 있다는 것을 알고 있다. 우리 자신의 쇠퇴에 대한 불안이 아니라면, 우리의 부가 다른 사람들의 포기와 관련 있다는 어두운 예감 때문에 우리가 두려워하는 것은 당연하다. 자본주의하에서 부는 도난으로부터 보호되기 때문만이 아니다. 가치 없는 것이 분리되고 버려지지 않고는 어떤 가치도 창출되지 않기 때문이다.

약탈은 해결책이 아니며 약탈을 하지 않는 것도 해결책이 아니다. 필요 중심의 생산과 자발적인 익명의 소비를 하나로 모으기 위해서는 이들을 매개하는 인프라가 필요하다. 자본주의 시장 자체는 이제 점점 몇몇 일부에만 집중되고 있다. 검역은 재빨리 온라인 거래 플랫폼이 우리가 소비하는 거의 모든 상품을 어떻게 제공하는지 예상했다. 아마존은 상장 유통업체에 대한 강압적인 약관, 물류 센터와 배송 기사의 지옥 같은 근무 조건으로 상품의 흐름을 통제한다. 공급업체들은 고객의 돈을 놓고 경쟁하며, 디지털 공간에서 누가 몇 초 동안 더 많은 관심을 끌 수 있는지에 따라 경쟁이 점점 더 치열해지고 있다. 기업이 자사 제품을 필요로 하는 고객을 더 정확하게 파악할수록 효과적으로 광고할 수 있는 확률이 높아진다. 구글은 캘린더, 이메일, 지도 사용량, 검색어 등을 평가해서 니즈 프로필을 생성한다. 이 모든 과정이 자동으로 이루어진다. 덜 중앙집중적인 방식으로 더 나은 익명화를 통해서도 이루어질 수 있다. 우리는 사회주의 계획 경제와는 완전히 다른 방식으로, 즉 개인의 선호도에 맞춰 계획을 세울 수 있는 기술적 가능성을 이미 가지고 있다. 상대방이 무엇을 원하는지 알기 위해 서로의 눈을 깊이 들여다볼 필요가 없다. 이러한 정보는 마스킹과 암호화 방식으로 교환할 수 있다.

플랫폼을 사회화하고 중앙 집중식 문어발 구조를 재구축하면 완전히 익명으로 요구 사항을 전달하고 생산 과정에서 이를 충족할 수 있다.

다른 작업은 다른 상품 거래로 전환될 수 있다. 우리는 서로를 세상에 연결할 수 있을 것이다. 우리는 서로에게 세상을 가져다줄 수 있을 것이다.

주 어 진 것

상품의 사회화는 우리의 필요를 상호 인식하고, 개인적으로 또는 익명으로, 알려지지 않은 채 이를 충족시킬 수 있는 70억 명의 우리 사이에 모든 것이 있다는 사실을 상기시킨다. 전 세계가 존재한다. 우리는 모두 여러 흐름에 관여하고 있다. 모든 동식물과 함께 우리는 그들을 통해 살아간다.

서로에게 주는 것, 일을 통해 변화시키는 것을 우리는 항상 우리 앞에 있었던 순환에서 가져온다. 그러나 엄밀히 말하면 우리는 아무것도 가져가지 않는다. 자연은 먼저 기부를 하지 않는다. 자연은 주지 않는다. 자연은 존재한다. 우리는 자연 안에 존재한다. 우리는 아주 특별한 동물이지만 그럼에도 자연 그 자체다. 이런 점에서 우리는 자연과 교환하는 것이 아니라 자연은 저기 있고 우리는 여기 있다. 오히려 우리는 무수히 많은 생식 주기에 있다. 일부는 인간이 주도하는 경우도 있고 그렇지 않은 경우도 있지만 모든 생명은 다양한 주기로 물질을 변화시킨다. 이 모든 것은 무료다. 그러나 각각의 경우마다 시간이 있다.

새로운 생산 방식의 진짜 문제는 그 물질이 사람들에게 어떻게 전달되는지가 아니다. 모든 사람이 전 세계 곳곳으로 뻗어 나가는 통신 네트워크에 즉시 연결될 수 있는 세상에서는 수요와 재고를 쉽게 한데 모을 수 있다. 생산이 감당할 수 없을 정도로 갑자기 수요가 집중되더라도 해결책은 분명하다. 갑자기 모든 사람이 화물용 자전거를 원하지만 아무도 용접을 원하지 않는다고 가정해 보자. 그런 다음 용접을 더 재미있게 구성할 수 있는 방법을 살펴보고, 인터넷에 DIY에 대한 몇 가지 지침을 게시하고, 대체품(뒷면에 상자가 달린 전기 스쿠터, 손수레 등)을 광고하는 등 방법을 모색한다. 그리고 초지역적인 협의회에서 새로운 생산 현장을 설립하는 방법과 그 결과를 공정하게 분배하는 방법을 논의한다. 사람들이 개별 운송 수단과 집단 운송 수단 개선에 대한 제안을 인스타그램에 게시하면 얼마나 흥미로울지 상상해 보라.

다가오는 사회주의 인프라의 진정한 과제는 인간의 필요와 다양한 재화의 재생 시기를 맞추는 것이다. 우리는 우리가 사용하고 소비하는 것이 어떤 흐름과 연결되어 있는지에 대해 훨씬 더 폭넓은 지식을 습득해야 한다. 어떤 주기를 활용하고, 어떤 주기를 채우고, 어떤 주기를 계속해서 내버려 두어야 할까? 우리가 어떻게 뿌리를 내리고 싶은지에 대한 질문이 끊임없이 제기된다.

독일 11월 혁명 이후 한 번도 시도되지 않았던 사회주의 평의회 정부 설계에서 정치 기관은 생산 부문에 따라 자연스럽게 나뉘었다. 공장의 노동자들은 모든 중요한 지식을 가지고 있었기 때문에 상사의 간섭을 받지 않고 생산을 관리할 수만 있으면 되었다. 엔데 겔렌데의 '핑거'와 같은 미래 협의회에는 다른 사회단체와 생태주의자들이 포함되어야 할 것이다. 11월 혁명은 재생산 영역을 민주적인 방식으로 공동 조직하는 데 실패했다. 남성들이 전쟁에서 돌아왔을 때 여성들은 공장에서 밀려났고, 따라서 공장에 기반을 둔 협의회에서도 밀려났다. 짧은 기간 동안만 존재했던 주부 협의회는 곧 해체되었고, 돌봄은 일로 간주되지 않았다. 그러나 생태적 사회주의는 가정, 유치원, 식당에서 이루어지는 재생산 노동보다 훨씬 더 넓은 지평을 고려해야 한다. 그것은 모든 조류의 옹호자가 필요하다. 그래야만 인간 노동의 조건, 즉 각 경우에 필요한 물질과 재료가 자연 재생의 조건과 조화를 이룰 수 있다.

사실 그러한 지식과 그러한 행위자는 벌써 존재한다. 이웃을 돕고 행동 계획을 세우는 텔레그램 방, 과학 분야, 글로벌 기후정의 운동에 이미 존재하고 있다. 복수의 여신들은 이미 오랫동안 존재해 왔다. 그들의 요구는 지금의 자본주의 생산 과정과는 거의 비교할 수 없는 수준이다. 이윤을 극대화하는 데만 몰두하는 생산은 외부로부터 삶의 문제에 직면하게 된다. 이런 점에서 독일의 미래를 위한 금요일 활동가 루지아 노이바우어가 지멘스 광고 캠페인에서 제안한 감독위원회 직책을 거부한 것은 매우 잘한 일이다. 지멘스는 확실히 분노를 길들일 수 있는 기관이 아니다. 하지만 생산 수단이 사회화된 공동체에서는 신중함이 실제로 효과를 발휘할 수 있다. 우리는 착취하는 대신 공유할 수 있고, 완전히 나누지 않고도 공유할 수 있다. 마침내 재화는 더 이상 약탈물이 아니게 될 것이다. 물건은 살아 있을 것이다.

9

(재산을)
돌보다

삶을 위한 혁명은 재화를 파괴하는 자들의 손에서 재화를 해방시키고 재화의 고갈로부터 자신을 풍요롭게 한다. 그러나 자본주의적 사물지배에 대한 비판은 사물을 다루는 다른 방식을 필요로 하기 때문에, 이러한 해방이 모든 세계 구성원의 재전유로 직결되어서는 안 된다. 세계를 다시 받아들이는 일은 노동력을 제공할 수 있는 주체를 대체하는 것만이 아니다. 비록 이를 통해 이미 많은 것을 얻게 되었더라도. 그것은 주권의 제거, 또는 다니엘 로익이 『주권 비판』에서 말했듯이 지배의 구원이다. 그러면 우리 자신만이 아니라 사물과도 관계를 맺는 새로운 방식이 생겨난다. 사물은 더 이상 '죽은 물질'이 아니다. 그리고 이것은 마술적인 영혼 부여 때문이 아니라(누군가가 그렇게 상상하는 것에 반대하진 않지만) 다른 주기에 내재되어 있다는 점을 강조하기 때문이다. 자본주의는 사물을 두 개로 나눠서 재산 귀속의 원에서는 누가 처분하는지를, 상품 생산의 원에서는 그 가치가 무엇인지를 정의한다. 생태적으로 연대적인 삶의 형태는 다음과 같이 질문해야 한다. 재화는 어떤 재생의 순환과 관련되어 있는가? 그리고 누구에게 맡겨야 할까?

삶을 위한 혁명은 재산을 폐지하는 것이 아니라 재산을 변화시키는 것이다. 그러나 이를 위해서는 다른 작업이 필요하다. 인간을 환상소유로부터 분리해야 한다. 재산의 대상으로 전락한 삶의 일부분에 대해 자의적인 권력을 행사할 수 있다는 픽션은 중단되어야 한다. 사람을 사람의 지위와 숨 쉬는 공기에서 분리시키고, 신체에 성별의 근거를 세우며, 필수적인 노동을 일회용품으로 바꾸고, 토지를 빼앗고 지구를 침식하는 픽션이다. 재산을 변화시키기 위해서는 울타리만 허물어서는 안 된다. 우리는 환상소유를 그 받침대에서 떨어뜨리고 서로 사귀어야 한다.

자유, 평등, 박애라는 범주를 가진 서구의 혁명적 전통에는 지구 크기의 공백이 있다. 자유롭고 평등하며 심지어 연대적인 관계는 사람들 사이에 존재하지만 삶의 기반에는 충분한 영향을 미치지 못한다. 이와는 대조적으로 니슈나베그 원주민 작가 리앤 베타사모사케 심슨은 특정 대상 관계를 통해 매개되는 자유를 새롭게 이해한다. "니슈나베케족으로서 자유를 누린다는 것은 나에게 어떤 의미일까? 나는 내 증손자들이 우리 영토의 모든 부분을 사랑할 수 있기를 바란다." 캐나다 국가의 식민지 토

지 수탈로부터의 해방은 재산소유권 이전이 아니라 땅을 사랑할
수 있는 공간에서 증명된다. 사람들은 공유가 사물지배로부터
자유로울 때 비로소 공동체가 될 수 있다.

물 은   생 명 이 다

2016년 가을, 도심에서 멀리 떨어진 미국의 한 지역에서
지난 10년간 가장 규모가 큰 환경 시위가 열렸다. 다코타와 라코
타 토착민들은 노스다코타주 스탠딩락 보호구역의 수족 지역에
서부터 자신들의 영토를 관통하는 다코타 액세스 파이프라인에
반대하는 조직적인 저항을 벌였다. 다코타 부족이 '검은 뱀'이라
고도 부르는 이 파이프라인은 보호구역의 물 공급을 담당하는
미주리강 아래에 건설될 예정이었다. 건설 초기에는 에너지 트
랜스퍼 파트너스라는 회사가 거의 2000킬로미터에 달하는 파이
프라인을 여러 개의 소규모 건설 현장으로 나눴기 때문에 환경
보고서를 작성할 수 없었다.

다코타 액세스 파이프라인과 키스톤 XL 파이프라인의 병
행 건설 프로젝트는 앞서 2년 전에 토착민 저항의 초점이 되었
다. 아이오와주 메스콰키 부족의 의장인 주디스 벤더는 건설 프
로젝트에 반대하는 이유를 다음과 같이 설명했다.

수천 년 동안 북미에 살아온 민족으로서 우리는 환경, 땅, 식수에 대해 우려하고 있다. …… 우리의 주요 우려는 아이오와의 대수층이 크게 손상될 수 있다는 것이다. 단 한 번의 실수만으로도 아이오와의 삶은 앞으로 수천 년 동안 바뀔 수 있다. 아이오와에서 최고의 삶의 방식을 만들어 주는 물이기 때문에 보호해야 한다고 생각한다.

수자원 보호 캠페인은 이후 원주민 청소년 단체가 주도했다. '리스펙트 아워 워터(Respect Our Water)'는 워싱턴 D. C.까지 영적 도보 행진을 조직하고, 13세 훈크파파 수족 소녀 안나 리 레인 옐로해머(훈크파파의 수 족)와 친구들이 작성한 청원서를 배포하여 전체 시위를 이끌었다. 엠니 위코니(mni wiconi), 물은 생명이라고.

캠페인에도 불구하고 송유관 공사가 진행되고 발굴 작업이 묘지에 가까워지자 2016년 9월 초 다코타 여성 세 사람이 불도저에 몸을 묶고 첫 번째 봉쇄 행동에 나섰다. 에너지 트랜스퍼 파트너스는 이라크 전쟁 지역에서 활동했던 보안 회사 타이거스완의 경찰, 군부대, 민병대를 동원해 파이프라인 건설을 강행했다.

지하수 오염의 위협은 차치하더라도 파이프라인 건설은 원주민의 영토권을 침해했다. 다코타 액세스 파이프라인은 1868

년 라라미 요새 조약에 따라 수 족의 주권하에 있는 땅을 통과한다. 이 조약은 포트-래러미에서 미국 정부와 원주민 사이 유혈 전쟁이 벌어진 후 체결되었는데, 미국 협상가들은 일부 추장들과만 대화하고 원주민 공동 결정 절차에 따라 부족원들과 협의할 기회를 제공하지 않았다. 미국 정부가 미국 최초의 원주민과 체결한 모든 조약과 마찬가지로 포트 래러미 협정도 지켜지지 않았다. 가장 최근의 위반은 1960년대에 발생했는데, 수 족에게 보호구역으로 부여된 토지의 대부분이 빅 벤드 댐 건설로 인해 파괴되었다. 로어 브룰레이 보호구역은 미국 육군 공병대가 홍수 조절과 수력 발전을 위해 설계한 미주리주 4개 저수지 중 하나인 샤프 호수 그리고 댐과 접해 있다. 댐과 호수의 공사는 1960년대에 완료되었다. 샤프 호수가 만들어지면서 보호구역의 일부가 침수되고 정착지가 파괴되었다. 그동안 미주리 강 유역의 많은 비옥한 토양과 숲이 홍수로 유실되어 주민들의 경제 상황이 악화되었다.

2016년 수자원 보호자들은 반년에 걸쳐 화석 자본주의 인프라 프로젝트인 다코타 액세스 파이프라인을 저지하는 데 성공했다. 정치 이론가인 닉 에스테스(로어 브룰레이의 수 족)가 말한 것처럼, 그들은 자국이 다른 곳의 편의시설과 이익을 확보하기 위해 피해와 오염을 감수하는 '국가적 희생양'이 되는 데 저항했다. 사실 물 보호자들의 우려는 옳았다. 2017년 2월 도널드 트럼프가 수용소를 잔인하게 대피시키고 다코타 액세스 옆에 키스톤 XL 파이프라인이 완공된 후, 첫 번째 시험 운행 중에 작은 누출이 발견되었다. 2019년 11월 결국 150만 리터의 원유가 노스다코타의 습지로 누출되었다.

2016년 11월 20일 모튼 카운티의 캐논볼 강을 가로지르는 다리에서 경찰과 활동가들의 결정적인 대치 중 하나가 벌어졌다. 다코타 활동가, 흑인의 목숨은 소중하다의 동맹자, '신성한 돌 캠프'에 초대된 백인 활동가 등의 물 보호자들은 영하의 날씨와 어둠 속에서 '물은 생명이다'라고 적힌 현수막을 들고 서 있었다. 경찰은 물대포로 봉쇄를 공격했다. 활동가들은 계속해서 물은 생명이라고 구호를 외쳤지만, 장갑차를 앞세운 경찰의 공격에 다리 위를 포기해야 했다.

미디어 그룹인 유니콘 라이엇이 이 사건 이후 경찰이 주고받은 이메일을 입수했다. 메일에서 한 경찰관은 자화자찬하고 있었다. "뭐, 물은 생명이 아닌 거죠."

자본주의 생산 방식의 한심한 아이러니를 이보다 더 잘 요약할 수는 없을 것이다. 경찰관의 말이 맞다. 그의 말이 맞다는 전제에서만 불의의 전체 범위를 볼 수 있다. 밤의 몇 시간 동안 경찰 차량이 사용하는 물은 폭력이 승리하는 데 도움이 된다. 매우 유사한 방식으로, 자본주의는 물대포의 고압 펌프에 담긴 물처럼 모든 장기적인 관계를 무시하고 잔인하게 시간을 단축해서 살인적인 목적에 생명을 동원하는 데 성공한다. 이윤이 창출되면서 시스템을 분명히 정당화한다. 호스 입구의 작은 부분만 고려된다. 이 주문이 얼마나 생산적인지 믿을 수 없다! 존 로크는 17세기에 이미 백인 정착민들의 노동력이 토지의 생산성을 원주민보다 100배 이상 높일 수 있을 것이라며 기뻐했다. 이제 이 나라는 죽어 가고 있다.

물은 생명이 아니라는 주장의 우스꽝스러움이 드러나고 있다. 잔인한 시간 경과에 따라 연결고리가 숨겨지고, 문제가 되는 결과는 미래로 미루어진다. 이것은 지배로 이어진다. 조수 간만을 거부하는 체제는 그 자체로 지속 가능하지 않다. 물 없이는 살 수 없다. 그러나 이러한 모순이 정권을 무너뜨리지는 못한다. 폭력으로 지탱되는 정권은 생명과 물을 먹고 살면서도 이러한 의존성을 부정할 수 있기 때문이다.

정권을 무너뜨릴 수 있는 것은 물 수호자들처럼 생명의 관점에서 저항하는 것이다. 여기에서부터 물에서 지속되는 생명의 변증법을 공개적으로 인정할 수 있다. 물은 생명이고, 물은 생명이 아니다. 따라서 조산사이자 이론가인 위칸피 이요탄 윈 어텀 라벤더윌슨은 이렇게 설명한다. "다코타에서 우리는 '물은 생명이다'가 거만한 사이비 영성 수행을 부추기는 데 사용되는 푹신한 추상적 개념이 아니라는 것을 이해한다. 깨끗한 물에는 치유하는 힘이 있고 오염된 물에는 죽이는 힘이 있다."

물은 죽일 수 있기 때문에 검은 뱀으로부터, 그리고 자본주

의 사물지배의 확장된 하얀 팔로부터 물을 보호해야 할 의무가
생긴다.

세 계 보 존

　원주민 저항이라는 특별한 관점은 자본주의 패턴에 영향을
받지 않은 문화가 보호구역에서 지속되어 왔다는 사실에서 비
롯된 것이 아니다. 그런 문화는 더 이상 어디에도 존재하지 않는
다. 설령 존재한다고 해도 상황을 이해하는 데 거의 기여하지 못
할 것이다. 토착민의 비판에 특별한 비중을 두는 이유는 끊임없
는 박탈과 대안적 관행에 대한 집단적 기억이 교차하는 경험의
기간 때문이다. 다코타 반군의 지도자 중 한 명은 인터뷰에서 석
유 회사와의 대결에서 벌어지고 있는 모든 일이 그녀에게 얼마
나 익숙하게 느껴지는지 반복해서 강조한다. "우리는 500년 동
안 이런 일을 봐 왔다."라고 그녀는 말한다. 리앤 베타사모사케
심슨도 비슷하게 지적한다. "우리는 자본주의의 절대적 파괴를
수백 년 동안 직접 경험했다. 우리는 땅과 동식물과 맺고 있는
관계에서 종말론적인 파괴를 목격했다."
　이야기하는 동물인 인간은 이윤이나 전쟁과는 매우 다른
시각으로 세상을 바라볼 수 있다. 개별 건설 현장을 더 크게 볼
수 있다. 또는 화석 자본주의에 봉사하는 검은 뱀을 볼 수도 있

다. 심슨은 이런 맥락에서 기억 아카이브를 넘어서는 방법을 알고 있다: "우리는 글로벌 자본주의 밖의 사회에서 수천, 수만 년 동안 건설하고 살아온 경험이 있다."

토착민 비판이 현대의 사물지배를 넘어서는 것은 단순히 그 출처가 특별히 오래전으로 거슬러 올라간다는 사실 때문만은 아니다. 식민지 수탈에 대한 저항은 토지에 대한 다른 질적 관계를 가리키기 때문이다.

이러한 방식으로 토착민의 비판은 사물지배가 강요한 딜레마를 우회한다. 북미 원주민의 경우, 식민주의 정착을 통해 이전에는 전혀 재산으로 간주되지 않던 토지를 강탈당했다. 이로 인해 생계 수단의 상실에 대한 저항조차도 사물지배의 논리를 확인하는 데 위협이 되는 기막힌 상황이 벌어진다. 도둑질을 개탄하는 사람들은 재산권을 확인하는 것처럼 보인다. 그리고 재산권보다 더 적은 것을 요구해도 소유권 체계가 깨지지 않은 상황에서는 문제가 된다. 광물 자원이 무제한으로 풍부한 산에서 전통적 소유자에게는 기도만 할 수 있도록 허용한다면, 문화재라는 형식의 부분적 양보는 미봉책에 불과하다.

따라서 사물지배에 대한 토착민의 비판 기록은 식민지 접근도, 토지 소유권에 대한 어떠한 주장도 거부한다. 19세기에 네즈퍼스 족의 지도자 힌-마-투-야-랏-켁트는 당시 상황을 다음과 같이 분석했다.

땅은 경계선 없이 창조되었으며 사람이 땅을 나눌 수 없다. …… 백인들이 전국에서 부를 얻는 것을 보고 쓸모없는 땅을 우리에게 주려는 그들의 욕망을 본다. …… 땅과 나, 우리는 하나다. …… 나는 그 땅은 내 것이며 그것을 마음대로 처리할 수 있다고 말한 적이 없다.

힌마-마-투-야-랏-켁트는 부동산의 특징인 자의성을 결코 이용하지 않음으로써 정당한 토지 소유자로 입증된다. 스스로 인정하듯 땅을 마음대로 사용한다는 것은 결코 상상할 수 없는 일이다. 심슨은 또한 니슈나베그에게 사유재산의 개념이 없으며 공유지의 개념도 없다고 강조한다. 땅은 "모든 사람"의 소유가 아니다. 그것은 결코 재산이 아니다. 그럼에도 땅은 그 안팎의 모든 생명체와 함께 항상 공유되어 왔다. 니슈나베그 족은 전통적으로 동식물을 대할 때 동등한 국가로 부른다. 다람쥐의 나라, 단풍나무의 나라, 연어의 나라. 각 영토는 다국적이다. "우리가 어디에 뿌리를 두고 있든 상관없이 우리의 존재는 항상 국제적이었다. 우리는 항상 서로 연결되어 있다. 우리는 항상 숲을 국제적인 관계의 네트워크라고 생각해 왔다." 이 네트워크는 사회화에 대한 다른 관점을 제공한다. 재화의 일부가 일반 소유권으로 이전될 필요는 없지만, 공유되고 연결된 삶을 가능하게 하기 위해서는 사물지배에서 완전히 벗어나야 한다.

잘게 쪼개진 영토 위에 각각의 이익, 이해관계가 있는 고립된 의지가 지배하는 곳에서는 다층적인 삶의 구조가 인식할 수 없을 정도로 해체된다. 다른 '나라'는 사물처럼 취급되어 착취당하거나 이주당하고 심지어 멸종되기도 한다. 보호를 받는 경우에도 더 이상 해당 지역에 대한 소유권을 할당할 수 없다. 절대적인 사물지배는 배타적이며 토지는 새로운 소유자에게 복종한다.

심슨은 니슈나베그의 전통에 더 깊이 관여하기 시작한 계기를 부족 장로들이 상실의 지도로 이끌었던 일로 설명한다.

나는 그들이 기억할 수 있는 모든 해변, 만, 반도, 섬의 지명을 대형 지형도에 기록했고, 수백, 수천 개의 이름을 기록했다. 우리는 그들의 모든 사냥 경로와 과거의 사냥 경로와 더 오래된 사냥 경로를 입력했다. 사냥터와 어장, 딸기 덤불, 논과 밭, 약초를 캐던 곳도 표시했다. 출생지와 무덤을 표시했다. 우리는 의식 장소, 그들이 살았던 장소, 삶이 일어난 장소를 표시했다. 또한 무스와 곰이 살았던 장소, 둥지, 번식지 등 친척들의 집도 표시했다. 이동 경로, 샘물 지점, 노래와 기도문도 기록했다. ……

고통도 기록했다. 포로수용소, 수용소, 그리고 일부 니슈나베그 어린이들이 기숙학교에 가지 않고도 가족과 함께 계속 살 수 있도록 다녔던 학교를 방문했다.

기숙학교. 150년 동안의 명확한 경계. 수력 발전 댐, 호수가 흘러야 할 방향. 홍수, 도로, 철로, 광산, 송유관, 수도관. 화학 물질 살포, 백인들의 공원과 야영지. 죽음들.

지층들은 쌓인 수십 년 동안의 상실을 보여 주었다. 그 이유를 보여 주었다.

상실의 지도 밑에 서면 명료해진다.

여기에 표시된 것은 재산의 손실이 아니라 조수 간만의 손실, 공유할 수 있는 삶의 손실이다. 전통적인 니슈나베그의 삶의 방식이 크게 파괴된 곳에서도 서사적 재현은 식민지 논리를 지적하는 관점을 유지한다. 심슨은 자신의 땅에 대한 의무감을 일깨움으로써 자신의 땅에 대한 주장을 전달한다. 그녀는 상실의 지도 앞에서 자신이 얻은 명료함을 강조한다. 이러한 명료함은 쉽게 얻을 수 있는 것이 아니라 특정한 역사적 경험의 위치에서 비롯되며 미래 지향적인 관점으로 해석된다. 그녀는 삶을 유지하는 일이 마치 자신에게 달려 있는 것처럼 시각화한다. 아틀라스가 천체를 지탱하는 임무를 맡듯이 심슨은 무스, 새, 산림 개간지, 송유관의 수명 주기가 서로 어떻게 연관되어 있는지를 이해하는 것을 포함해 세계 보존이라는 세대 간 책임을 맡게 된다.

이런 세계 보존에 대한 가정은 궁극적으로 사물지배에 대한 원주민의 비판을 특별히 강조하는 데 매우 중요하다. 이때 이전과 이후의 재산권을 주장하는 것이 아니다.(그렇게 주장해서는 안 된다는 이야기는 아니다.) 세계 보존은 자의성에 반대한다. 세상에 대한 소유권을 주장할 수 있는 것이 있다면, 그것은 각자의 입장에서 세상을 전체적으로 유지한다는 것이다. 이러한 관점에서 볼 때 지구는 물과 마찬가지로 재산이 아니라는 것이 동시에 분명해진다. 그것은 생명이다.

현 위 치

세계를 보존하는 것은 재산의 지배에 반대되는 태도이다. 동물에게 필요한 것은 재산이 아니라 다른 생명체에 대한 의무, 즉 조수 간만을 유지할 의무를 이행할 수 있는 장소이다. 이러한 배려의 태도는 자기 희생이 아니며 이타주의를 필요로 하지도 않는다. 행성 생명체에 대한 우리의 의존성을 고려하자마자 세계 보존은 자기 보존의 한 형태이며, 다른 생명체에 대한 의존성을 공개적으로 인정할 수 있고, 그러므로 자기 보존에는 지배가 필요하지 않다는 것이 분명해진다.

'조수 간만의 유지'란 추상적으로 들릴 수 있다. 그러나 세계의 보존은 매우 단순하고 구체적인 삶의 과정에, 통제나 이윤이 순환되지 않는 모든 곳에 존재한다.

세계를 보존하는 틈은 거의 모든 삶에 존재하지만, 원주민의 투쟁이 아닌 백인의 재생산 맥락에서 보면 훨씬 더 드물고 지배에 더 순응하는 경우가 많다. 백인 서구의 일상에서 아틀라스의 과제는 항상 자본주의적 토지 수탈에 직접적으로 맞서 전 세계에서 벌어지고 있는 투쟁과 실질적인 연대를 약속하는 것이다. 동시에 장군의 언덕에서 세상을 바라보는 대신 우리가 세상의 일부가 되어 어깨에 짊어지는 그 순간에 장소를 제공하는 것도 중요하다. 첫 번째 장의 이미지를 이어받아 말을 타고 정복에 나서는 대신 한 지역을 해방시킬 수 있는 곳은 어디일까? 우리가 가장 소중히 여기고 그래서 성급하게 우리 것이라고 부르는 세계의 바로 그 부분과 어떤 새로운 관계가 형성될까?

영국 시인 U. A. 팬소프는 아틀라스의 작품에 대해 다음과 같은 말로 설명한다:

아틀라스

유지 보수라는 종류의 사랑이 있다
WD-40을 보관하고 언제 사용해야 하는지 알고

보험을 확인하고 잊지 않고
전구를 심는 것을 기억하는 우유 배달부

편지에 답장하고 길을 알고
돈이 어디로 가는지 치과에 신경 쓰고

도로기금세와 기차 타기
외로운 사람들을 위한 엽서

언제나 연약하고 세련된 삶의 구조를
유지하는 것, 그것이 바로 아틀라스다.

그리고 유지 보수는 사랑의 현명한 측면이다,
시간과 날씨가 벽돌에 미치는 영향을 알고 있고,
고장 난 전선을 단열시키며,
내 건조하고 버릇없는 농담에 웃음 짓고
광택과 굳힘을 필요로 하는 나를 기억한다
내 의심스러운 구조를 공중에 똑바로 세워 준다,
마치 아틀라스가 하늘을 지탱했던 것처럼.

따라서 그것은 특별한 형태의 사랑, 그럼에도 불구하고 세상을 하나로 묶어 주는 놀랍도록 평범하고 냉정한 사랑에 관한 것이다. 팬소프가 유지 또는 신중함이라고 부르는, 어떻든 현명한 이 사랑은 시에서 관점의 전환을 위한 길을 열어 준다. 여기에서 누군가가 다른 사람에 대해 감사하게 말하고 있다고 생각하지만(실제로 팬소프의 많은 시가 파트너와의 듀엣이다.) 결국 유지 보수 목록을 고맙게 여기는 것은 바로 집 자체로 밝혀진다. 신중함은 시간과 날씨가 벽돌에 어떤 흔적을 남기는지 알고 있으며, 아틀라스가 궁창을 지탱하는 것처럼 신중함이 구조를 지탱한다. 따라서 이 대사는 관심과 연대가 세상의 사물을 에둘러 갈 때 어떤 의미가 있는지 보여 준다. 우리는 서로를 상호적으로, 그리고 인간의 본질로 긍정하며 세상의 일부로서 서로를 긍정한다.

사물지배에 대한 비판은 처음부터 그런 신중한 관계를 위한 공간을 만든다. 또한 이러한 신중함을 착취의 소용돌이 속에서 주어진 갇힌 삶에 국한시키지 않기 위한 방편도 제공한다. 신중함은 약간 낡은 집이 또 다른 재생산 고리에 묶여 있다는 것을 알고 있다. 보험과 도로 건설. 치과 의사 방문 및 위로 편지. 각각의 것들은 "연약하고 세련된 삶의 구조"를 의미한다. 우리가 낡은 집이 아니라 낡은 행성에 살고 있는 한, 우리는 시가 열거한 것보다 더 많은 조류를 고려해야 한다.

천국의 금고에서 자신의 몫를 들어 올리려는 아틀라스의 마음은 좋은 지침을 제공한다. 자본주의가 우리에게서 빼앗아 가는 바로 그것들이 바로 '삶'이라는 사실을 일상의 한구석에서 깨닫게 해 준다. 멀리 떨어져 있는 지인에게 위로의 편지를 쓸 시간이 있는 사람은 누구일까? 벽을 손볼 집은 누가 소유하고 있을까? 추상적인 연대의 표현을 이윤 극대화와 재산 고착화에 반대하는 실질적인 동맹으로 전환하는 투쟁은 어디에서나 볼 수 있다. 도시를 위한 투쟁, 주택과 안전한 피난처에 대한 접근성 투쟁은 부동산 지배자들을 안장 밖으로 내몰고 있다. 그들에 대한 투쟁은 이미 새로운 방식으로 세계를 장악하고 있는 새로운 고전주의자들에 의해, 세계 유지의 관점에서 언제나 이미 벌어지고 있다.

결국 재건축이 가능한 주택의 경우에는 유지 보수가 항상 우선순위는 아니다. 미니애폴리스의 연약하고 세련된 공존의 구조는 제3구역 건물 없이도 잘 작동한다. 세상의 다른 구성 요소들은 우리의 생활과 더 밀접하고 더 장기적인 재생 주기를 거치는데, 한 지역의 이웃 문화나 토양과 같은 무형의 측면이 바로 그것이다.

아버지가 돌아가시고 어머니가 임대 계약을 지키기 위해 성공적으로 싸운 후, 어머니는 풀밭을 걷다가 모르는 식물을 발견했다. 어머니는 작은 줄기 하나를 집으로 가져왔다. 하지만 식물도감도 도움이 되지 않았다. 그녀는 같은 가게에서 쇼핑을 하던 옛 생물 선생님에게 물어보았다. 식물학에 대한 열정이 있는 그도 어떻게 해야 할지 몰랐다. 며칠 후 그는 흥분한 채 가게로 돌아왔다. 당시 슐레스비히 홀슈타인에서는 양상추가 20년 전부터 나지 않는다고들 했기 때문이다. 부모님이 재래식 농장에서 유기농으로 농사를 지은 기간이 그 정도였다.

누군가 작은 규모에서는 아무것도 바꿀 수 없다고 말할 때면 가끔 생각하게 된다. 작은 것도 관점에 따라 달라진다. 당근을 도시의 유기농 매장에서 사는 일이 어떤 사람들에게는 사소한 문제처럼 보일 수 있다. 하지만 60헥타르의 경작지에서 잡초를 유기농으로 방제하느냐, 아니면 '라운드업'을 살포하느냐는 큰 문제다. 라운드업은 광범위한 스펙트럼 또는 종합 제초제를 가리킨다. 라운드업은 인산염 이온과 매우 유사하기 때문에 식물이 인산염 이온을 흡수한 후 쓰러질 정도로 모든 식물을 죽인다. 기이하게도 1970년 몬산토가 특허를 취득한 이 발암성 스프레이는 그 이름에 모든 사물지배와 공모를 담고 있다. 라운드업이란 무리를 도살에 몰아넣는다는 뜻이고, 경찰에게는 포위와 체포를 의미한다. '체로키 라운드업'은 체로키 원주민을 구금하고 강제 이주시키는 작전이었다.

그런데 살아 있는 농지를 유지하는 것은 글리포세이트 금지에만 달려 있지 않다. 농작물 순환, 수작업, 기계 사용 등 다양한 기술이 토지를 비옥하게 유지한다. 식물 보호의 경우에도 방제는 완전히 다른 풍부함의 토대가 된다. 한 종의 멸종만큼이나 큰 차이가 생길 수 있다.

그럼에도 자본주의 사물지배의 틈새에서 세계는 최선의 경우 당분간 보존될 수 있다. 계약 기간이 끝나면 임대 토지는 소유주에게 돌아간다. 현재의 법적 상황은 농지, 심지어 수년 동안 유기농으로 경작된 농지조차도 투기의 대상이 되거나 라운드업 사용으로부터 보호받지 못하며 자본주의 토지 점유를 보호한다.

'생존 미결 혁명'은 1960년대 미국에서 흑인 해방 투쟁을 주도했던 블랙 팬서당의 전략적 지향점이었다. 전투적 투쟁과 더불어 혁명이 보류되는 동안 구체적인 생존 전략을 개발하는 것이 목표였다. 부유하지 않은 지역에서 아프리카계 미국인 어린이들을 위해 대규모로 조직한 아침 식사 프로그램이 그 사례다. 혁명을 기다리는 생존. 아마도 양고기 샐러드도 동의할 것이다.

하지만 기존 지배의 틈새에서 보류 중인 혁명을 향해 나아가는 방법은 그 자체로 신중한 실험이 필요한 과제다. 모든 것이 불멸의 야생초처럼 저절로 자라지는 않는다. 그리고 오래된 경험이나 장소에 따른 경험에 어떤 종류의 유지 보수가 필요한지 항상 더 잘 아는 것은 결코 아니다. 나는 2년 전 친한 친구가 베를린 근처의 텃밭을 인수했을 때 이 사실을 깨달았다. 나는 쉽게 팁을 주면서 그 문제는 다소 절망적이라고 생각했다. 페트라는 2월에 파종한 토마토를 창고 뒤 그늘에 심었는데 잡초와 상추를 구분할 수 없을 정도였다. 페트라는 미용사이자 어머니이며 예술가다. 그녀는 영화 제작자, 사진작가, 초안 작가로서 다양한 창작 활동을 해 왔다. 이 정원은 그녀의 가장 놀라운 예술 작품이라고 생각한다. 2년이 지나 모든 것이 살아 있다. 정말 모든 것이 살아 있다. 침대에는 야채와 허브, 꽃이 넘쳐 나지만 지금은 식별하는 방법조차 모르고, 모든 것이 곤충으로 가득 차 있지만 해충은 거의 없다. 토양은 어둡고 부서지기 쉬우며 맥동하는 것처럼 보인다. 물론 페트라는 이제 햇볕에 토마토를 심지만 다른 많은 것들에 관해 내가 틀렸다. 내 지식은 가뭄과 지속적인 뇌우가 증가하기 전, 1.5도 기후 온난화 이전의 수십 년 동안의 지식에서 비롯된 것이다. 하지만 페트라의 실험은 바로 지금, 바로 이런 조건에서 진행되고 있었다. 그녀는 내가 겨울을 날 수 없다고 선언했던 2월에 채소를 수확하고, 우박을 뚫고 케일 잎 아래 딸기를 구해 낸다.

모 든 것 은 공 공 의 것 이 다

재산에 대한 비판의 극단적인 정점은 근대 초기부터 급진적 상상력을 괴롭혀 온 문구인 '옴니아 순트 코뮤니아(Omnia sunt communia)'로 대표된다. 모든 것은 공공의 것이다.

이 공식은 토마스 뮌처에게서 비롯되었는데, 그것이 농민 전쟁에서 전투 외침이었다는 설은 사실이 아니다. 뮌처가 사도 행전에서 인용한 이 성경 구절을 말했는지 여부는 의심스럽다. 유일한 출처는 1525년 프랑켄하우젠 전투 이후 당국이 작성한 고문 기록으로, 뮌처는 동료 농민들을 배신한 혐의로 기소되기도 했다.

오늘날까지도 등골을 오싹하게 하는 급진적 재산 공유의 변주는 모든 것이 모든 사람의 것이어야 한다는 것이다. 이런 이미지는 어떤 의미에서 항상 반혁명의 투영이었다. 고문관들은 '옴니아 순트 코뮤니아'와 함께 뮌처의 입에 소유욕을 집어넣었는데, 그것은 뮌처 자신이 공작들에게서 지켜보았던 것이다. 실제로 박탈당한 사람들에게 사물지배자의 경향을 양도하는 일이 벌어지는 것이다. 농민 전쟁은 영주가 숲과 공유지를 전유하는 데 반대했다. 뮌처는 1524년 연설에서 당대에 확산되고 있던 새로운 사물지배를 이렇게 비난했다. "보라, 우리 영주와 왕자들의 고리대금업, 도둑질, 강도질을 뒤섞은 비열한 수프를. 모든 피조물을 노예로 삼는구나."

일부 기독교 종파와 수도회를 제외하고는 '옴니아 순트 코뮤니아'가 모든 것이 모든 사람의 것이어야 한다는 의미는 결코 아니다. 지주에게 각각 2~5마리의 말과 성까지 물려주려 했던 뮌처도, 일반적으로 사유재산이 아닌 생산 수단에 대한 사적 소유를 폐지해야 한다고 주장한 마르크스주의도 마찬가지였다. 심지어 아나키스트 구스타프 란다우어는 "공동 재산이든 사유재산이든 재산에 반대할 것이 아니라 무재산에 반대해야 한다."라고 말했다. 이러한 제한이 반혁명의 전망을 막지는 못했다. 란다우어가 참여했던 뮌헨 인민공화국은 실패했는데, 바이에른 시골에서는 사회주의자들이 "여성을 사회화"하려 한다는 소문이 퍼졌다. 의용대에 의한 학살이 있기 전이었다.

사물지배의 세계는 궁극적으로 재산에 대한 모든 공격에 강간의 의도가 있다고 가정한다. 이는 사물지배의 가부장제가 가르치는 것이다. 사물지배의 세계에서는 전능함 이외의 다른 재산의 매력을 더 이상 상상할 수 없기 때문이다.

심문 기록에 따르면 재산 공동체가 연합군 농민 전사들의 비밀 핵심 프로그램이었다는 것이 사실이라고 해도, '옴니아 순트 코뮤니아'가 모든 사람이 서로의 재산에 무제한적으로 접근해야 한다는 것을 의미하지는 않았을 것이다. 동맹국들은 재산에 대한 절대적 지배라는 근대적 개념의 바깥에서 음모를 꾸몄기 때문이다. 그들의 요구는 농노제에 대한 급진적 비판, 공유지의 경험, 숲의 권리에 뿌리를 두고 있었다.

우리가 현재에 대한 공산주의 공식을 채택하려면 모든 사람이 모든 것을 모든 것으로 할 수 있다고 상상하는 두려움에 투사된 사물지배를 분리해야 한다.

모든 것은 모든 사람의 것이어야 한다! 오직 '속한다'는 것은 완전히 의미여야 한다. '옴니아 순트 코뮤니아'는 '모든 것이 공통이어야 한다'로 번역하는 편이 더 좋다. 심슨이 동물의 관계 국가를 본다면, 농민 전사들은 모든 생물을 공동체라고 말할 수 있다. 모든 것은 모두의 것이어야 한다는 말은 모든 것이 농노제에서 벗어나 스스로 조직될 수 있다는 뜻이다. 그리고 그것은 또한 모든 것이 모든 사람에게 맡겨져 있다는 것을 의미한다. 모든 것은 서로에게 맡겨져 있다.

그리고 그것은 정확히 그렇다. 세상의 모든 상실에도 불구하고 에너지 트랜스퍼 파트너가 2000킬로미터의 누수 파이프라인을 깔고 RWE가 1000년 된 숲을 파괴할 때 우리는 최소한의 책임이 있다는 것을 알고 있다. 우리의 세상이다. 우리는 그것을 지킨다.

19세기까지만 해도 독일에는 지금은 사라진 플렉샤프트(Pflegschaft)라는 개념이 있었다. 플렉샤프트란 소유하지 않고도 책임을 지는 재산이었다. 재산이 자본으로 사용되기 시작할수록, 즉 기업과 기업의 소유권을 늘리는 기반이 될수록 이러한 의미는 점점 축소되었다. 보살핌은 자본이 될 수 없었을 뿐만 아니라(투자로서 위험에 노출될 수 없었기 때문에) 사람들이 강한 책임감을 느끼는 개인 재화는 이제 자본의 굶주림에 맞서 더 방대하게 보호되어야 했기 때문이다. 이 역시 사유재산이 되었다. 재산권 주장과 재산권 주장이 맞서는 곳에서만, 적어도 백인과 남성의 환상소유를 통해 합당한 개인 소유자로 확인된 경우에만 자신의 물건이 안전하게 확보될 수 있었다.

동시에 물건은 소유자로부터 안전하지 않게 되었다. 그리고 점점 더 많은 세상의 구성 요소가 재산이 되었고, 상상조차 할 수 없었던 것들이 구분 가능하고 양도 가능하며 남용 가능한 대상으로 취급되었다. 토지. 사람. 노동. 배려. 아이디어. 씨앗. DNA. 물. 영공. 그러나 이것들은 모두 기본적인 재생산 회로의 살아 있는 요소다.

생산 수단의 사회화를 핵심으로 하는 고전적 사회주의 프로그램은 우리가 이미 특정 방식으로 사회화되어 있다는 사실과 대응한다. 우리는 분업을 통해 부를 생산하고, 일반적인 법률에 따라 생활하며, 비슷한 사회적 규범에 따라 성장한다. 그러나 부르주아적 성취의 원칙과 같은 이러한 규범과 상속법, 재산법 같은 법률은 우리가 서로를 위해 직접 부를 창출할 수 있는 방식으로 우리 자신을 조직하는 것을 방해한다. 혁명적 행위는 생산 수단을 전유하는 것으로 구성되며, 생산 수단을 소유함으로써 완전한 사회화, 즉 의식적인 공동 협력이 이루어질 수 있다. 모든 것이 사회화되는 것, 인간 공존의 필요에 맞게 조정되는 것이다.

그러나 지금 모든 사회주의 연대는 지구적 삶의 기반이 취약한 상황에 직면해 있다. 우리에게는 이윤 지향의 실제적 지배만이 아니라 재산 고착의 사물지배로부터 벗어날 방법이 필요하다. 신중한 공산주의는 우리가 사회적 존재라는 사실만이 아니라 살아 있는 존재라는 사실에도 응답해야 한다. 우리는 서로 얽히고설킨 자연의 세계에 내재하는 존재이다. 특히 지구적 교류와 위기의 수준에서 각 조류의 앙상블은 마지막 섬유까지 다른 조류와 연결되어 있기 때문이다. 우리는 이 구조 속에서 생명을 지탱할 수 있는 위치를 찾아야 한다. 이는 우리가 계속해서 생명체를 둘러싸고 그 맥락에서 무차별적으로 분리하지 않을 때에만 성공할 수 있다. 착취는 물론 파괴도 멈춰야 한다. 사회화와 함께 세계 보존도 함께 이루어져야 한다. 우리는 모든 조류를 통합하고 그 위에 좌표를 맞추는 정치가 될 수 있다. 우리는 물건을 소유할 수는 있지만 더 이상 현대의 소유자가 아닐 것이다. 우리는 우리에게 맡겨진 세계 곳곳의 온화한 동맹자가 될 것이다.

옴니아 코뮤니아 순트. 모든 것은 함께 존재한다.

그렇다면 아틀라스가 된다는 것은 상호 재생과 신중한 유지 보수 속에서, 모든 것이 조수에 폭력을 가하지 않고도 서로 맞물려 안전하게 서 있다는 것을 의미한다. 해방된 삶은 자립할 수 있을 것이다.

그러면 마침내 아틀라스도 자유로워질 것이다. 세상의 모든 것과 사랑에 빠질 수 있으리라.

현 재 성

현재는 모든 조류가 만나는 곳이다. 각 생식 주기에는 고유한 기간과 다른 주기의 물질에 대한 무수한 전제 조건이 있다. 그러나 살아 있는 모든 것은 지금 존재한다. 그리고 살아 있지 않은 많은 것들도 마찬가지다. 현재는 존재하는 모든 것이 한데 모이는 공간이다. 옴니아 코뮤니아 순트. 모든 것은 함께 존재한다. 삶, 세상, 자연은 결코 하나가 아니다. 그러나 공유지처럼 하나의 공간에 함께 모여 있다. 릴케는 시 한 구절에서 이를 "세계 내부 공간"이라고 부른다. "모든 존재를 통해 하나의 공간에 도달한다: 세계 내부 공간. 새들은 우리 사이를 조용히 날아다닌다. 오, 성장하고 싶은 사람아, 나는 밖을 내다보고, 내 안에서 나무가 자란다." 이 구절에는 낭만주의가 가득하다. 무한한 연결성에 대한 추상적인 환기, 즉 로맨스가 있다면 그것은 발렌타인데이 의식보다는 이런 방식으로 이루어져야 할 것이다. 그런데 릴케 시의 이 연을 완전히 유물론적인 방식으로 읽을 수도 있다. 세계의 내부 공간은 모든 신진대사가 교차하는 현재라고. (내 생각에는 문자 그대로, 퇴비로 나무에 영양을 공급하기 위해 불에 태운 새가 내 안에 있다.)

모든 인간의 일은 의식적으로 특정 주기를 재생하고 다른 주기를 차단할 수 있다. 예를 들어 자본 착취의 모든 소용돌이를 차단하거나 사물지배로부터 자유로운 관계만 유지하기 위해 우주의 기본 질서에서 무언가를 바꾸려는 희망으로 일을 수행한다면 그것은 혁명적이다. 삶을 위한 혁명에는 많은 이름이 있다. 폐지. 적극적인 파업. 사회화. 세계 보존. 그들은 모두 세계의 내부 공간에서 일하고 있다.

이 작업은 두 가지 갈망의 교차점에서 발생한다. 하나는 자본주의 지배로부터의 해방에 대한 억누를 수 없는 충동이다. 그것은 자신의 시간을 팔아야 한다는 강박과 약탈의 대상이 되어야 한다는 강박으로부터의 인간적 자기 해방으로 해석된다. 이러한 갈망은 새로운 형태의 환상소유로 낡은 속박이 연장되는 것을 보고 싶지 않으며, 자연을 처분과 착취의 손아귀에서 해방시키고자 한다. 이것이 바로 흑인의 목숨은 소중하다, 한 여자도 잃을 수 없다, 엔데 겔렌데, 다코타 물 보호자들이 사물지배의 다양한 전선에서 싸우고 있는 이유다. 첫 번째 갈망은 과거의 폭력을 현재에서 위험하지 않게 만들고자 하는 갈망이다. 해방을 향한 이 갈망이 더 거슬러 올라갈수록, 손상된 조류를 더 온전히 받아들일수록, 첫 번째 갈망을 불러일으키는 분노에 슬픔이 섞여 더 커진다. 리앤 베타사모사케 심슨의 상실의 지도를 보면 알 수 있다. 그 사이에는 공백이 너무 적다. 많은 것은 잃어버린 채로 남을 것이다.

삶을 위한 혁명에는 두 번째 갈망도 있다. 마침내 해방된 미래로 진입할 수 있다는 갈망이다. 세상에 대한 연대적인 관계와 사랑에 대한 갈망. 지배의 부재, 자유로운 조류의 존재에 대한 갈망.

올가 토카르추크는 노벨상 연설에 앞서 어린 시절 일화를 통해 "4인칭", 즉 우리가 아직 접할 수 없는 관점에서의 내러티브에 대한 아이디어를 발전시킨다. 그녀를 임신한 토카르 추크의 어머니가 창밖을 우울하게 바라보는 사진이 있다. 어렸을 때 나중에 작가는 어머니에게 왜 사진 속 어머니가 슬퍼 보이는지 물었다. 어머니의 대답은 이랬다. 네가 아직 그곳에 없었고 나는 네가 그리웠어.

아직 없는 것을 어떻게 그리워할 수 있을까? 아마도 그 윤곽이 이미 보이기 때문일 것이다. 어쩌면 그 윤곽이 과거의 폭력을 극복할 수 있는 형태를 드러내고 있기 때문일지도 모른다. 사물지배의 경계에 닿는 모든 삶이 더 큰 자유와 연결에 대한 감각을 일깨우기 때문일 수도 있다.

따라서 삶을 위한 혁명을 이끄는 두 번째 갈망은 아직 알 수 없는 것, 즉 지배보다는 양육, 착취보다는 공유, 소진보다는 재생, 파괴보다는 구원을 지향하는 세상을 그리워한다.

우리에게 필요한 모든 것은 이미 있다.

　생명체는 매우 다양한 시간에 걸쳐 반복적인 주기로 지구의 물질을 변화시킨다. 이러한 주기는 서로 얽혀 있고, 서로 교차하며, 무수히 많은 방식으로 상호 의존한다. 모든 일상과 모든 세계 역사는 이러한 토대 위에 놓여 있다. 현대 과학은 광범위한 상호 작용 중 일부를 해독할 수 있었다. 예를 들어 우리는 19세기 자본가나 노동자들이 의심하지 않았던 사실, 즉 석유와 석탄을 연료로 사용하는 증기기관이 기후를 변화시키고 있다는 사실을 40년 전부터 알고 있었다. 이것은 바로 우리의 연소 엔진과 석탄 화력 발전소가 매일매일 계속하는 일이다.

　그러나 자본주의가 기후를 파괴하는 직접적인 요인이 아니라고 하더라도 우리는 자본주의를 폐지해야 한다. 자본주의는 야만적인 경제 구조다. 석탄을 땅에 남겨 두고 이산화탄소를 줄

이더라도, 항상 무언가를 적절히 이용하고 착취해야 한다. 모든 자본주의적 전유와 활용은 남용과 무효화를 향해 나아가는 경향이 있다. 대부분 실로 엄청난 악의 잔인성 때문이 아니라, 재료에서 모든 것을 짜내고 부산물을 버리는 것이 돈을 벌기 때문이다. 그리고 성과를 내야만 한다. 시장 경쟁에서 다른 사람보다 더 저렴하게 상품을 생산할 수 있는 회사가 항상 우위를 점하기 때문이다.

자본주의 경제는 두 가지 무자비한 움직임으로 자연 재생의 세련되고 넘쳐 나는 주기를 깨뜨린다. 첫 번째는 근대적 사유재산에 의해 결정되며, 그 과정에서 개별적인 측면은 마치 죽은 상태처럼 원 안에 갇힌다. 무언가가 단순한 재산이라는 것은 그것이 이전에 그랬던 것을 의미하지 않는다. 순환은 토지, 천연자원, 기계만이 아니라 비물질적 구조, 인간관계, 신체에도 영향을 미칠 수 있는 효과다. 여러 연결과 재생의 사이클에서 분리될 때 사물은 이용 가능한 상품이 된다.

두 번째 움직임은 상품에 의해 좌우되며 이익을 추구한다. 재산으로 고정된 것들을 붙잡고 휘저어 가치와 쓰레기를 분리한다. 가치란 시장에서 이익을 얻는 것, 즉 취하며 휘저어 올리는 데 든 비용보다 더 많은 수익을 가져다주는 것이다. 가치는 성공한 상품이 지닌 것으로, 상품에 수명을 부여하는 요소다. 반환된 상품은 물론이고 생산 폐기물, 운송 과정에서 배출되는 배기가스, 포장재 등등 상품에서 분리된 모든 것이 무효로 선언된다.

자본주의는 이러한 손실을 고려하지 않기 때문에 이윤을 창출할 수 있다. 단순히 폐기물을 버리거나 최소한 가능한 한 저렴하게 처리함으로써 상품 생산은 완전히 새로운 규모의 손실의 소용돌이를 일으킨다. 그럼에도 쓸모없는 것들이 존재하기 때문이다. 미세먼지, 온실가스, 오염된 냉각수, 오염된 토양, 비닐봉지. 이 모든 것들이 지구 어디에 있든 기존의 재생 주기를 방해한다. 물고기와 지렁이 개체군은 내장에 미세 플라스틱이 들어 있는 채로 죽고, 곤충은 살충제에 의해 멸종하며, 인공 비료로 염분을 머금은 지각은 척박하고 딱딱한 덩어리로 부서져 버린다. 강에서 수은으로 오염된 지질이 운반되어 많은 생물들이 식수를 잃고 있으며, 대기가 따뜻해져 강우량이 감소하고 산불이 발생하며 빙하가 녹아 겨울이 온난화되고 있다. 먼지와 배기가스가 가득한 공기는 호흡하는 폐를 공격한다. 우리의 폐를.

그리고 우리의 세상. 변형된 조수는 우리 삶의 토대를 부분적으로 회복할 수 없는 상실로 이끌고, 그 안에서 세계의 상실이 구체화된다. 그러나 상상할 수 있는 가장 큰 상실은 우리에게 거의 영향을 미치지 않는 것 같다. 우리는 그저 계속 살아간다. 현대인으로서 우리는 앞서 말한 것처럼 세상과 함께 무언가를 잃게 된다. 우리는 자신을 하나의 물건으로 여기고, 작은 땅 한 평의 무제한 처분으로 자유를 측정한다. 의심이 들 때면 우리는 자신으로부터 가능한 한 많은 것을 만들고 다른 사람들과의 경쟁에서 이기기를 바라는 것이다. 우리는 스스로 살아남기 위해 끊임없이 시간을 팔아야 한다. 식량과 지붕, 살 곳, 약간의 여가를 확보하기 위해 돈을 모으는 동안에는 자연계의 조류가 눈에 들어오지 않는다.

자본주의 착취의 관점에서 볼 때 노동자의 지친 몸도 폐기물이다. 하룻밤 또는 주말 동안 재생하기 위해 버려진다. 회복에 성공하지 못한 경우(아마도 신체가 일에 적합하지 않거나 자격이 없거나 부적합하기 때문에 애초에 성공하지 못했을 수도 있다.) 사유 재산의 고착화가 새롭게 일어나며 보통 국가적 차원에서 중재되어 다시 자리를 잡는다. 하르츠 피어(Harz IV, 일자리와 소득이 없는 상태의 시민권자들에게 최소 생계비와 집세, 구직을 위한 전문적 도움을 제공한다.) 제재나 이중 학위 과정을 통해 노동력을 순환시키고 교육시켜야 한다. 반면에 필요한 노동력보다 더 많은 노동력을 사용할 수 있다면, 이윤의 방향은 사람을 선별한다. 모든 노동이 효용성 있는 것은 아니므로 몇몇은 잔여로 소거되어야만 한다. 특히 주택이 투기의 대상이 될 때 불필요한 것을 모두 집에 보관할 수는 없다. 정책은 국경 안의 감옥, 국경 너머의 수용소 등 구금 장소를 만든다.

포위하고 몰아치기. 이 두 가지 움직임은 연결을 끊고 부풀어 오르고 터지는 장소 없는 물체를 만든다. 인간은 이런 야만적인 방식으로 자신을 돌볼 필요가 없다. 하지만 우리 자신을 다르게 돌보기 위해서는 다른 움직임이 필요하다. 파괴가 종식된다고 해서 조수에 대한 개입을 멈출 필요는 없기 때문이다. 모든 흐름은 서로 얽혀 있다. 또한 특정 균형을 그대로 두라고 요구하지도 않는다. 세상을 바꾸는 것은 인간의 실수가 아니다. 결국 세상을 아름답게 만들 수도 있다. 하지만 그러기 위해서는 상호관계에 집중해야 한다.

서로와 세상에 대한 다른 관계는 공유된 삶의 토대에 대한 우리의 의존과 이미 재앙적인 파괴의 역학으로 가득 찬 심각한 상황에 대한 정의를 내려야 한다. 이는 전체를 목표로 하지만 아주 작은 규모에서 시작하고 실천할 수 있다.

삶을 위한 혁명의 첫 번째 움직임은 구조다. 필수 불가결한 흐름을 깨뜨리려는 위협이 존재하는 곳에 생명을 유지하기 위해 개입하는 것이다. 인종적으로 격하된 사람들이 계속 숨을 쉴 수 있도록 싸우며, 이를 위해 경찰 순찰, 국경 요새화, 자원의 과도한 착취, 지역마다 파괴 정도가 다른 지구온난화 등 사물지배의 다양한 순환을 차단해야 한다.

삶을 위한 혁명의 두 번째 움직임은 재생이다. 가부장적으로 지배하는 돌봄처럼 순종적이거나, 구매 가능한 시간으로 사용해야 하는 이중의 속박에서 노동을 해방시킨다. 노동은 삶의 회복과 끊임없는 재창조 사이의 공간에서 세상을 하나로 묶어주는, 본질적으로 우리가 믿을 수 있는 것이 될 수 있다. 착취의 굴레에서 벗어난 다른 일은 연대를 지향할 수 있고, 조류를 일으키고 영양을 공급할 수 있다. 이러한 노동은 그 자체로 재생의 순환이며 무궁무진하다.

세 번째 삶을 위한 혁명의 움직임은 공유다. 자본으로 통치되던 재화를 공공재로 전환한다. 이러한 공공재는 이윤을 그 자체로 묶어 두지 않고 공유의 근간을 제공한다. 공공재는 우리가 어떤 조류를 함께 그릴지, 어떤 쾌락을 자유롭게 허용할지, 어떤 물질을 휴면 상태로 둘지를 결정할 수 있게 해 준다. 숲이 온실가스를 산소와 식물 수액으로 다시 전환하는 것처럼 공유지의 생산은 방출되는 것을 관리하고, 유해한 배출을 막고, 이미 낭비된 것을 포착한다.

네 번째 삶을 위한 혁명의 움직임은 돌봄이다. 공간을 점유하는 것이 아니라 유리한 위치에서 세상을 지탱한다. 가능한 한 다양한 조수 전체를 그대로 유지하고, 무엇이 어떤 방식으로 맞물리는지 살펴보고, 외부의 힘으로부터 해방된 조수가 스스로 움직이고, 그 안에서 모두가, 심지어 갈라지며 세상을 구하는 혁명가들도 자유로운 방식으로 움직일 수 있다는 걸 배우고 경탄하고 감지한다.

자본주의가 그리울 거라고? 반짝이는 쇼윈도, 굉음이 울리는 엔진, 정신없는 상태와 전쟁이 그리울까?

우리는 욕망에 대해 더 현명해지는 법을 배울 것이다. 어쩌면 우리는 사물화를 향한 향수와 야만스러운 강제의 틈새를 찾을 수 있을 것이다. 잃어버린 것만 같지만 우리가 떠맡았기 때문에 계속 살아 있는 세계의 틈새를.

감사의 말

바바라 베너, 옐레나 프람 그리고 비비 스튜어트에게 감사의 말을 전한다. 너희와 함께 글을 쓰는 건 정말 좋아.

오렐리, 앤 그리고 꼬뮨 동지들 모두에게 감사의 말을 전한다.

너희들과 살아가는 게 정말 좋아.

참고 문헌

들어가며

"……좋은 세계를……" Bertolt Brecht, "Die heilige Johanna der Schlachthöfe", S. 347~454 in: ders., *Ausgewählte Werke in sechs Bänden. Erster Band*, Franfurt/M. 1997, S. 450.

"……봉건적인 계층구조……" Cedric J. Robinson, "Racial Capitalism: The Nonobjective Character of Capitalist Development", S. 9~18 in: *Black Marxism. The Making of the Black Radical Tradition,* London 1983.

"……그대로인 건……" Bertolt Brecht, "Lob der Dialektik", in: ders., *Ausgewählte Werke in sechs Bänden. Dritter Band,* Franfurt/M. 1997, S. 238.

"……시대가 그들의……" Karl Marx, "Brief an Arnold Ruge, September 1843", in: *Marx-Engels-Werke Band 1,* Berlin 1976, S. 346.

1장   (재산을) 지배하다

"……최초의 인간……" Jean-Jacques Rousseau, *Abhandlung über den Ursprung der Ungleichheit unter den Menschen,* Stuttgart 2005, S. 74. 장자크 루소, 주경복 옮김, 『인간 불평등 기원론』, 책세상, 2018.

"……유일하고 독재적인 지배권……" William Blackstone, *Blackstone's Commentaries on the Laws of England.* Hrsg. v. Morrison, Wayne, London 2001, § 2.2.

"……완전한 재산권……" 독일 연방 공화국 민법, § 903: 온라인에서 이용 가능: https://www.gesetze-im-internet.de/bgb/__903.html.

"……축적……" Karl Marx, "Die sogenannte ursprüngliche Akkumulation", S. 741~791 in: *Das Kapital, Band 1. Marx-Engels-Werke Band 23,* Berlin 1962.

"……여성혐오 테러 집단……" Silvia Federici, *Caliban und die Hexe. Frauen, der Körper und die ursprung-liche Akkumulation,* Wien 2012, S. 82. 실비아 페데리치, 황성원

옮김, 『캘리번과 마녀』, 갈무리, 2011.

"⋯⋯비켜!⋯⋯" Fjodor Dostojewskij, *Schuld und Suhne,* München 1997, S. 79. 표도 르 도스토옙스키, 김연경 옮김, 『죄와 벌』, 민음사, 2012.

"⋯⋯완전히 계몽된 땅이 승리의 재앙으로⋯⋯" Max Horkheimer u. Theodor W. Adorno, *Dialektik der Aufklärung,* Frankfurt/M. 2012, S. 9. 테오도르 W. 아도르 노, M 호르크하이머, 김유동 옮김, 『계몽의 변증법』, 문학과지성사, 2001.

"⋯⋯장군의 언덕 인식 방식⋯⋯" Daniel Loick, *Missbrauch des Eigentums,* Berlin 2016, S. 105.

"⋯⋯시체 생산 공장⋯⋯" Hannah Arendt, *Elemente und Ursprünge totaler Herrschaft,* München 1986, S. 701. 한나 아렌트, 박미애, 이진우 옮김, 『전체주의의 기원』, 한길사, 2006.

"⋯⋯타락하고, 예속되고⋯⋯" Karl Marx, "Zur Kritik der Hegelschen Rechtsphilos-ophie. Einleitung", S. 378~391 in: *Marx-Engels-Werke Band 1,* Berlin 1976, S. 385.

"⋯⋯관계방식⋯⋯" Bini Adamczak, *Beziehungsweise Revolution. 1917, 1968 und kommende,* Berlin 2017, S.239~257.

"⋯⋯모든 곳에서 점점 더 고독이⋯⋯" Hannah Arendt, *Elemente und Ursprünge totaler Herrschaft,* München 1986, S. 729. 한나 아렌트, 박미애, 이진우 옮김, 『전체주의 의 기원』, 한길사, 2006.

"⋯⋯모래 폭풍⋯⋯" ibid.

더 읽을거리

연구 문헌에 대한 자세한 참조와 함께 여기에 제시된 주장의 더 자세한 버전은 나의 에 세이 "Ownership's Shadow", S. 33~67 in: *Criticial Times* 3:1, 2020에서 찾아볼 수 있다.

나는 주로 사유재산의 개념적 역사에 의존한다. Dieter Schwab, "Eigentum", S. 65~115 in *Geschichtliche Grundbegriffe,* hrsg. v. Werner Conze und Reinhart Koselleck, Stuttgart 1997; sowie Peter Garnsey, *Thinking about Property: From Antiquity to the Age of Revolution,* Cambridge 2007.

재산의 형태와 교차적 권력관계 사이의 연관성에 대한 두 가지 결정적인 연구로는 셰릴 해리스(Cheryl I. Harris)의 고전적인 에세이 "Whiteness as Property"(S. 1707~91 in: *Harvard Law Review* 106: 8, 1993)와 브레나 반다르(Brenna Bhandar)

의 최근 저서 *Colonial Lives of Property. Law, Land, and Racial Regimes of Ownership*(Durham 2018)이 있다.

2장   (물건을) 상품화하다

"⋯⋯악마의 맷돌⋯⋯" Karl Polanyi, *The Great Transformation. Politische und ökonomische Ursprünge von Gesellschaften und Wirtschaftssystemen,* Frankfurt/M. 1973, S. 59. 칼 폴라니, 홍기빈 옮김, 『거대한 전환』, 길. 2009.

"⋯⋯흡혈귀처럼⋯⋯" Karl Marx, "Hefte zur Agrikultur. Großheft 1865/66. Exzerpte zu Justus von Liebig", in: *Marx-Engels-Gesamtausgabe IV. 18.,* Berlin 2019, S. 143.

"⋯⋯도시 하수⋯⋯" Justus von Liebig, "Chemische Briefe", zit. nach August Bebel, *Die Frau und der Sozialismus,* Stuttgart 1910, S. 435.

"⋯⋯다시 땅의 일부를⋯⋯" August Bebel, *Die Frau und der Sozialismus,* Stuttgart 1910, S. 435~439.

"⋯⋯자본주의는 자신의 무덤을⋯⋯" Friedrich Engels und Karl Marx, "Manifest der Kommunistischen Partei", S. 459~493 in: *Marx-Engels-Werke Band 4,* Berlin 1972, S. 474.

"⋯⋯돈의 시장화⋯⋯" Karl Polanyi, *The Great Transformation. Politische und okonomische Ursprünge von Gesellschaften und Wirtschaftssystemen,* Frankfurt/M. 1973, S. 103. 칼 폴라니, 홍기빈 옮김, 『거대한 전환』, 길 2009.

"⋯⋯상품의 물신성⋯⋯" Karl Marx, "Der Fetischcharakter der Ware und sein Geheimnis", S. 85~98 in: *Das Kapital. Band 1. Marx-Engels-Werke Band 23,* Berlin 1962.

"⋯⋯이 이상적인 샐러드 소비자는⋯⋯" Jia Tolentino, *Trick Mirror. Reflections on Self-Delusion,* New York 2019, S. 67.

"⋯⋯당신의 이웃을 제거⋯⋯" Virginie Despentes, *Das Leben des Vernon Subutex 1,* Köln 2017, S. 9.

"⋯⋯선량한 사회⋯⋯" Hannah Arendt, *Elemente und Ursprünge totaler Herrschaft,* München 1986, S. 195 u. 538. 한나 아렌트, 박미애, 이진우 옮김, 『전체주의의 기원』, 한길사, 2006.

"⋯⋯그 행복에 대한 생각을⋯⋯" Max Horkheimer u. Theodor W. Adorno, *Dialektik der Aufklärung,* Frankfurt/M. 2012, S. 181. 테오도르 W. 아도르노, M 호르크하이머, 김유동 옮김, 『계몽의 변증법』, 문학과 지성사 2001.

"……먼지로……" Bernd Heinrich, *Leben ohne Ende. Der ewige Kreislauf des Lebendigen,* Berlin 2019, S. 9.

추가 읽기

이 장에서 나는 생태적 마르크스주의의 입장을 많이 인용한다. 나는 인에 관해 존 B. 포스터의 도시와 국가 사이의 '대사 격차' 논의를 설명한다. John Bellamy Foster: "The Metabolism of Nature and Society", S. 141~177, in: ders., *Marx's Ecology. Materialism and Nature,* New York 2000 참조. 안드레아스 말름은 『화석 자본주의』에서 수력 발전이 석유로 대체되고 이산화탄소가 분리되는 과정에 대해 자세한 설명을 제공한다. Andreas Malm, "Fossil Capital: The Energy Basis of Bourgeois Property Relations", S. 279~326 in: *Fossil Capital. The Rise of Steam Power and the Roots of Global Warming,* London 2016 참조.

자본주의 생산 과정의 필수적인 부분으로서 무효화에 대한 나의 강조는 안드레아스 말름의 화석 자본에 대한 공식을 다음과 같이 일반화한 것으로 표현할 수 있다.

G - W (AK + PM (M + RS))……P (무에서 분리)……W' - G

자본주의적 가치 창출에 대한 나의 해석은 노동가치론을 우회하는 자본에 대한 비정통적 독해를 기반으로 한다. 이러한 독법은 마이클 하인리히의 논쟁에 자세히 설명되어 있다. Michael Heinrich, "Der Fetischcharakter der Ware und sein Geheimnis", 163~213 in: ders., *Wie das Marxsche "Kapital" lesen? Teil 1,* Stuttgart 2009.

자본주의 분석에 대한 프랑크푸르트학파의 특징적인 이념적, 문화적 이론적 확장은 게오르그 루카치의 사물화 개념에 기원을 두고 있다. Georg Lukács, "Das Phänomen der Verdinglichung", 170~209 in: ders., *Geschichte und Klassenbewußtsein. Gesammelte Werke Band 2,* Darmstadt 1968 참조.

3장　　(노동을) 소진하다

"……계획적으로 생산……" Karl Marx, *Das Kapital, Band 1. Marx-Engels-Werke Band 23,* Berlin 1962, S. 193. 카를 마르크스, 김수행 옮김, 『자본론』, 비봉출판사, 2015.

"……서로를 위해 생산할 수 있다는……" Karl Marx, "Auszüge aus James Mills", S. 443~463 in: *Marx-Engels-Werke Band 40,* Berlin 2012, S. 462~463.

"……이웃의 밭에서……" nach: Silvia Federici, *Caliban und die Hexe. Frauen, der Körper und die ursprüngliche Akkumulation,* Wien 2012, S. 215. 실비아 페데리치, 황성원 옮김,『캘리번과 마녀』,갈무리, 2011.

"……자기 관계에 기반을……" Charles Taylor, *Die Quellen des Selbst. Die Entstehung der neuzeitlichen Identität,* Frankfurt / M. 1996, S. 266; René Descartes, *Meditationen über die Grundlagen der Philosophie,* Hamburg 1993 참조.

"……교수대 밑에서 종종 난투극과……" Peter Linebaugh, "The Tyburn Riots Against the Surgeons", in: ders., Douglas Hay et al., *Albion's Fatal Tree. Crime and Society in Eighteenth-Century England,* London 2011.

"……자본주의의 반복되는 경제 위기……" Rosa Luxemburg, *Die Akkumulation des Kapitals. Gesammelte Werke Band 5,* Berlin 1975, S. 410. 로자 룩셈부르크, 황선길 옮김,『자본의 축적』, 지만지, 2013.

"……생태계에 대해서도……" Jason W. Moore, *Capitalism and the Web of Life,* London 2015, S. 3.

"……백인의 유럽은……" W. E. B. Du Bois, *Darkwater: Voices from Within the Veil,* Mineola 1999, S. 33.

"……단지 남자들의 차에 설탕을……" Mary Wollstonecraft, "A Vindication of the Rights of Women", in: dies.: *A Vindication of the Rights of Men and A Vindication of the Rights of Women,* Cambridge 1995, S. 235.

"……백인의 임금……" W. E. B. Du Bois, *Black Reconstruction in America. An Essay Toward a History of the Part Which Black Folk Played in the Attempt to Recon struct Democracy in America, 1860-1880,* New York 1935, S.700.

"……남성의 임금을 낮추라는……" Barbara Taylor, *Eve and the New Jerusalem. Socialism and Feminism in the Nineteenth Century,* London 1983, S. 114.

"……새치는……" Bing Zhang, Sai Ma et al., "Hyperactivation of sympathetic nerves drives depletion of melanocyte stem cells", S. 676~681 in: *Nature 577,* 2020.

더 읽을거리

소외에 대한 초기 마르크스의 분석은 일명 '파리 원고'에서 찾을 수 있다. Karl Marx, "Die entfremdete Arbeit", S. 510~522 in: *Marx-Engels-Werke 40,* Berlin 1990 참조. 마르크스 이론에서 소외에 대한 나의 이해는 루카스 퀴블러(Lukas Kübler)의 해석에 빚지고 있다. "Marx's Theorie der Entfremdung", S. 47~66 in: Rahel

Jaeggi und Daniel Loick (Hrsg.), *Karl Marx: Perspektiven der Gesellschaftskritik,* Berlin 2013 참조. 라헬 예기는 현대 사회 비판을 위한 소외의 개념을 '관계성 없는 관계(Beziehung der Beziehungslosigkeit)'로 체계화했다. Rahel Jaeggi, *Entfremdung. Zur Aktualität eines sozialphilosophischen Problems,* Frankfurt/M. 2005 참조.
교차 유물론 논쟁의 초석은 Angela Y. Davis, *Women, Race & Class,* New York 1981, Carole Pateman, *The Sexual Contract,* Stanford 1988, sowie Nancy Fraser, "Behind Marx's Hidden Abode", S. 55~72 in *New Left Review* 86, 2014에서 마련됐다.

4장   (삶을) 파괴하다

"……경악스러움……" Greta Thunberg, *Ich will, dass ihr in Panik geratet! Meine Reden zum Klimaschutz,* Frankfurt/M. 2019, S. 48.

"……죽음이 노래……" Patti Smith, "Death Singing" auf *Peace and Noise,* 1997.

"……악마 같은 시체들의……" Patrick Heardman, "The meaning behind Extinction Rebellion's red-robed protesters" *dazeddigital,* 26.04.2019; 온라인에서 확인 가능: https://www.dazed-digital.com/politics/article/44238/1/ meaning-behind-extinction-rebellions-red-robed- protesters-london-climate-change

"……어떻게 그럴 수……" Greta Thunberg, Rede auf dem UN-Weltklimagipfel 18.12.2019, 온라인에서 확인 가능: https://www.youtube.com/watch?v=Eo_-mxvGnq8

"……카산드라……" Christa Wolf, *Voraussetzungen einer Erzählung: Kassandra,* Frankfurt/M. 1983, S. 10. 크리스타 볼프, 한미희 옮김, 「내러티브의 전제 조건」, 『카산드라』, 문학동네, 2016.

"……이산화탄소……" 그레타 툰베리, 2019년 12월 18일 유엔 세계 기후 정상 회의 연설.

"……환상……" Karl Marx, "Zur Kritik der Hegelschen Rechtsphilosophie. Einleitung", S. 378~391 in: *Marx-Engels-Werke Band 1,* Berlin 1976, S. 379.

"……진정한 태양……" ibid.

"……짐승 아킬레우스……" Christa Wolf, *Kassandra,* München 2000, S. 31.

"……국가사회주의의 인종 말살 정책……" Hannah Arendt, *Elemente und Ursprünge totaler Herrschaft,* München 1986, S. 616. 한나 아렌트, 박미애, 이진우 옮김, 『전체주의의 기원』, 한길사, 2006.

"……아프리카 대륙의 경우……" 인용: Bamuturaki Musingwzi, "Nakate: African voices

needed to save the planet", in: *The East African,* 20. März 2020, 온라인에서 확
인 가능: https://www.theeastafrican.co.ke/ magazine/Nakate-African-voices-
needed-to-save-the- planet/434746-5498694-qcjaak/index.html

"……자신의 영혼을 구하는 데……" Hannah Arendt, *Vita activa oder Vom tätigen Leben,*
München 1981, S. 54. 한나 아렌트, 이진우 옮김, 『인간의 조건』, 한길사, 2019.

"……소비하는 공급 활동……" ibid., S. 113.

"……행동의 영역에서……" ibid., S. 240.

"……돌이킬 수 없는 연쇄 반응……" Greta Thunberg, *Ich will, dass ihr in Panik geratet!*
Meine Reden zum Klimaschutz, Frankfurt/M. 2019, S. 59.

"……바람을……" William Shakespeare, "Ein Sommernachtstraum", in: ders. *Der*
Kaufmann von Venedig. Ein Sommernachtstraum, Frankfurt/M. 2008, S.
115~116. 윌리엄 셰익스피어, 최종철 옮김, 『베니스의 상인』, 민음사, 2010.

"……모든 것을 볼 수 있는……" Olga Tokarczuk, "The Tender Narrator", Nobelpre-
isrede 2018, online abrufbar unter: https://www.nobelprize.org/prizes/ litera-
ture/2018/tokarczuk/104871-lecture-english/. 올가 토카르추크, 「다정한 서
술자」, 2018 노벨상 연설, 온라인에서 볼 수 있음: https://www.nobelprize.org/
prizes/ literature/2018/tokarczuk/104871-

더 읽을거리

엘리자베스 영브륄의 전기는 세계를 향한 사랑이라는 주제가 아렌트의 작품에서 얼마
나 중요한지를 보여 준다. Elisabeth Young-Bruehl, *Hannah Arendt. Leben, Werk*
und Zeit, Frankfurt/M. 1991 참조.

라헬 예기는 아렌트의 행동 이론이 마르크스주의적 관심사와 어떻게 연결될 수 있는지
보여 준다. Rahel Jaeggi, *Welt und Person. Zum anthropologischen Hintergrund der*
Gesellschaftskritik bei Hannah Arendt, Berlin 1997 참조. 린다 제릴리는 아렌트적
페미니즘을 발전시킨다. Linda Zerilli, *Feminismus und der Abgrund der Freiheit,*
Wien 2010 참조.

나는 시민불복종의 한 형태인 죽은 척 드러눕기에 대해서 "Vorgriff mit Nachdruck. Zu
den queeren Bedingungen zivilen Ungehorsams", S. 117~130 in: Friedrich Bur-
schel et al. (Hrsg.) 그리고 *Ungehorsam! Disobedience! Theorie und Praxis kollektiver*
Regelverstosse, = Münster 2014에서 더 자세히 다룬다.

비폭력 저항의 일반 이론에 대해서는 Judith Butler, *The Force of Nonviolence,* London

2020(주디스 버틀러, 김정아 옮김, 『비폭력의 힘』, 문학동네, 2021) 참조.

5장 혁명

"……오 포르투나……" Günter Bernt (Hrsg.), *Carmina Burana.* Lateinisch/Deutsch, Stuttgart 2000, S. 32~33.

"……진정한 소유가 아니라는……" Boethius, *Der Trost der Philosophie,* Frankfurt/M. 1997, S. 77.

"……더 이상 잊지 않음……" Immanuel Kant, "Der Streit der Fakultäten", in: ders., *Werkausgabe XI. Schriften zur Anthropologie, Geschichtsphilosophie, Politik und Pada-gogik,* Frankfurt/M. 1977, S. 361.

"……반항적인 보편주의……" Massimiliano Tomba, *Insurgent Universality: An Alterna-tive Legacy of Modernity,* Oxford 2019, S. 20.

"……소유주의 이데올로기……" Thomas Piketty, *Kapital und Ideologie,* München 2020, S. 164. 토마 피케티, 안준범 옮김, 『자본과 이데올로기』, 문학동네, 2020.

"……옛날에 우리는……" Kate Tempest, *Brand New Ancients. Brandneue Klassiker,* Berlin 2017, S. 10~11.

"……이러한 이해관계……" Hannah Arendt, *Vita activa oder Vom tatigen Leben,* München 1981, S. 173. 한나 아렌트, 이진우 옮김, 『인간의 조건』, 한길사, 2019.

"……협의회 형성에서……" Hannah Arendt, *Uber die Revolution,* München 2011, S. 327. 한나 아렌트, 홍원표 옮김, 『혁명론』, 한길사, 2004.

"……각 단체의 무리는……" "1525년 3월 7일 연방 명령", 온라인에서 확인 가능: http://www.bauernkriege.de/bundesordnung.html.

"……역사의 기관차……" Karl Marx, "Die Klassenkämpfe in Frankreich 1848~1850", S. 64~94 in: *Marx-Engels-Werke Band 7,* Berlin 1960, S. 85.

"……비상 제동 장치……" Walter Benjamin, *Gesammelte Schriften Band 1,* hrsg. v. Rolf Tiedemann und Hermann Schweppenhäuser, Frankfurt/M. 1991, S. 1232.

"……이해하기 시작해야 한다……" Frances Beal, "Double Jeopardy: To be Black and Female", S. 19~34 in: Gale Lynch (Hrsg.), *Black Women's Manifesto,* New York 1969, S. 32.

"……21세기는 실로 이 팬데믹과 함께……" Montserrat Galcerán Huguet, "The twen-ty-first-century begins: the right to live", auf *transversal,* 03.2020; 온라인에서 확

인 가능: https://transversal.at/blog/the-twenty-first-century-begins-the-right-to-live.

"······생존에 대한 범죄······" ibid.

"······하이킹과 여름 캠프······" nach: Andreas Malm, "In Wilderness is the Liberation of the World. On Maroon Economy and Partisan Nature", S. 3~37 in: *Historical Materialism* 26 : 3, 2018, S. 26에서 직접 인용.

"······행위의 기적······" Hannah Arendt, *Vita activa oder Vom tatigen Leben,* München 1981, S. 167. 한나 아렌트, 이진우 옮김, 『인간의 조건』, 한길사, 2019.

더 읽을거리

혁명 이론에 대해 나는 비니 아담차크(Bini Adamczak)의 성찰에 큰 빚을 지고 있다. *Der schönste Tag im Leben des Alexander Berkman. Vom womöglichen Gelingen der Russischen Revolution,* Münster 2017과 *Beziehungsweise Revolution. 1917, 1968 und kommende,* Berlin 2017 참조. 다니엘 로익은 *Kritik der Souveränität,* Frankfurt/M. 2012, S. 266~278에서 비주권적 혁명에 대한 통찰을 제공한다.

알렉시스 P. 검(Alexis P. Gumbs), 차이나 마튼스(China Martens) 그리고 마이아 윌리엄스(Mai'a Williams)는 선집 *Revolutionary Mothering. Love on the Front Lines,* Oakland 2016에서 혁명적 행동이 급진적인 돌봄의 실천으로 이해될 수 있음을 보여준다.

크리스토프 멘케(Christoph Menke)는 *Kritik der Rechte,* Berlin 2015에서 혁명적 주체적 권리의 탈정치화 효과에 대해 포괄적인 문제 제기를 한다.

나는 *Praxis und Revolution. Eine Sozialtheorieradikalen Wandels,* Frankfurt/M. 2018에서 사이-공간에서 지속되어 온 혁명에 대한 나만의 사유를 발전시켰다.

6장   (삶을) 구하다

"······억압받는 자의 전통······" Walter Benjamin, "über den Begriff der Geschichte", S. 251~261 in: ders. *Illuminationen. Ausgewählte Schriften 1,* Frankfurt/M. 1977, S. 254. 발터 벤야민, 최성만 옮김, 『역사의 개념에 대하여/ 폭력비판을 위하여/ 초현실주의 외』, 길, 2008.

"······숨 쉬시기를 불가능하게······" Vanessa Thompson, "Black Feminism", Beitrag zum Glossar *Kritische Theorie in der Pandemie,* produziert vom Frankfurter Arbeits-kreis, 29.März 2020, 온라인에서 확인 가능: https://www.youtube.com/watch?v=lkLpkLCYF74.

"……사유재산의 다음 삶……" Saidiya Hartmann, "Venus in Two Acts", 1-14 in: *Small Axe. A Caribbean Journal of Criticism,* 2007, S. 13.

"……그녀의 오빠의 운명……" Patrisse Khan-Cullors und asha bandele, *#BlackLives-Matter. Eine Geschichte vom Überleben,* Köln 2018, S. 223.

"……선택적 가족……" ibid., S. 96.

"……회의에서……" ibid., S. 216~217.

"……우리의 가능성을……" Unicorn Riot, *The Path Forward: Community Members with Minneapolis City Council Members,* Videomitschnitt, 온라인에서 확인 가능: https://www.youtube.com/watch?v=qpo5xQdJxQQ

"……흑인 여성이 자유롭다면……" Combahee River Collective, "Combahee River Collective Statement", 온라인에서 확인 가능: https://combaheerivercollective.weebly.com/the-combahee-river-collective-statement.html

"……생명은 열렬한……" Rachel Kushner, "Is Prison Necessary? Ruth Wilson Gilmore Might Change Your Mind" in: *New York Times,* 17. April 2019.

"……국민국가의 원리가……" Hannah Arendt, *Elemente und Ursprünge totaler Herrschaft,* München 1986, S. 430. 한나 아렌트, 박미애, 이진우 옮김, 『전체주의의 기원』, 한길사, 2006.

"……권리에 대한 권리……" ibid., S. 465.

"……구조를 요청하는 이 외침……" Lorenzo Tondo, "Sicilian fishermen risk prison to rescue migrants: 'no human would turn away'", in *The Guardian,* 3.August 2019; 온라인에서 확인 가능: https://www.theguardian.com/world/2019/aug/03/ sicilian-fishermen-risk-prison-to-rescue-migrants-off-libya-italy-salvini.

"……벌거벗은 생물학적 생명……" Giorgio Agamben, "Wir sollten uns weniger sorgen und mehr denken", Gastbeitrag in der *Neuen Zürcher Zeitung,* 7. April 2020; 온라인에서 확인 가능: https://www.nzz.ch/feuilleton/ giorgio-agamben-zur-coronakrise-wir-sollten-uns- weniger-sorgen-und-mehr-nachdenken-ld.1550672.

"……유혹에 빠지지 마라……" Bertolt Brecht, *Große kommentierte Berliner und Frankfurter Ausgabe. Band 11,* hrsg. v. Jan Knopf et al., Frankfurt/M. 1988, S. 116.

"……폭정을……" Giorgio Agamben, "Wir sollten uns weniger sorgen und mehr denken", Gastbeitrag in der *Neuen Zürcher Zeitung,* 7.April 2020.

"……자연 상태……" Thomas Hobbes, *Leviathan,* Stuttgart 2010, S. 113~119. 토마스 홉스, 진석용 옮김, 『리바이어던』, 나남출판, 2008.

"……인간은……도구가 된다" Max Horkheimer u. Theodor W. Adorno, *Dialektik der Aufklärung,* Frankfurt/M. 2012, S. 94. 테오도르 W. 아도르노, M 호르크하이머, 김유동 옮김, 『계몽의 변증법』, 문학과지성사, 2001.

"……버섯처럼……" Thomas Hobbes, *De Cive. Vom Bürger. Lateinisch/Deutsch,* Stuttgart 2017, S. 293.

"……전염병 퇴치를 위한 새로운……" Michel Foucault, *überwachen und Strafen. Die Geburt des Gefängnisses,* Frankfurt/M. 1994, S. 253~255. 미셸 푸코, 오생근 옮김, 『감시와 처벌: 감옥의 탄생』, 나남출판, 2020.

"……생체 분자의 종합……" Paul B. Preciado, "Vom Virus lernen", 온라인에서 확인 가능: https:// www.hebbel-am-ufer.de/hau3000/vom-virus-lernen/.

"……장벽을 높이는……" Wendy Brown, *Mauern: Die neue Abschottung und der Niedergang der Souveränität,* Berlin 2018.

"……마치 창문을 통해……" Laboratorio Occupato Morion, "Packt den Giftsalber! Oder: die Ruckkehr der Schandsäule in Zeiten der digitalen Quarantäne", auf *tranversal,* Marz 2020; 온라인에서 확인 가능: https://transversal.at/ transversal/0420/laboratoriooccupatomorion/de.

"……격리 조치와 프론텍스……" Zeynep Gambetti, "Confinement", Beitrag zum Glossar Kritische *Theorie in der Pandemie,* produziert vom Frankfurter Arbeitskreis, 29.März 2020, 온라인에서 확인 가능: https:// www.youtube.com/watch?v=MhN7ugkkTw8.

"……때 이른 죽음……" Ruth Wilson Gilmore, *Golden Gulag: Prisons, Surplus, Crisis, and Opposition in Globalizing California,* Berkeley 2007, S. 28.

"……고령자를 죽이는 것은……" Theodor W. Adorno, *Minima Moralia. Reflektionen aus dem beschädigten Leben,* Frankfurt/M. 2001, S. 21. 테오도르 W. 아도르노, 김유동 옮김, 『미니마 모랄리아: 상처받은 삶에서 나온 성찰』, 길, 2005.

더 읽을거리

암나 A. 아크바(Amna A. Akbar)는 *The New York Review of Books:* "How Defund and Disband became the Demands", 15 Juni 2020; 온라인에서 확인 가능한 주소: https:// www.nybooks.com/daily/2020/06/15/how-defund-and- disband-became-the-demands/.에서 미국의 폐지론자 논쟁에 대한 유익한 통찰을 제공한다. 더 많은 문서와 정보는 폐지주의 단체인 크리티컬 레지스탕스의 웹사이트 (http://criticalresistance.org/)에서 확인할 수 있다.

경찰 권력 비판에 대한 기본적인 텍스트와 독일이권 국가에 대한 최근 연구는 다음에서 확인할 수 있다. Daniel Loick (Hrsg.), *Kritik der Polizei,* Frankfurt/M. 2018. 특히 스위스에서의 인종 프로파일링 관행에 대한 내용은 다음 자료에서 찾아볼 수 있다. Mohamed Wa Baile, Serena O. Dankwa, Tarek Naguib, Patricia Purtschert und Sarah Schilliger (Hrsg.), *Racial Profiling. Struktureller Rassismus und antirassistischer Widerstand,* Bielefeld 2019.

Jean Ziegler, *Die Schande Europas. Von Fluchtlingen und Menschenrechten,* München 2020. 이 논평에서는 유럽 외부 국경의 상황에 대해 자세한 정보를 제공한다.

7장   (노동을) 재생하다

"……다른 일이란……" 레아리카르다 프리(Lea-Riccarda Prix), 베를린 훔볼트 대학교에서 진행 중인 논문. 이 책의 실제 집필 단계에서 프리와의 교류가 거의 텔레파시로 이루어졌다고 해도, 또한 이 책 전체가 프리와의 긴밀한 대화로 쓰였다고 해도 과언이 아니다.

"……실제로 잃고 싶지 않은 것을 박탈하는 경우……" 연방 사법 재판소, "2008년 10월 29일 판결", 파일 번호. 2StR 349/08, S. 7.

"……소유의 성명……" Rita L. Segato, "A Manifesto in Four Themes", S. 198~211 in *Critical Times* 1:1, 2018; 독일어 인터뷰도 참조: Rita L. Segato, "Häretikerin des Patriarchats", 온라인에서 확인 가능: https://www.medico.de/haeretiker-in-des-patriarchats-17529/.

"……유기적 지식인……" Antonio Gramsci, *Gefängnis-Hefte: Hefte 12 bis 15,* hrsg. v. Klaus Bochmann, Hamburg 2012, H. 12, § 1. 안토니오 그람시, 이상훈 옮김, 『그람시의 옥중수고』, 거름, 1999.

"……말이 아니라 진동 소리였다……" Verónica Gago, "The Earth Trembles", S. 158~177 in Critical Times 1:1, 2018, S. 159.

"……연대는, 당신은 혼자가 아니고……" Bini Adamczak, "Vielsamkeit eines ausschweifenden Zusammenhangs", 온라인에서 확인 가능: https://www.medico.de/vielsamkeit-eines-ausschweifenden-zusammenhangs-17578/.

"……내가 춤을 출 수 없다면……" Audre Lorde의 녹음, http://audrelordeberlin.com/de/?marker76; *Dagmar Schultz,* Audre Lorde: the Berlin Years, 1984 to 1992,의 Dokumentarfilm 2012 또한 참조.

"……총파업……" Gustav Landauer, "Das erste Flugblatt: Was will der Sozialistische Bund(Oktober 1908)", S. 130~134 in: ders., *Antipolitik. Ausgewählte Schriften Band 3.1,* hrsg. v. Siegbert Wolf, S. 132~133.

"……연구……" Verónica Gago, *8 Thesen zur Feministischen Revolution. Impulse aus Argentinien, wo alles begann,* 31, 온라인에서 확인 가능: https:// www.rosalux.de/fileadmin/rls_uploads/pdfs/sonst_ publikationen/8_Thesen-Feminist-Revolution_Gago.pdf.

"……어떻게 파업할 것인가?……" Verónica Gago, "#WeStrike. Notes Towards a Political Theory of the Feminist Strike", S. 660~669 in: *The South Atlantic Quarterly* 117:3, 2018, S. 664.

"……바다와 같은……" Rosa Luxemburg, "Massenstreik, Partei und Gewerkschaft (1906)", online abrufbar unter: https://www.marxists.org/deutsch/ archiv/luxemburg/1906/mapage/kap4.htm.

"……바다에서 멀리……" Laura Theis, "The Ocean Is Nobody's Bitch", *Badass Snow White,* Oxford 2016.

"……남성들 사이에 흩어져……" Simone de Beauvoir, *Das andere Geschlecht,* Hamburg 2009, S. 15. 시몬 드 보부아르, 이정순 옮김, 『제2의 성』, 을유문화사, 2021.

"……나의 할머니는 사이렌이었다……" Laura Theis, "The Ocean Is Nobody's Bitch", *Badass Snow White,* Oxford 2016.

"……원주민, 이주민, 노인……" Frauen aus Lateinamerika, "8. März: Manifest des Internationalen Frauenstreiks aus Lateinamerika", 온라인에서 확인 가능: https://amerika21.de/dokument/196483/8-maerz-manifest-frauenstreik.

"……차이……" Audre Lorde, *Sister Outsider. Essays and Speeches,* Berkeley 2007, S. 111. 오드리 로드, 주혜연, 박미선 옮김, 『시스터 아웃사이더』, 후마니타스, 2018.

"……인지 연구……" Michael Tomasello, *A Natural History of Human Thinking,* Cambridge Mass. 2014, S. 96~97. 마이클 토마셀로, 이정원 옮김, 『생각의 기원』, 이데아, 2017.

"……여행하는 사회……" Peter Kropotkin, *Gegenseitige Hilfe in der Tier- und Menschenwelt,* Leipzig 1908, S. 156; Gustav Landauer, *Die Revolution,* Leipzig 1907, S. 49.

"……우리가 인간으로서 생산했다고 가정해 보자……" Karl Marx, "Auszüge aus James

Mills Buch……", S. 443~463 in: *Marx-Engels-Werke Band 40,* Berlin 2012, S. 462~463.

"……나는 1.……" ibid.

" 2. 당신이 니의 제품을 즐기거나……" ibid.

"……3. 중재자로서……" ibid.

"……4. 나의 개별적 삶의……" ibid.

"……수많은 거울이 될……" ibid.

"……그녀는 더 많이 준다……" Hélène Cixous, "Das Lachen der Medusa", S. 39~61 in: Esther Hutfless et al. (Hrsg.), Hélène Cixous. *Das Lachen der Medusa zusammen mit aktuellen Beitragen,* S. 59~60.

"……많으면 많을수록 비축량도 줄어든다……" Luce Irigaray, *Das Geschlecht, das nicht eins ist,* Berlin 1979, S. 203.

"……자유 기계……" Jason Lemon, "Georgia Republican Candidate Promises to Give Away AR-15 Gun to Protect Against 'Looting hordes'", 8.April 2020; 온라인 확인 가능: https://paulbroun.com/articles/georgia-republican-candidate-promises-to-give-away-ar15-gun-to-protect-against-looting-hordes.

"……아동주의……" Elisabeth Young-Bruehl, *Childism. Confronting Prejudice Against Children,* New Haven 2012, S. 7 und 27~29.

"……오래된 바다……" '오래된 바다'는 이미 사그러진 바람에서 발생한 높은 파도를 나타내는 용어로, 예측하기 어렵고 높은 팽창 때문에 특히 위험하다.

"……양막 기술……" Sophie Lewis, *Full Surrogacy Now. Feminism Against the Family,* London 2019, S. 163.

"……양수막……" ibid.

더 읽을거리

현재 독일어권 국가의 페미니스트 논쟁에 대해서는 마르가레테 스토코프스키(Margarete Stokowski)의 고전 *Untenrum frei,* Hamburg 2016를 추천한다.

니 우나 메노스(NiUnaMenos)와 여성 파업 운동에 대한 더 상세한 자료는 다음에서 확인할 수 있다. Raquel Gutiérrez Aguilar et al., *8M-Der große feministische Streik,* Wien 2018.

크리스티나 클렘(Christina Klemm)은 독일에서 여성에 대한 범죄 폭력에 대해 글을 썼다. *AktenEinsicht. Geschichten von Frauen und Gewalt,* München 2020 참조.

비니 아담차크는 "Kinderkommunismus": dies., *Kommunismus. Kleine Geschichte, wie endlich alles anders wird,* Münster 2014에서 연대적 생산의 기본 개념에 대해 매우 쉽게 설명한다.

8장   (물건을) 공유하다

"······사회적 재산······" Sabine Nuss, *Keine Enteignung ist auch keine Lösung,* Berlin 2019, S. 125.

"······엔데 겔렌데는······" Ende Gelände, "Bezugsgruppen-Checkliste(Stand 28.Mai 2019)", 온라인에서 확인 가능: https://www.ende-gelaende.org/wp-content/uploads/2018/09/Bezugsgruppen-Checkliste2019.pdf.

"······욕구······" Simone Weil, "Studie für eine Erklärung der Pflichten gegen das menschliche Wesen", S. 74~85 in: dies., *Zeugnis fur das Gute,* Zürich 1998, S. 80.

"······행동이 우리 운동의 꽃이라면······" Klima AG der Interventionistischen Linken Berlin (Hrsg.), *Solidarity will win. Alles eine Frage der Organisierung,* Berlin ohne Datum, S. 4.

"······일상 언어만이 아니라······" Emanuele Coccia, *Die Wur zeln der Welt,* München 2018, S. 104~105.

"······오레스테이아······" Bernd Seidensticker (Hrsg.): *Die Orestie des Aischylos.* München 1997, S. 157.

"······정규 노동을······" 독일 민주 공화국 형법, 베를린 1978, § 249.

"······두 번째의 첫 번째 선물······" Paul Ricœur, *Wege der Anerkennung. Erkennen, Wiedererkennen, Anerkanntsein,* Frankfurt/M. 2003, S. 293.

"······Donner le depart······" Hélène Cixous, "Le sexe ou la tête", S. 5~15 in: *Les Cahiers du GRIF* 13, 1976, S. 14.

"······주부 협의회······" Dania Alasti, *Frauen in der Novemberrevolution. Kontinuitaten des Vergessens,* Münster 2018, S. 78.

더 읽을거리

국제 기후 정의 운동에 대한 훌륭한 개요를 제공하는 자료는 Rosa-Luxemburg-Stiftung (Hrsg.): *maldekstra#7. Globale Perspektiven von links: Das Auslandsjournal,* Berlin Marz 2020.

정치적 시위 과정으로 약탈에 대한 광범위한 방어에 대한 자료는 Vicky Osterweil, *In*

Defense of Looting. A Riotous History of Uncivil Action, New York 2020.
사이버네틱스 계획 경제의 가능성에 대해 살펴볼 수 있는 단행본은 Timo Daum und Sabine Nuss (Hrsg.), *Take back control. Jenseits des digitalen Kapitalismus,* Berlin 2020.

9장　　(재산을) 돌보다

"……구원……" Daniel Loick, *Kritik der Souveränität,* Frankfurt/M. 2012, S. 215.

"……니슈나베케족으로서……" Leanne Betasamosake Simpson, *As We Have Always Done. Indigenous Freedom Through Radical Resistance,* Minneapolis 2017, S. 25.

"……민족으로서……" zit. nach "Dakota Access Pipeline protests", auf Wikipedia. The Free Encyclopedia, 온라인에서 확인 가능; https://www.youtube.com/watch?v=OLiuaxgz-DY.에서 인용.

"……국가적 희생……" "Power Moves Through People. An Interview with Nick Estes", auf *Los Angeles Review of Books,* 15.März 2019, 온라인에서 확인 가능: https://lareviewofbooks.org/article/power-moves-through-people-an-interview-with-nick-estes/.

"……토지의 생산성을 원주민보다 100배……" John Locke, *Zweite Abhandlung über die Regierung,* Frankfurt/M. 2007, S. 41. 존 로크, 문지영, 강철웅 옮김, 『통치에 관한 두 번째 논고』, 후마니타스, 2023.

"……푹신한 추상적 개념이 아니라는……" Sophie Lewis, *Full Surrogacy Now. Feminism Against the Family,* London 2019, S.163에서 인용.

"……500년 동안……" Unicorn Riot, *Black Snake Killaz. A #NoDAPL Story* (2017), Dokumentarfilm, 온라인에서 확인 가능: https://www.youtube.com/watch? v=OLiuaxgz-DY. 참조.

"……수백 년 동안……" Leanne Betasamosake Simpson, *As We Have Always Done. Indigenous Freedom Through Radical Resistance,* Minneapolis 2017, S. 73.

"……수천, 수만 년 동안……" 같은 책.

"……경계선 없이 창조……" Chief Joseph, "An Indian View of Indian Affairs", in: Isaac Kramnick und Theodore Lowi (Hrsg), *American Political Thought: A Norton Anthology,* New York 2009, S. 941.

"……우리의 존재는 항상 국제적이었다……" Leanne Betasamosake Simpson, *As We Have Always Done. Indigenous Freedom Through Radical Resistance,* Minneapolis

2017, S. 56.

"……상실의 지도……" ibid., S. 14~15.

"……아틀라스……" U. A. Fanthorpe, *Collected Poems,* Norwich 2015, S. 340.

"……성경 인용문……" Deutsche Bibelgesellschaft (Hrsg.), *Biblia Sacra Vulgata,* Apostelgeschichte 2,44 und 4,32; 온라인에서 확인 가능: https://www.bibelwissenschaft.de/online-bibeln/biblia-sacra-vulgata/lesen-im-bibeltext/bibelstelle/ Apostelgeschichte %204%2C32/bibel/text/lesen/ch/ 051d20f78209ddd838ffc-62da 3e970ed/.

"……모든 피조물을……" Friedemann Stengel, "Omnia sunt communia. Gütergemeinschaft bei Thomas Müntzer?", S. 133~174 in: *Archiv für Reformationsgeschichte 102,* 2011, S. 149. 에서 인용:

"……재산에 반대……" Gustav Landauer, *Dichter, Ketzer, Aussenseiter. Essays und Reden zu Literatur, Philosophie, Judentum. Werkausgabe Band 3,* hrsg. v. Hanna Delf und Gert Mattenklott, Berlin 1997, S. 101.

"……세계 내부 공간……" Rainer Maria Rilke, "Es winkt zur Fuhlung fast aus allen Dingen……", S. 878~879 in: ders. *Die Gedichte,* Leipzig 1998, S. 879.

더 읽을거리

다코타 파이프라인 시위에 대한 철저한 분석을 제공하는 책은 Nick Estes, *Our History is the Future: Standing Rock Versus the Dakota Access Pipeline, and the Long Tradition of Indigenous Resistance,* London 2019.

로버트 니컬스(Robert Nichols)는 *Theft is Property! Dispossession and Critical Theory,* Durham 2020에서 식민지적 재산 몰수에 대한 비판이 어떻게 체계적인 이론적 기초로 쓰일 수 있는지 보여 준다.

대체 농업 실천법이 흑인 해방 운동 맥락으로 전이되는 과정을 이해하는 데 기여한 책은 Leah Penniman, *Farming While Black. Soul Fire Farm's Practical Guide to Liberation on the Land,* White River Junction 2018.

마지막으로 나는 내 자매에게 농민 저항 운동의 가능성에 대한 무수한 통찰력을 빚지고 있으며, 그중 일부는 다음에서 읽을 수 있다. Sophie von Redecker und Christian Herzig, "The Peasant Way of a More than Radical Democracy: The Case of La Via Campesina", in: *The Journal of Business Ethics* 2020.

삶을 위한 혁명

죽음의 체제에 맞서는 새로운 저항들의 의미

1판 1쇄 찍음 2024년 1월 31일
1판 1쇄 펴냄 2024년 2월 7일

지은이 에바 폰 레데커
옮긴이 임보라
발행인 박근섭·박상준
펴낸곳 ㈜민음사

출판등록 1966. 5. 19. (제16-290호)
서울시 강남구 도산대로1길 62(신사동)
강남출판문화센터 5층 (06027)
대표전화 02-515-2000
팩시밀리 02-515-2007
홈페이지 www.minumsa.com